U0901882

作者简介

李清聚 男，1978年出生，河南镇平人，法学博士，硕士研究生导师。河南科技大学大学马克主义学院副教授，长期从事马克思主义理论与思想政治教育的教学与科研工作。

本书得到“全国高校思想政治理论课教学科研团队择优支持计划”、“河南省高等学校人文社会科学重点研究基地河南科技大学河洛思想文化传承创新研究中心”、“河南科技大学博士科研启动基金”资助。

当代人文经典书库

蔡元培“以美育代宗教”思想研究

李清聚◎著

图书在版编目（CIP）数据

蔡元培“以美育代宗教”思想研究 /李清聚著．—北京：中央编译出版社，2017．9

ISBN 978－7－5117－3365－8

Ⅰ．①蔡…
Ⅱ．①李…
Ⅲ．①蔡元培（1868 －1940）—教育思想—研究
Ⅳ．① G40 - 092．6

中国版本图书馆 CIP 数据核字（2017）第 180757 号

蔡元培“以美育代宗教”思想研究

出 版 人：葛海彦
出版统筹：贾宇琰
责任编辑：曲建文
执行编辑：程 彤
责任印制：刘 慧
出版发行：中央编译出版社
地　　址：北京西城区车公庄大街乙 5 号鸿儒大厦 B 座（100044）
电　　话：（010）52612345（总编室）　（010）52612349（编辑室）
（010）52612316（发行部）　（010）52612346（馆配部）
传　　真：（010）66515838
经　　销：全国新华书店
印　　刷：三河市华东印刷有限公司
开　　本：710 毫米 ×1000 毫米　1/16
字　　数：229 千字
印　　张：14．5
版　　次：2019 年 1 月第 1 版第 2 次印刷
定　　价：68．00 元

网　　址：www．cctphome．com　**邮　　箱：**cctp@ cctphome．com
新浪微博：@ 中央编译出版社　**微　　信：**中央编译出版社(ID: cctphome)
淘宝店铺：中央编译出版社直销店(http://shop108367160．taobao．com)(010)55626985

本社常年法律顾问：北京市吴栾赵阎律师事务所律师　闫军　梁勤
凡有印装质量问题，本社负责调换，电话：（010）55626985

序

李清聚学术著作就要出版了，请我作序。我非常高兴，多年的研究成果终于能够出版值得祝贺，作为导师我一直关注他的研究以及进展，能够走到今天确实很欣慰。

20世纪初期，学术界开始了对宗教问题的研究，梁漱溟提出“以伦理代宗教”，蔡元培提出“以美育代宗教”，其他学者提出“以科学代宗教”等等。尽管后来事实证明，宗教是无法被取代的，但是这些方面的探讨还是有益于人们深入理解宗教、伦理、美育、科学的特点和内涵，也有益于理解宗教与伦理、美育、科学的关系。总之，对于新知识的传播、普及具有积极的意义。

蔡元培是我国近现代思想史上著名的民主主义革命家、教育家和美育先驱。其“以美育代宗教”是20世纪初期所提出的一个重要理论主张。该主张提倡美育，反对宗教；提倡科学，反对愚昧；提倡自由，反对专制。一经提出，在当时的思想文化界就引起了强烈的反响，学术界对之的研究也相继展开。但由于历史的原因，学术界对它的研究在20世纪50年代曾被中止，80年代之后才又重新走上正轨。但总体上来说研究成果还比较单薄，不够系统和全面，迄今为止尚无一部以“以美育代宗教”为主题的专著出现。此外，对蔡元培“以美育代宗教”进行研究，也有助于继承和发扬优秀的民族传统思想资源。江泽民同志曾经说过，“我们的文化建设不能割断历史。对民族传统文化要取其精华、去其糟粕，并结合时代的特点加以发展，推陈出新，使它不断发扬光大”。蔡元培“以美育代宗教”毫无疑问是中华民族传统思想文化资源中的一个重要组成部分，我们要继承民族传统、发展民族传统，就不可漠视蔡元培的“以美育代宗教”思想理论。更为重要的是,蔡元培“以美育代宗教”中所包含的诸多思想和观点还可以为我们今天素质教育的推进以及道德危机的消除,提供借鉴和参考。正是鉴于上述原因,作者决意以蔡元培“以美育代宗教”思想为主题展开研究,以期为解决上述问题做一番努力。经过几年的努力探讨,其研究成果《蔡元培“以美育代宗教”思想研究》终于要面世了。

该书主要为分为七章:

第一章为绪论部分,主要阐述了在当代中国对本论题进行研究的意义所在,梳理了学术界对本论题研究的历史与现状,并指出了本论题研究的基本思路、内容、方法以及可能的创新之处。

第二至七章为正文部分,也是研究的重点所在。第二章探讨蔡元培“以美育代宗教”的提出背景。蔡元培“以美育代宗教”思想首先是时代发展的产物,近代中国所面临的亡国危险和信仰危机是其产生的大的社会背景,而宗教救赎论的泛滥、孔教运动的猖獗和帝国主义国家教会教育势力的扩张则是导致其产生的直接契机。其次它也是中西方思想文化共同作用的产物,中国悠久的美育传统和非宗教精神早已在蔡元培思想中打下深深的烙印,而西方康德的美学思想、席勒的美育主张以及孔德的进化论观点则又给了其巨大的影响,上述思想共同作用,构成了“以美育代宗教”的思想文化渊源。

第三章探讨蔡元培“以美育代宗教”的理论基础。其理论基础主要包括其富含自由主义色彩的教育哲学观、充满批判精神的宗教观和以情感教育为本质的美育观。

第四章探讨蔡元培“以美育代宗教”的主要内容。其内容包括:反对以“孔教”为“国教”,倡导以美育代“宗教”,倡导以哲学代“宗教信仰”。

第五章探讨蔡元培“以美育代宗教”的精神实质。蔡元培“以美育代宗教”的精神实质就在于拯救国家危亡、重建社会信仰、实现教育独立、养成健全人格。

第六章主要对蔡元培“以美育代宗教”进行理性评析。作者认为蔡元培

“以美育代宗教”思想，既包含独特的思想特色，在当时特定的社会背景下也起到了积极的历史影响，但也存在着诸多缺陷和不足。

第七章则探讨蔡元培“以美育代宗教”的当代价值。蔡元培“以美育代宗教”中所蕴含的诸多思想和观点对我们今天素质教育实施的推进以及道德危机的消除，具有重大的启示作用，值得借鉴和参考。

总之，该书以“以美育代宗教”为主线，全面系统探讨了蔡元培该思想理论涉及的方方面面内容，无论对于学术界梳理蔡元培的思想理论，还是对于民众理解蔡元培的思想理论，皆有积极作用。

季芳桐

2016 年于南京

目　录
CONTENTS

绪　论

对于思想政治教育来说,中华民族传统文化是取之不尽的重要资源。2004年,中共中央在其颁布的16号文件《关于进一步加强和改进大学生思想政治教育的意见》中就明确要求,对大学生进行思想政治教育要充分发挥民族优秀传统文化的作用。因此,借鉴与挖掘民族传统文化中的优秀成果,解决人们现实的思想教育问题是新时期思想政治教育工作者义不容辞的职责。

第一节　论题研究的意义

"以美育代宗教"思想是我国近代著名的教育家、思想家蔡元培先生于1917年4月8日在北京神州学会进行演说时所提出的一个理论主张。该主张一经提出,在当时的思想文化界就引起了强烈的反响,产生了积极的效果。在此后的三十年代,蔡元培又连续撰文表达他的这一主张,直至逝世的前两年,他还在深为没能够用"以美育代宗教"为题写成一部专著而觉得无限遗憾。时至今日,我们继续对其"以美育代宗教"思想进行研究,不仅仅是为了将其丰富与深化,更重要的是希望其能为解决当代的现实思想教育问题提供借鉴和启示,从而进一步推进新时期的思想政治教育工作。

一、理论意义

(一)有助于丰富和深化对蔡元培“以美育代宗教”思想的研究

“以美育代宗教”思想是蔡元培学术思想中一个重要组成部分,也被看作打开其美育思想的一把钥匙(孙世哲语)。但到目前为止,就有关它的许多内容解读中,学术界的观点并不一致,在有些方面甚至差异很大。比如在对其精神实质的理解上,杜卫[①]等人认为,蔡元培“以美育代宗教”思想的实质就是感性启蒙,就是在感性领域内建立起启蒙理性的精神,从而最终达到救国救世的目的;而周立山[②]则认为,“以美育代宗教”实质上是用资产阶级的进步教育来取代封建专制主义的教育,以科学知识来取代宗教教义的理解。在对其价值的理解上,学术界也存在巨大的差异。潘知常[③]认为,蔡元培的“以美育代宗教”思想是导致近代中国美学走上百年迷途的根本原因之所在,是美学上的一个假命题,应该对其进行批判和超越;而李丕显[④]则认为,“以美育代宗教”通过艺术和审美活动建构人的感性生命和情感寄托,是对现代世界课题的积极回应,是对宗教双重性格的辩证扬弃,是对中国传统文化的创造性转换,在今天仍具有实践的和理论的双重意义。如何消除学术界分歧,还原蔡元培“以美育代宗教”思想的精神原貌,无疑是当前需要解决的理论问题。此外,从研究的成果来看,除了数十篇的小论文和几篇硕士论文之外,还没有一本以“以美育代宗教”思想为主题的专著,这样的成果显然无法与该命题在蔡元培学术思想中的地位相匹配,更不用说从整体上还原其思想原貌了,因此也需要改进。

(二)有助于继承和发扬优秀的民族传统思想教育资源

江泽民同志曾经说过,“我们的文化建设不能割断历史。对民族传统文化要取其精华、去其糟粕,并结合时代的特点加以发展,推陈出新,使它不断发扬光大”[⑤]。胡锦涛总书记也曾指出,“中华文化是中华民族生生不息、团结奋进的不

---

① 杜卫:《“感性启蒙”:“以美育代宗教说”新解》,载《浙江社会科学》2003 年第 9 期。

② 周立山:《论蔡元培的“以美育代宗教说”》,载《武汉教育学院学报》2001 年第 4 期。

③ 潘知常:《“以美育代宗教”:中国美学的百年迷》,载《学术月刊》2006 年第 1 期。

④ 李丕显:《“以美育代宗教”的现代意义》,载《文史哲》2002 年第 4 期。

⑤ 江泽民:《在庆祝中国共产党成立七十周年大会上的讲话》,http://cpc. people. com. cn/GB/64184/64186/66697/4494934. html。

竭动力。要全面认识祖国传统文化,取其精华,去其糟粕,使之与当代社会相适应、与现代文明相协调,保持民族性,体现时代性"①。从时间上看,蔡元培去世还不到一百年,但其思想已经内化到我们民族文化的血肉中,成了我们国家思想教育资源的一部分。蔡元培虽然留洋多年,深受西方思想影响,但其"学"脉中涌动的仍然是中华民族优秀的思想文化资源。我们之所以说文化之根是割不断的,传统思想之源是不竭的,就是因为文化思想的生命是一脉相承的,不是无源之水,无本之木。蔡元培的"以美育代宗教"思想毫无疑问也是对中华民族传统思想文化资源的深化与发展,因此,我们要想继承民族传统、发展民族传统,对蔡元培的"以美育代宗教"思想就不可不管不问。我们只有在对之进行全面分析和研究的基础上,才能够继承和发扬其精华,去其糟粕,使之为当代社会服务。而且我们也深信,蔡元培的"以美育代宗教"思想也必定能为解决当代的一些现实思想教育问题提供理论资源。

二、实践意义

(一)可以为推进当前的素质教育实施提供借鉴与参考

素质教育是我国当前教育领域中的一个热点问题,也是我们进行教育改革的主要方向。但由于种种原因的存在,我国当前素质教育的实施并不顺利,还有许多问题制约着素质教育的进一步发展。因此要想把素质教育继续推向深入,就必须想办法解决这些问题,而蔡元培"以美育代宗教"思想中有关美育的诸多观点和看法就和这些问题密切相关,因此我们可以从对蔡元培"以美育代宗教"思想的研究中获得借鉴,从而为推进当前的素质教育实施服务。

(二)可以为解决当前的道德危机提供借鉴与参考

当代的中国已经进入了一个经济飞速发展,人们物质生活水平日益提高的时代。但物质的富足并没有带来道德的高尚、生活的幸福,人们的道德生活在某种程度上陷入了危机,物欲横流,精神萎靡,道德信仰丧失等都成了当前突出的问题。而蔡元培"以美育代宗教"思想的提出也正是与当时的道德问题密切相关,从

① 胡锦涛:《在党的十七大上的报告》,http://news.xinhuanet.com/newscenter/2007-10/24/content_6938568_6.htm。

这个意义上来讲,它对克服我们当前的道德危机问题无疑具有一定的借鉴意义。诚然,蔡元培在20世纪初期所提出的"以美育代宗教"思想,由于时间和空间的不同,不能与当前所面临的现实问题等量齐观,但至少可以通过参照历史人物的观点,以史为鉴,多维度地透视现实问题,为解决问题提供一条可行性思路,这也正是笔者选择蔡元培"以美育代宗教"思想作为选题研究的初衷。

第二节 论题研究的概况

作为中国近现代史上著名的教育家、思想家和民主主义革命家,蔡元培的道德人格、学术文章,一直受到世人的推崇和赞扬。毛泽东曾经尊他为"学界泰斗,人世楷模";蒋梦麟认为他"大德垂后世,中国一完人"。正是由于他的巨大影响,所以他的"以美育代宗教"一经提出就立即受到学术界的追捧和争论,但由于历史的原因,对它的研究在20世纪50年代曾被中止,80年代之后才重新走上正轨。因此笔者分为两个阶段对之进行综述。

一、五四时期的研究综述

蔡元培于1917年4月在北京神州学会发表了《以美育代宗教说》的演讲之后,学术界立刻就对其展开了激烈的争论。

争论的焦点之一是美育能否代宗教的问题。以杨鸿烈为代表的反对派坚决认为,美育是无法代替宗教的。杨鸿烈在《驳以美育代宗教说》一文中,说蔡元培的"立论却有些疏忽的地方,既没有替美育定一个明了具体完全的界说,又没有指示出宗教与美区别的地方,只是说了些知识作用、意志作用和感情作用附丽于宗教,而美育的普遍无人我的感情之陶养,就足以代替宗教。因此一般人附会盲从,甚至于把美学美育、艺术都当做一样的意思,岂不令人好笑!"①实际上也就是说,美育与宗教不是一回事,美育是不能代替宗教的。刘伯明②在《少年中国》杂志的

① 姚全兴:《五四时期关于以美育代宗教说的论争》,载《美育时代》(下半月)2008年第8期。

② 钟离蒙、杨凤麟编《中国现代哲学史资料汇编》第一集第十册,沈阳:辽宁大学出版社1981年版,第91页。

宗教问题号专刊上也撰文比较宗教和艺术的不同,认为它们对象不同,艺术不能代替宗教。他说蔡元培、王星拱等只知道艺术可以调和理想与现实的冲突,但艺术如何可满足求而不得的欲望,他们没说出来,因为他们不晓得宗教的本体。他认为人是富于想象的动物,当求而不得时借艺术的想象,可为满足欲望的暂时代替品(如文学、图画、雕刻、音乐之类),但是此种满足仅为普通的欲望,而宗教可满足的尚不止于此,因此艺术无法代替宗教。而对蔡元培的"以美育代宗教"思想持赞同观点的罗家伦则认为,大家之所以会对蔡元培的理论产生论争,根本的原因在于大家论争时没有把形式宗教和信仰心区别开来。他说:"拥护宗教的以信仰心为护符,甚至于说到现在的形式宗教,也是至高无俦,永久不变;反对宗教的因鉴于现在形式宗教之流毒,并信仰心一并否认——这都是由于把'宗教'——指形式宗教——和信仰心没有分清楚的缘故。"①他认为古往今来许多哲学家、思想家是没有宗教信仰的,不但没有宗教信仰,而且是极力反对宗教信仰,但是他们的生活何曾不高尚?他们的行动何曾不有意识?他们的思想何曾不合理?他们当大难临头的时候何曾不是至死不变其操?他们所能做的,非宗教家所能及。为此,他觉得信仰心不可没有,但形式宗教是可以没有的。北京大学教授王星拱也从科学角度出发论证说:"宗教的态度,就是不经研究不经证明而信从的态度,却是坏处多而好处少,而且他的好处,也是可以用教育美术去代替的。"②

争论的焦点之二是到底是宗教借重和利用了艺术,还是艺术借重和利用了宗教。赵紫宸在《圣经在近世文化中的地位》一文中说,在基督教没有流布之前,"西方美术都是威肃呆滞、孤特整齐的,或为阶级的表象,或为个性的展发。但是雕镌、诗歌、建筑、音乐,都不能不在庄严中含温和,在活泼中具精奥,在冷淡中藏热诚,在个性中容社德,在想象中发实际,在情感中见人道,在浑厚中呈宽裕,在荒诞中有节制,在敏捷中存含蓄,在整齐中表自由,在混一中聚纷歧。要做到这样,就得通过宗教,因宗教的感情,必待形式而彰著,而形式之中,惟美术所发为最当。由是宗教的需求,成全美艺的进步。所以不是宗教借重于美术,而是美术借重于

---

① 罗家伦:《罗家伦论美育——罗家伦致熊子真》,载《新潮》1920年第5期。

② 钟离蒙、杨凤麟:《中国现代哲学史资料汇编》第一集第十册,沈阳:辽宁大学出版社1981年版,第57页。

宗教"①。与赵紫宸的观点相反,罗家伦在致熊子真的信中,明确指出宗教是利用美育的。他说:"现在的宗教虽然不问人家美育的生活,但是它自己却很能利用美育,以拥护它的势力,如利用庄严华丽的建筑,以起大家的信仰心;利用沉穆悠扬的音乐,以动大家的神秘性。诸如此类举不胜举。所以宗教如不能利用美育,则宗教的效用失其大半。"②

争论的焦点之三是宗教和美育各自的价值如何,并以此为根据来赞成或否认以美育代宗教的可能。周谷城在其早期著作《生活系统》中,明确指出蔡元培的以美育代宗教叙述得不明白,比如,就蔡先生的《以美育代宗教说》的原文看,"好像就是表面的仪式与里面的信仰两者。然则以美育代宗教,还是以美育代替表面的仪式呢,抑代里面的信仰呢"? 此外,"蔡先生好像是以美育代宗教仪式的。至于信仰,则主张以哲学的信仰来代替。然则为何不说以美育代宗教仪式,以哲学信仰代宗教信仰呢"?③ 所以,他认为以美育代宗教不可取。而罗家伦则认为宗教的构成,情感为最大的要素,美育的用处,也是情感的安慰。不但可以安慰,而且可以疏导人,使人向优美愉快的方向走。疏导得好,固可以不会郁结到一个不可收拾的地步,还可以使人驱于合理的生活,而无盲从的危险。因此,按照蔡元培的说法,把信仰心和宗教分开来说,美育实有代宗教之可能,不过代的性质如何,程度如何,方法如何,双方还要加一番分析的研究。

总的来说,五四时期学术界对立双方的激烈争论,不仅使蔡元培的"以美育代宗教说"在社会上得到深化,客观上也提高了它的学术价值和思想意义,加强了人们对宗教和美育的本质、特征等方面的认识,对美育的传播和推广无疑也起到了非常积极的作用。但我们也不能否认,此时的研究主要集中在美育能否代宗教方面,而对其他方面,包括它的思想渊源、理论基础、论证逻辑及其当代价值方面的分析不仅缺乏,有的甚至还没有涉及,这也算是当时学术界在这方面研究时留下的缺陷吧。

---

① 转引自姚全兴:《五四时期关于以美育代宗教说的论争》,载《美与时代》(下半月)2008 年第 8 期。

② 罗家伦:《罗家伦论美育——罗家伦致熊子真》,载《新潮》1920 年第 5 期。

③ 周谷城:《生活系统》,上海:商务印书馆 1924 年版,第 20 页。

二、20 世纪 80 年代之后的研究综述

伴随着 20 世纪 80 年代蔡元培研究的再度兴起,学术界对其"以美育代宗教"思想的研究也重新起步。特别是由高平叔主编的《蔡元培全集》和《蔡元培美育论集》的出版,给学术界的研究提供了丰富的资料和素材,也使人们对蔡元培"以美育代宗教"思想的研究再度走向深入。

聂振斌的《蔡元培及其美学思想》[①]以及孙世哲的《蔡元培鲁迅的美育思想》[②]可以说代表了这一时期蔡元培"以美育代宗教"思想研究的最高成就。聂振斌的《蔡元培及其美学思想》从蔡元培的生平入手,详细讲述了蔡元培的哲学思想、伦理学思想、美学思想。在此基础之上,对蔡元培的"以美育代宗教"思想进行了论述,详细地分析了它提出的背景、论证的逻辑及其价值和缺陷,尤其是对蔡元培"以美育代宗教"论证逻辑的分析可以说是学术界的第一次尝试,为我们清晰地把握蔡元培"以美育代宗教"的论证脉络打下了良好的基础。

随后,孙世哲的《蔡元培鲁迅的美育思想》一书对"以美育代宗教"思想的论述更为全面、深入。孙世哲从蔡元培留下的"以美育代宗教"的写作提纲开始,首先对蔡元培的宗教观进行了详细的分析。在此基础上展开了对其"以美育代宗教"论证逻辑的分析,在此过程中,他对蔡元培"以美育代宗教"提出的社会背景也进行了详细的分析,从而为学术界进一步研究打下了良好的基础。

20 世纪 90 年代之后,伴随着中国蔡元培研究会编的《蔡元培全集》(共 18 卷)的出版,学术界对蔡元培思想的研究也进一步升温,相应地也进一步推动了对蔡元培"以美育代宗教"思想的研究。李丕显的《"以美育代宗教"的现代意义》、赵慧霞的《美育与心灵家园建构——论蔡元培"以美育代宗教说"的当代意义》、彭公亮的《论蔡元培"以美育代宗教"说的精神内涵》、李红的《对蔡元培"以美育代宗教"思想的反思》、王菲的《实践:蔡元培"以美育代宗教说"的动因和旨归》、杜卫的《"感性启蒙":"以美育代宗教说"新解》、潘黎勇的《蔡元培"以美育代宗教说"的价值结构分析》、马德邻的《在理想与信仰之间——也论蔡元培"以美育代宗教"的思想》等论文代表了目前学术界关于蔡元培"以美育代宗教"思想研究的

---

① 聂振斌:《蔡元培及其美学思想》,天津:天津人民出版社 1984 年版。

② 孙世哲:《蔡元培鲁迅的美育思想》,沈阳:辽宁教育出版社 1990 年版。

最新成果。这些论文分别从美育学、教育学、文化学等不同的视角，展开了对蔡元培“以美育代宗教”思想的历史背景、思想渊源、理论内涵、现代价值、理性反思等方面的分析和探究，取得了一定的研究成果。

综上所述，学术界对蔡元培“以美育代宗教”思想的研究虽有间断，但成果依然不少，在研究的视角、内容和方法上也都有一定的深度和广度。但与此同时，我们也不可否认，学术界对蔡元培“以美育代宗教”思想的研究依然存在一些不足，首先表现在学术界对其相关内容的解读，观点并不一致，在有些方面甚至差异很大，如何在还原其精神原貌的基础上消除学术界分歧，形成共识，很显然是下一步研究还需要解决的问题。其次表现在学术界对其研究得不够系统和全面，除了几篇硕士论文①以外，迄今为止还没有一本研究专著出现就足以说明这个问题。学术界对之的研究更多的是集中在点上，是把它放在其他内容中间作为一个章节来研究，而没有把它们串联在一起，从面上去探讨，这样在内容和深度上必然无法挖掘出蔡元培“以美育代宗教”思想的全貌，也与其在蔡元培学术思想中的地位是不相称的，因此亟须加以深入和全面研究。故此，笔者尝试以本内容为研究对象，希望能在借鉴前人研究成果的基础上，还原蔡元培“以美育代宗教”思想的全貌，从而丰富和深化对蔡元培“以美育代宗教”思想的研究，也为解决当代的现实思想教育问题提供理论资源。

第三节　论题研究的思路、内容与方法

一、论题研究思路

本论题研究的基本思路是以近代中国由于外敌入侵所导致的救亡压力和信仰危机为论证背景，深入剖析蔡元培“以美育代宗教”思想产生的社会历史背景、

① 这些硕士论文主要有徐美君：《蔡元培“以美育代宗教”思想研究》，浙江师范大学 2006 年；李云飞：《五四时期“以科学、美育等代宗教”思潮述评》，上海大学 2005 年；刘杨：《蔡元培美育代宗教说及当代意义》，长安大学 2009 年；王丽媛：《浅议蔡元培的“以美育代宗教”思想》，中国美术学院 2010 年。

思想渊源和理论基础，在此基础之上详细分析蔡元培“以美育代宗教”思想的主要内容和精神实质；最后，在对蔡元培“以美育代宗教”思想进行理性评析的基础上着重对其当代价值进行探讨，希望这些探讨确实能为推进素质教育实施、解决我国当前所面临的道德危机提供借鉴和帮助。

二、论题研究内容

本论题的具体研究内容主要包括以下几个方面：

1. “以美育代宗教”的提出背景：本部分首先对蔡元培的生平及其思想演变历程进行分析，从而使人们形成对蔡元培的总体了解和把握；紧接着对其“以美育代宗教”提出的社会历史背景和思想渊源进行详细分析，使人们了解到其“以美育代宗教”思想的提出，不仅是受当时社会背景的影响，更是受中西方文化共同作用的结果。

2. “以美育代宗教”的理论基础：本部分内容主要研究蔡元培的教育哲学观、宗教观和美育观。任何一种思想必然会有其理论的基础，蔡元培的思想也不例外。通过对其教育哲学观的分析，能使我们更容易地理解其总体思想主张；通过对其宗教观的分析，能使我们更加科学地把握其对宗教的理解；通过对其美育观的分析，能使我们更加准确地把握其对美育的运用。

3. “以美育代宗教”的主要内容：本部分内容是研究的重点之一，主要研究蔡元培对孔教的观点、对美育代宗教的逻辑论证以及对哲学代宗教信仰的理解。

4. “以美育代宗教”的精神实质：本部分内容主要研究“以美育代宗教”与救国的关系、与重建社会信仰的关系以及与实现教育独立、培养健全人格的关系。本部分内容也是我们研究的重点内容之一，因为只有真正把握住其精神实质，我们才能从根本上还原其全貌。

5. “以美育代宗教”的理性评析：本部分内容主要研究“以美育代宗教”的思想特色、历史影响以及对之进行的理性反思。“以美育代宗教”有哪些思想特色，其历史影响又表现在哪些方面，“以美育代宗教”提出之后尽管在社会上引起了巨大的影响，但最终还是以失败而告终，原因何在，这些都是本部分研究要重点解决的问题。

6. “以美育代宗教”的当代价值：本部分内容主要研究“以美育代宗教”思想

对推进素质教育实施的意义以及对解决当代中国道德危机问题的启示。

三、论题研究方法

1. 历史与逻辑相统一的研究方法:历史与逻辑相统一的研究方法是马克思推崇的探究思路,对历史的忽视抑或对逻辑的拒绝都不可避免地导致理论研究的偏颇。本书在研究过程中将充分运用历史与逻辑相统一的研究方法,既对其思想的历史形成做全面的分析,又对其思想蕴含的内在逻辑做深刻的探讨,从而确保能在整体上全面地把握其思想全貌。

2. 文献研究法:本书将以高平叔编的《蔡元培全集》《蔡元培美育论集》及中国蔡元培研究会编的《蔡元培全集》作为最基本的文献研究资料,并借鉴国内外学者对此问题的相关研究成果,在此基础上展开对蔡元培"以美育代宗教"思想的全面研究。

3. 经验研究法:也即实证研究法,在研究的过程中,本书将充分地查阅和搜集关于当代中国素质教育与道德危机问题的调查和统计资料,为后文理论的分析提供实证基础。

第四节　论题预期的创新点

蔡元培的"以美育代宗教"思想一经提出,在学术界就引起了激烈的争论,对之的研究也随之展开。但在20世纪50年代之后,由于历史的原因,对蔡元培"以美育代宗教"思想的研究没有深入进行下去。80年代之后,对蔡元培的研究才重新开始,90年代甚至出现了一股蔡元培研究热,对其"以美育代宗教"思想的研究也就再次展开,出现了许多研究成果。但就笔者已经掌握的材料来看,目前对蔡元培"以美育代宗教"思想的研究还很不系统,这也就给本人的研究提供了拓展的空间。与同类成果相比,笔者认为本书的可能创新之处主要有以下两个方面:

第一,研究体系的创新。尽管学术界对蔡元培"以美育代宗教"思想的研究开始得很早,研究成果也不少,但到目前为止,除了几篇硕士论文和一些小论文外,还没有一本专著全方位揭示蔡元培的"以美育代宗教"思想,这与本命题在蔡元培学术思想中的地位是无法相称的,也根本无法揭示出蔡元培“以美育代宗教”思想的全貌,而本书的研究将会尽力弥补这一缺陷,从而充实学术界的研究。

第二,研究内容的创新。主要体现在以下几个方面:一是对“以美育代宗教”提出的缘由之一近代信仰危机的分析;二是对“以美育代宗教”的精神实质的分析;三是对“以美育代宗教”思想特色的分析;四是对“以美育代宗教”的当代价值——在推进素质教育、消除道德危机中的作用的探讨。

当然,既是创新,难免存在不足与欠缺,也请学术界同仁批评、指正。

第一章 “以美育代宗教”的提出背景

要想理清一个人思想的脉络,揭示一个人思想的内涵,研究他的生平经历、他所提出思想的社会背景和思想渊源便是必不可少的了。正如蔡元培 1918 年 8 月为胡适的《中国哲学史大纲》一书撰写序言时所说的那样,“我们对于一个哲学家,若是不能考实他生存的时代,便不能知道他思想的来源;若不能辨别他的遗著的真伪,便不能揭出他实在的主义;若不能知道他所用辩证的方法,便不能发现他有无矛盾的议论”①。正是由于上述原因,所以我们把蔡元培的生平经历、“以美育代宗教”提出的社会历史背景和思想渊源放在最前面进行研究,以期为后面揭示其理论内涵、发掘其当代价值做好基础性工作。

第一节 蔡元培的生平及其思想演变历程

蔡元培(1868—1940),是我国近代著名的民主主义革命家和杰出的教育家、美育先驱。他一生追求光明,憎恶黑暗,坚持反帝反封建,为我国的民主革命事业做出了巨大的贡献。他一生重视教育,坚持教育救国、美育救国,为我国教育、美育事业的发展,做出了不可磨灭的贡献,是现代中国知识界的卓越先驱。

---

① 高平叔编:《蔡元培全集》第三卷,北京:中华书局 1984 年版。

一、早年的学习与生活

1868 年 1 月 11 日(清同治六年十二月十七日),蔡元培出生于风景秀丽、人文荟萃的浙江省绍兴府山阴县城笔飞弄内。他乳名阿培,入塾后,取名元培。原字鹤卿,后改字仲申,别名鹤庼。至创办爱国学社时,则常以民友为号。后来在主编《警钟日报》时,认为:“吾一民耳,何谓民友?”于是便取《诗经·大雅》中“周余黎民,靡有孑遗”两句中各一字,改号为孑民,从此孑民便成为他的通用字号。

蔡元培祖、父皆以经商为业,可算出身于商贾世家。其父蔡光普,曾任钱庄经理,为人宽厚,慷慨大度,周济朋友,有求必应,甚至借款给人,也不忍索还,以致其去世后,家中毫无积蓄。其母周氏,既贤且能,于其父病逝后,撑起了全家生活的重担,所以蔡元培在后来回忆其母亲时说:“我母亲是精明而又慈爱的,我受的母教比父教为多,因父亲去世时,我年纪还小……我母亲仁慈而恳切,影响于我们的品性甚大。”①生活的艰辛,父亲的宽厚,母亲的坚韧,这一切对于形成蔡元培的性格有着很大的影响,他一生勤奋,为人宽厚不苟取,就是从小在这种环境的潜移默化下养成的。

蔡元培自幼就接受了中国传统文化的教育。6 岁时,家里就请了一位周先生为其授课。他最初所读的是《百家姓》《千字文》《神童诗》三本小书,然后读儒家经典“四书”“五经”(即《大学》《论语》《孟子》《中庸》和《诗经》《尚书》《周易》《礼记》《春秋》)。11 岁时因父亲逝世,家道中落,无力再聘塾师,就到对门李申甫先生所设的私塾读书。大概由于李申甫先生的教学方式太过呆板、严厉,蔡元培在 14 岁时就转入离家半里之遥的探花桥王懋修处继续深造。在这里他不仅受到了严格的八股文教育,而且受老师影响,曾一度崇拜宋明儒学,言行拘谨。比如,“母病,躬侍汤药,曾刲臂和药以进。居母丧,必欲行寝苫枕块之制,为家人所阻,于夜深人静后,忽挟枕席赴棺侧,其兄弟问之,知不可阻,乃设床于停棺之堂,而兄弟共宿焉。母丧既除而未葬,其兄为之订婚,孑民闻之,痛哭,要求取消,自以为大不孝”②。

1883 年,蔡元培考中了秀才。根据当时清朝的制度,考中秀才,也就获得了进

① 高平叔编:《蔡元培全集》第七卷,北京:中华书局 1989 年版,第 275 页。

② 高平叔编:《蔡元培全集》第三卷,北京:中华书局 1984 年版,第 319 页。

入官立学校进修的机会。但蔡元培放弃了这次机会,开始了自由阅读。他因无力购书,就经常到叔父铭恩家借阅藏书,补读了不少典籍,举凡关于考据、词章的书,均随意检读,涉猎颇广。据他后来回忆说:“我的嗜好在考据方面,是偏于诂训及哲理的,对于典章名物,是不大耐烦的;在词章上,是偏于散文的,对于骈文及诗词,是不大热心的;然而以一物不知为耻,种种都读,并且算学书也读,医学书也读。”①他读了清代思想家俞理初(正燮)的《癸巳类稿》和《癸巳存稿》后,不仅对俞氏的历史考据方法甚为称赞,而且对他著作中从各方面证明男女平等的思想推崇备至。1910 年他在德国留学时所著《中国伦理学》一书,曾以显著篇幅介绍黄宗羲、戴震和俞正燮三家学说,由此可见俞正燮的思想对他影响之大。他后来提倡民权和女权,可以说和他这一时期的自由阅读有着一定关系。

1889 年,蔡元培参加浙江乡试,中了举人;1890 年,应会试,中贡士;1892 年,应殿试,中第二甲第 34 名进士,授翰林院庶吉士;1894 年,应散馆考试,由庶吉士升任翰林院编修。至此,年仅 28 岁的蔡元培已达到了当时读书人羡慕不已的科举巅峰,成了一个才华横溢、“声闻当代,朝野争相结纳”②的士大夫了。

二、中年的活动与经历

(一)投身教育与革命时代

正当蔡元培在仕途上一帆风顺,平步青云的时候,清政府由于列强的侵略和自身的腐朽,已经处于崩溃的边缘,就像一座破败的老房子一样,只要用力一推,就会立刻倒塌。甲午中日战争的失败,加深了中华民族的危机,也促使已近“而立之年”的蔡元培开始重新思考许多新问题,对清政府的不满和失望也由此产生。而“甲午之后,朝士竞言西学”③的大气候,也推动他多少有些饥不择食地摄取新学,希望能从中找到救国之道。事隔两年,德帝国主义者又寻衅占领了胶州湾,清政府的所作所为使他更加失望,撰文怒斥清廷“不自强而恃人,开门揖盗,真无策之尤也”④。帝国主义列强的侵略、欺凌,清政府的腐败、卖国,再加上通过学习所

---

① 高平叔编:《蔡元培全集》第六卷,北京:中华书局 1988 年版,第 507 页。
② 罗家伦:《逝者如斯集》,台北:传记文学出版社 1967 年版,第 80 页。
③ 高平叔编:《蔡元培全集》第三卷,北京:中华书局 1984 年版,第 320 页。
④ 高平叔编:《蔡元培年谱长编》上册,北京:人民教育出版社 1996 年版,第 77 页。

获得的对西方科学民主思想的认知,使他产生了改良政治以救国的愿望,这也是他后来为什么对康有为、梁启超所领导的戊戌变法持赞成态度的原因之一。但蔡元培始终没有卷入康梁的变法运动,据他本人说,这是因为康梁等主持变法者当时都是“炙手可热”的人物,他本人“耻相依附”①。戊戌变法的失败,使蔡元培真切地认识到了满清政府的“无可希望”,同时也认识到了康梁变法的局限——“不先培养革新之人,而欲以少数人戈取政权,排斥顽旧,不能不情见势绌”②,于是,在戊戌政变后不到一个月,他便告假南下,走上了教育救国之路。

浙江绍兴的中西学堂是蔡元培从事教育救国实践的第一站,他在这里被聘为学堂总理(校长)。这所学堂是由本城县绅徐树兰和绍兴知府熊起磻利用当地公款所创办的绍兴唯一一所新式学校,它以学生国学程度的高低分为三斋授课,略同于现在的小学、初中和高中。蔡元培到校后,积极地进行教学改革,聘请称职教师,购买教学仪器,增设教学课程,开拓学生视野,使这个学堂“在当时的绍兴,可为极一时之选”③。当时教员中有新旧两派,新派教员受西方思想影响,笃信进化论,在校内还积极地宣传民权、女权思想,反对尊君卑民,主张革新政治,改良社会等;而旧派教员仍要求学生遵从传统的那一套,宣扬尊君卑民思想。由于思想的不一致,双方常常进行辩论,而蔡元培总是倾向革新方面,这就招致了旧派教员和校方的反对和排挤,于是他愤然辞职,任期仅一年左右。

离开绍兴中西学堂之后,蔡元培继续在浙江从事教育教学工作。他先是担任了嵊县剡山书院院长,到校视职后,曾数次演讲,倡导科学,后因经费困难,校务改进无望,便离职而去。随后又历经数校,并在绍兴为侨农创办了一所小学,极力推进新式教育。

1901 年 5 月,蔡元培应上海澄衷学堂总理刘葆良之邀,前往相助校务。在此期间,他开始与南洋公学督办盛宣怀有所往来。9 月,南洋公学特班开课,蔡元培正式受聘担任南洋公学特班总教习。在这里,他采用新的教授方法,深受学生欢迎。据当时的学生黄炎培回忆:“其读书也,吾师手写修学门类及每一门类应读之书,与其读书先后次序。……文学、论理、伦理等等,每生自认一门,乃依书目次

---

① 高平叔编:《蔡元培全集》第三卷,北京:中华书局 1984 年版,第 320 页。
② 高平叔编:《蔡元培全集》第三卷,北京:中华书局 1984 年版,第 320 页。
③ 梁柱:《蔡元培教育思想论析》,北京:高等教育出版社 2006 年版,第 10 页。

序,向学校图书馆借书,或自购阅读。每日令写札记呈缴,手自批改。隔一二日发下,批语则书写于本节之眉。佳者则于本节左下角加一圈。每月命题作文一篇,亦手自批改。每夜召二三生入师朝夕起居之室谈话,或发问,或令自述读书心得,或对时事感想。全班42人,计每生隔十来日得聆训话一次。入室则图书满架,吾师长日伏案于其间,无疾言,无愠色,无倦容,皆大悦服。"①为了激发学生的爱国热情,培养学生的救国能力,他还常常告诫学生说:"现在的中国被各国欺负到这地步。'知己知彼,百战百胜。'我们要知道自己弱点,还要了解国际,要通晓外国文,读外国书。""中国国民在极度痛苦中,还没有知道痛苦的由来,没有能站立起来,结合起来,用自力解除痛苦,这是中国弱点,你们将来出校,办学校以外,还要唤醒民众,开发他们的知识。这些固然可以靠文字,但民众识字的少,如能用语言,效用更广。你们大家练习演说吧。"②

1902年春,蔡元培与叶瀚、蒋观云等一起创立了中国教育会,并担任会长之职。蔡元培等创立教育会的目的,据后来他们在一次会上介绍说:"我等所以设立此会者,实欲造成理想的国民,以建立理想的国家。""我辈理想的国家决非俄罗斯,决非德意志,乃纯然共和思想,所以从国民做起。""我辈欲造共和的国民,必欲共和的教育;要共和的教育,所以先立共和的教育会。"③中国教育会下设教育、出版、实业三部,"表面办理教育,暗中鼓吹革命"④。蔡元培的革命活动就是从创办中国教育会开始的。

以教育为手段,通过办学来提高国民素质,培养革命人才,进而建立理想的国家,这是蔡元培的基本思想。在此思想指导下,蔡元培又先后参与创立了由中国教育会资助筹办的爱国女学、爱国学社两所学校。关于两校创立的目的,蔡元培后来在《在爱国女学校之演说》中做了说明:"本校初办时,在满清季年,含有革命性质。盖当时一般志士,鉴于满清政治之不良,国事日蹙,有如人之罹重病,恐其淹久必不可救药也,必觅良方以治之,故群起而谋革命。革命者,即治病之药也。上海之革命团体,名中国教育会。革命精神所在,无论其为男为女,均应提倡,而

① 《蔡元培先生纪念集》,北京:中华书局1984年版,第53—54页。

② 梁柱:《蔡元培教育思想论析》,北京:高等教育出版社2006年版,第12页。

③ 周天度:《蔡元培传》,北京:人民出版社1984年版,第12页。

④ 周天度:《蔡元培传》,北京:人民出版社1984年版,第12页。

以教育为根本。故女校有爱国女学,男校有爱国学社。”①

作为聚集在上海知识界的领袖人物,蔡元培在“张园演说”和《苏报》反满宣传活动中,渐趋激烈,并于1904年参加了暗杀团,亲自租房子学习制造炸药。为了推动反清革命事业进一步发展,蔡元培与章太炎等一起将暗杀团改组为光复会,并任首任会长。1905年8月,中国同盟会在东京成立,蔡元培经吴稚晖推荐被委任为上海分会会长,主持上海的领导工作。他后来在回忆自己的这段革命经历时曾说:“自三十六岁(1902)以后,我已决意参加革命工作。觉得革命自有两途:一是暴动,一是暗杀。在爱国学社中竭力铸成军事训练,算是种下暴动的种子。又以暗杀于女子相宜,于爱国女学,预备下暗杀的种子。”②用暴力手段推翻清政府的专制统治,这无疑是近代中国资产阶级革命从戊戌变法流血失败中得出的结论。但至于采取暗杀的手段,则是受俄国虚无主义的影响,它在蔡元培的思想当中并没有存留太久。

(二)留洋与民国教育总长时代

几年的沪上革命,蔡元培始终以一介书生奔忙于反清革命活动,虽然政治热情颇高,但始终未能忘情学术和教育救国的长远追求,始终希望能够出国领略西洋文化以期为未来中国服务。他在写给好朋友汪康年的一封信中表达了这种心迹:“盖弟数年来,视百事皆无当意。所耿耿者,惟此游学一事耳。”③1907年6月,在亲朋好友及驻德公使孙宝琦的帮助下,蔡元培终于实现了留学的夙愿,开始游学德国。到德国后先在柏林待了大约一年的时间,一边学习德语,一边做唐绍仪之家庭教师,并编译书籍,实行半工半读。1908年11月,蔡元培进入莱比锡大学,开始了真正的学习生活。刚开始,蔡元培不分专业地广泛涉猎:“于哲学、文学、文明史、人类学之讲义,凡时间不冲突者皆听之。”④后来受莱比锡大学所学知识及环境的影响,蔡元培逐渐对美学产生了兴趣。他在《自写年谱》中回忆道:“我于讲堂上既常听美学、美术史、文学史的讲演,于环境上又常受音乐、美术的熏习,不知不觉的渐集中心力于美学方面。尤因冯德讲哲学史时,提出康德关于美学的见

---

① 高平叔编:《蔡元培全集》第三卷,北京:中华书局1984年版,第7页。

② 聂振斌:《蔡元培及其美学思想》,天津:天津人民出版社1984年版,第12页。

③ 高平叔编:《蔡元培全集》第一卷,北京:中华书局1984年版,第392页。

④ 高平叔编:《蔡元培全集》第三卷,北京:中华书局1984年版,第327页。

解,最注重于美的超越性与普遍性,就康德原书,详细研读,益见美学关系的重要。"[①]蔡元培对美学、美育的研修由此而开始,自此之后,他毕生提倡美学、美育,不遗余力。

学习之余,蔡元培还十分注意研究德国的教育制度,除了参观访问之外,他还将已故柏林大学教授、博士巴留岑所著的《德意志大学》总论部分翻译成中文,寄回国内发表。此外,应商务印书馆之约,他还先后完成了《中学修身教科书》《中国伦理学史》和《伦理学原理》的编写和翻译工作,表现出作为一个"教育救国论"者对伦理、道德问题的高度关注。

1911 年 10 月,武昌起义爆发。不久,蔡元培就接到陈英士促请他回国的电报,他匆匆结束了四年之久的留德生活,于 1911 年 12 月初返抵上海,参与了中华民国的筹建工作。1912 年 1 月,中华民国临时政府在南京成立,蔡元培就任教育总长。2 月,他发表了著名的《对于新教育之意见》一文,详细论证了他的教育主张。在文中他批判了清朝学部规定的"忠君""尊孔"的方针,认为"忠君与共和政体不合,尊孔与信仰自由相违"[②]。他在吸取西方教育思想的基础上,结合我国古代教育的优良传统,提出了五育(军国民主义、实利主义、公民道德、世界观和美育)并举的新式教育思想。尽管他后来辞去了教育总长一职,但他的教育主张通过会议还是基本得到实现,如教育部于 9 月 2 日公布的教育宗旨为"注重道德教育,以实利教育,军国民教育辅之,更以美感教育完成其道德"[③],即以他的意见为依据的。紧接着,他还主持制订、颁布了中国第一个资产阶级性质的"壬子癸丑学制",改订了各级学校课程,规定了各种规章制度。尽管这一切都不那么彻底,但在中国近代教育史上的确是一次非常重要的改革,它标志着一个新的开端。

以袁世凯为大总统的混合政府,不过是代表大地主、大官僚、大军阀的北洋集团和幼稚软弱的民族资产阶级暂时妥协调和的产物。袁世凯待地位稳固和大权独揽之后,便一意孤行地实行专制主义,企图恢复封建旧秩序,革命党人由于势力单薄,在无可奈何之下不得不退出政府,结束混合局面。

---

① 高平叔编:《蔡元培全集》第七卷,北京:中华书局 1989 年版,第 302 页。

② 高平叔编:《蔡元培全集》第二卷,北京:中华书局 1984 年版,第 136 页。

③ 陈翊林:《最近三十年中国教育史》,上海:太平洋书店 1930 年版,第 201 页。蔡元培提出的世界观教育未为临时教育会议多数人所接受,故未写入教育宗旨中。

1912 年 9 月,蔡元培携家眷再次赴德留学,仍入莱比锡大学听讲,并在世界文明史研究所从事研究。1913 年 3 月,宋教仁被刺杀。6 月 2 日,蔡元培应孙中山之召,毅然离德,回国参加反袁的“二次革命”。但由于国民党人军事上的劣势,“二次革命”最终以失败告终。此前,蔡元培在上海与吴稚晖、汪精卫等探讨今后的救国之路,一致认为还是要从教育青年一辈着手,指出:“国事决非青年手足之力所能助,正不若力学之足以转移风气也。……唯一之救国方法,只当青年有志力者,从事于最高深之学问,历二三十年,沉浸于一学专门名家之学者,出其一言一动,皆足以起社会之尊信,而后学风始以丕变。即使不幸而国家遭瓜分之祸,苟此一种族,尚有学界之闻人,异族虐待之条件,必因有执持公理之名人为之删减。”①于是,讨袁失败后蔡元培再度踏上了留洋的旅程,开始游学法国。

蔡元培在留法期间,不仅编书著文,曾编著《哲学大纲》和《石头记索引》两书,并在《哲学大纲》中提出了自己对于宗教思想的独特见解,即“真正之宗教,不过信仰心。所信仰之对象,随哲学之进化而改变,亦即各人哲学观念之程度而不同。是谓信仰自由。凡现在有仪式有信条之宗教,将来必被淘汰”②。另写成《康德美学》一卷(未刊行)、《赖非尔》一卷(于《东方杂志》第 13 卷第 8 号起连载),而且还积极地参与各种文化教育活动:参与创办《民德报》《学风》等杂志,将欧洲所见所闻报告国内;参与成立世界社,致力于介绍和传播西方学术文化;尤其是参与成立了勤工俭学会、华法教育会、华工学校,为提倡留法勤工俭学做了大量工作。对于蔡元培在留法勤工俭学中的重要作用,吴玉章同志在《纪念蔡孑民先生》一文中,曾说过这样一段话:“……一时以勤工俭学者不下千人。当时适值俄国十月革命胜利,马克思、列宁主义革命学说,遂为这般青年所欢迎,这就造成了中国共产党许多优秀干部:如我党著名的周恩来、李富春、罗迈、陈毅、王若飞同志及在大革命时或十年奋斗中所英勇牺牲的赵世炎、陈延年、陈乔年、穆青诸同志,都是中国新时代的杰出人才。这也应归功于孑民先生倡导勤工俭学之力。”③

---

① 高平叔:《蔡元培年谱长编》上册,北京:人民教育出版社 1996 年版,第 528 页。

② 高平叔编:《蔡元培全集》第三卷,北京:中华书局 1984 年版,第 329 页。

③ 孙世哲:《蔡元培鲁迅的美育思想》,沈阳:辽宁教育出版社 1990 年版,第 23 页。

(三)北大校长时代

1916年,袁世凯病逝,蔡元培应黎元洪政府教育总长范源濂的专电敦请回国,并于1917年1月4日正式到北大任职,开始了他一生中最有建树、最为辉煌的一段历程。

北京大学的前身是京师大学堂,所收的学生都是京官,后来虽经民国之变革,但学校的官僚作风一直没有得到改变。在北大执教的不是一些吃饭混日子的不学无术之辈,便是一些学问不大,架子不小的官僚。至于北大的学生,他们大多数来北大上学的目的就是将其作为谋取官位的"终南捷径",因此他们平日对读书治学没什么兴趣,"对于专任的教员,不甚欢迎;较为认真的,且被反对,独于行政司法界官吏兼任的,特别欢迎;虽时时请假,年年发旧讲义,亦不讨厌,因有此师生关系,毕业后所为奥援"①。讲堂之外,教员学生吃喝嫖赌,与当时的参、众两院不相上下,所以时人讥之为"两院一堂"。

蔡元培就任北京大学校长之后,在就职演说上对学生提出了三大要求:一是抱定宗旨,去除读书做官意识,树立大学是研究高深学问之地的思想;二是砥砺德行,明确大学生肩上重任,以身作则,力矫颓俗;三是敬爱师友,做到对教员以诚相待,敬礼有加,对学生互相亲爱,开诚布公。此后,他围绕这一目标,对北大进行了大刀阔斧的改革。

改革的第一步就是整顿师资队伍,广延名师。他说:"大学者,'囊括大典,网罗众家'之学府也。"②"对于各家学说,依各国大学通例,循思想自由原则,兼容并包。无论何种学派,苟其言之成理,持之有故,尚不达自然淘汰之运命,即使彼此相反,也听他们自由发展。"③在这一思想指导之下,他不仅延请了许多新派学者到校任教,包括陈独秀、李大钊、鲁迅、胡适、钱玄同等,而且也保留了许多旧派人物,如刘师培、辜鸿铭等。蔡元培这样做的目的是让他们在学术上自由讨论,便于学生自由选择,独立思考。

其次,改革学校体制,确立民主治校制度。蔡元培仿效德国的大学教育制度,在北京大学推行民主办校,教授治校,具体实践了1912年他在《大学令》中的主

---

① 高平叔编:《蔡元培全集》第七卷,北京:中华书局1989年版,第318页。
② 高平叔编:《蔡元培全集》第三卷,北京:中华书局1984年版,第211页。
③ 孙世哲:《蔡元培鲁迅的美育思想》,沈阳:辽宁教育出版社1990年版,第24页。

张:“大学设评议会,以各科学长及各科教授互选若干人为会员,大学校长可随时召集评议会,自为议长。”①蔡元培这套民主办校、教授治校原则的建立,为北大走上健康稳定的发展轨道提供了组织上和制度上的保证。北大在当时及后来并没有因时局动荡及校长问题而影响正常的教学工作,便是与蔡元培的这套管理体制密不可分。对此,曾任北大教务长的顾孟余深有感触地说:“先生长校数年,以政治环境关系,在校之时少,而离校之时多。离校之时,校务不但不陷停顿,且能依照计划以进行者,则以先生已树立评议会及各种委员会等之制度。”②

再次,鼓励学术研究,建立各种学术团体和社会团体,为北大创造一种积极向上的校园文化。在此期间,蔡元培特别重视学校美育实践的开展,积极引导同学们从事文化艺术活动,他经常给学生们讲:“研究学理,必要有一种活泼的精神,不是学古人‘三年不窥园’的死法能做到的。”③为此,蔡元培除在北大文科开设美学和美术史外,还亲自教授美学。此外,1918 年蔡元培还亲自发起组织音乐研究会和画法研究会。蔡元培在为音乐会议定的章程中,明确指出本会是以“敦重乐教,提倡美育”为宗旨;在撰写《北京大学画法研究会旨趣书》时,也强调“科学、美术,同为新教育之要纲,而大学设科,偏重学理,势不能编入具体之技术,以侵专门美术学校之范围。然使性之所近,而无实际练习之机会,则甚违提倡美育之本应。于是由教员与学生各以所嗜特别组织之,为文学会、音乐会、书法研究会等,既次第成立矣。而画法研究会,因亦继是而发起”④。在蔡元培的提倡下,各种研究会应运而起,极大地改变了学校的风气,调动了学生们的学习积极性。有位当年的学生回忆道:“进了北大以后,那一年的功课特别紧,可是非常快乐,因为蔡先生提倡以美育代宗教,教人欣赏艺术,课余学习美术游技,于是画法、音乐、技击等会应时而兴,人人都有一种高尚娱乐来消遣课余的时间。又提倡自由研究,于是辩论会,各种学科研究会又多组织起来了,大家兴致都非常好,在课余又编辑刊物,进一步介绍新学说、新思想、批评研究,层出不穷,学校风气为之一变。”⑤

---

① 高平叔编:《蔡元培全集》第二卷,北京:中华书局 1984 年版,第 284—285 页。
② 《蔡元培先生纪念集》,北京:中华书局 1984 年版,第 78 页。
③ 高平叔编:《蔡元培全集》第三卷,北京:中华书局 1984 年版,第 211 页。
④ 高平叔编:《蔡元培全集》第三卷,北京:中华书局 1984 年版,第 156—157 页。
⑤ 孙世哲:《蔡元培鲁迅的美育思想》,沈阳:辽宁教育出版社 1990 年版,第 26 页。

在北大任教期间,蔡元培的美育思想也逐步走向成熟。1917 年 4 月 8 日,他在北京神州学会做了著名的《以美育代宗教说》的讲演,此后这一讲演刊登在《新青年》上,产生了广泛的影响。之后,他又分别于 1919 年发表了《文化运动不要忘了美育》,1920 年发表了《美术的起源》,1921 年发表了《美术的进化》《美学的进化》《美学的研究法》和《美术与科学的关系》,1922 年发表了《美育实施的方法》,这些都是他在"美育代宗教说"方面的代表作。

此外,蔡元培还改革学制,精简课程,推行男女同校,提倡平民教育等。蔡元培的这一系列改革,使北大的面貌焕然一新。蒋梦麟在一文中曾这样描述北大在蔡元培领导下所发生的深刻变化:"北大在蔡校长主持之下,开始一连串的重大变革。自古以来,中国的知识界一直是由文学独霸的,现在,北京大学却使科学与文学分庭抗礼了。历史、哲学和四书五经也要根据现代的科学方法来研究。为学问而学问的精神蓬勃一时。保守派、维新派和激进派都同样有机会争一日之短长。背后拖着长辫,心里眷恋帝制的老先生与思想激进的新人物并作讨论,同席笑。教室里,座谈会上,社交场合里,到处讨论着知识、文化、家庭、社会关系和政治制度等等问题。这情形很像中国先秦时代,或者古希腊苏格拉底和亚里斯多德时代的重演。"①

1917—1923 年蔡元培主持北大期间,也是新文化运动狂飙突进的时代。在这场波澜壮阔的思想解放运动中,作为学界领袖、北大校长的蔡元培也发挥了十分重要的作用,正如新文化运动发起人陈独秀所说:"五四运动,是中国现代社会发展之必然的产物,无论是功是过都不应该专归到那几个人;可是蔡先生、适之和我,乃是当时在思想上负主要责任的人。"②

三、晚年的工作与研究

"五四"运动后,蔡元培曾于 1920—1921 年和 1923—1926 年两次出国考察教育。但在他 1926 年考察回国后,国内形势发生了急剧变化,以蒋介石为首的国民党背叛了革命,发动了骇人听闻的"四·一二"反革命政变。在国民党蒋介石发动反革命政变的前后,民族资产阶级本身的软弱性和局限性,致

---

① 蒋梦麟:《西潮》,台北:台湾业强出版社 1990 年版,第 122—123 页。

② 《蔡元培先生纪念集》,北京:中华书局 1984 年版,第 71 页。

使他们其中的大多数都追随蒋介石背叛了革命。这个时期的蔡元培也表现出明显的动摇性和妥协性,在蒋介石的策动和吴稚晖、张静江、李石曾等人的影响下,参与了一系列反共、清党会议,发表了不少反共拥蒋言论,走过了一段曲折的人生历程。

南京国民政府成立后,蔡元培因为老同盟会会员身份,同时再加上他1927年参与国民党反共清党有功,先后担任国民政府委员及常务委员、中央监察委员及监察院院长、代理司法部长等职。但蔡元培并没有因此而迷恋官场,仍是把主要的精力用在教育和发展科学事业上,改革教育部、组建大学院、推行大学区制,创办中央研究院等,为中国教育科学文化事业的发展奠定了良好的基础。

1929年,蔡元培辞去蒋介石国民政府中的一切兼职,专任中央研究院院长一职,从事科学研究的领导工作。与此同时,蔡元培也开始与蒋介石疏远,当蒋介石反人民的罪恶面目进一步暴露后,蔡元培很快便与其决裂,重新回到民主主义的道路上来。为了保护革命人士不受国民党当局的政治迫害,1932年蔡元培与宋庆龄、杨杏佛等发起组织中国民权保障同盟,先后展开了对侯外庐、马哲民、罗登贤、廖承志、陈赓等同志的营救工作。1936年10月,他还不顾反动当局的压力,毅然与宋庆龄等一起主持了鲁迅的葬礼,并担任鲁迅纪念委员会主席,推动《鲁迅全集》的出版。

对于蔡元培这一时期的工作事迹,蔡尚思曾做过很好的概述:“在中央研究院范围内,首推第一,以自然科学为中心,遍设关于自然科学的各种研究所。第二,历史考古方面,整理刊布旧史料,大规模开掘地下古物。第三,选举评议员,组织评议会,决定院长人选;又使各就所长,自由发展其才能,并不加以干涉。在中央研究院之外者,首推主持中国民权保障大同盟,发起马克思纪念,赞美科学社会主义,为鲁迅执绋,极力主张抗战……”①

在此期间,蔡元培的美育思想也进入深化和提炼期,分别在1929年撰写了《美术批评的相对性》,1930年撰写了《以美育代宗教》,1931年撰写了《二十五年来中国之美育》《中国之书画》和《美育与人生》,在1932年撰写了《美育代宗教》,

① 蔡尚思:《蔡元培学术思想传记》,上海:棠棣出版社1950年版,第88—89页。

1936 年撰写了《高剑父的正反合》。1930 年,他又为商务印书馆出版的《教育大辞典》撰写了"美育"条目,对美育的内容和实施方法做了总结性阐述。直到 1938 年,风烛残年的蔡元培在为别人撰写的书序中,还在继续表述他多年来想写一部"以美育代宗教"说的论著的构想。其间,蔡元培还利用自己的影响力,努力拓展美育的空间,积极建设美育的实践基地,先后创办了两所后来驰誉中外的艺术院校即建于上海的国立音乐院(现名为"上海音乐学院")和建于杭州的国立艺术院(现名为"中国美术学院")。

1940 年 3 月 5 日,蔡元培在香港病逝,终年 72 岁。临终前,他还念念不忘叮嘱身边的人要坚持"教育救国""美育救国"。

第二节 "以美育代宗教"提出的社会历史背景

国家出现的亡国危险和人民面临的信仰危机构成了蔡元培"以美育代宗教"思想提出的大的社会背景,而"宗教救赎论"的泛滥、孔教运动的猖獗和帝国主义国家教会教育势力的扩张则是蔡元培"以美育代宗教"思想提出的直接契机。

一、"以美育代宗教" 提出的社会背景

(一)国家出现亡国危险

在 18 世纪以前将近两千余年的历史发展中,中国社会几乎以一种平衡、稳固的状态处在世界的东方。曾经世界一流文化的创造、四大发明的出现,以及周围落后民族的存在,使得中国人在不知不觉中形成了华夏第一、中国为天下之中的自大心理。然而从 1840 年的鸦片战争开始,西方帝国主义列强的坚船利炮不仅敲开了古老中国一直紧闭的大门,也击碎了华夏子孙天朝上国的黄粱美梦,一场亘古未有的历史变局从此开始。正如马克思所指出:"天朝帝国万世长存的迷信破了产,野蛮的、闭关自守的、与文明世界隔绝的状态被打破了……与外界完全隔绝曾是保存旧中国的首要条件,而当这种隔绝状态通过英国而为暴力所打破的时候,接踵而来的必然是解体的过程,正如小心保存在密闭棺木里的木乃伊一接触

新鲜空气便必然要解体一样。”①

鸦片战争是中国历史的转折点，它的失败和中英《南京条约》的签订，不仅使中国丧失了大量的主权和领土完整，而且也促使中国的社会性质发生了变化，使中国从一个具有独立主权的封建国家沦为半殖民地半封建国家。“鸦片战争失败的根本理由是我们的落伍。我们的武器和军队是中古的军队，我们的政府是中古的政府，我们的人民，连士大夫在内，是中古的人民。我们虽拼命抵抗，终归失败，那是自然的、逃不脱的。”②但腐败的清政府并没有认识到鸦片战争失败的根源，依旧是麻木不仁，妄自尊大。面对国外帝国主义国家的侵略和国内清政府的压迫，中国的农民忍无可忍，终于于1851年爆发了由洪秀全领导的太平天国农民革命运动。这场革命在中外反动势力的联合镇压下尽管最终以失败而告终，但它还是沉重地打击了清王朝，削弱了封建统治势力，英勇地抗击了外国侵略者，显示了中国人民坚决捍卫国家独立和民族利益的决心和勇气。但即使在国外侵略和国内矛盾频繁发生的情况下，清政府不是采取果断措施，奋发图强，而是依然试图苟延残喘。清政府的腐败、无能，也使外国的帝国主义侵略势力更加肆无忌惮，纷纷向中国派兵进行侵略，中日甲午战争就是这种背景下的产物。战争的失败不仅使中国被逼签订了丧权辱国的《马关条约》，而且也使帝国主义国家掀起了瓜分中国的狂潮，纷纷在中国强占“租借地”和划分“势力范围”。帝国主义的侵略压迫，促使中国的农民再一次行动起来，于1900年爆发了轰轰烈烈的义和团反帝爱国运动。义和团的反帝行为使各帝国主义国家极为惊慌，不仅胁迫清政府进行镇压，而且还联合出兵进逼北京。在帝国主义国家的威逼利诱之下，腐败的清政府不仅与之签订了几乎使中国主权丧失殆尽的《辛丑条约》，而且还帮助镇压义和团，致使后者在中外反动势力的联合剿杀下也以失败而告终。此后的辛亥革命尽管通过武装斗争推翻了清王朝，结束了在中国存在两千多年的封建君主专制制度，但由于中国民族资产阶级软弱妥协的特性，胜利的果实最终被袁世凯政府所窃取，这样的结果导致中国不仅没有真正改变自己亡国的危险，反而陷入了此后军阀混战的深渊。

面对帝国主义的侵略和欺凌，先进的中国知识分子并没有坐以待毙，而是开

① 《马克思恩格斯选集》第二卷，北京：人民出版社1995年版，第690—692页。

② 蒋廷黻：《中国近代史大纲》，北京：东方出版社1996年版，第16页。

始了反思失败,探讨救亡的历史过程。洋务运动就是在鸦片战争和太平天国运动后进行的第一次尝试,它希望能在固守传统伦理秩序的前提下,采用西方科学技术以"致用",从而达到救亡图存的目的。但是它企图离开社会制度和人格精神层面的变革来维护国家的安全和民族的独立,证明只能是一场舍本求末的妄想。甲午中日战争的惨败,使先进的国人看到了"变事不变法"的局限,进而认识到中华民族失败的更深层原因还在于政治制度的腐败,从此开始了谋求制度层面的变革,于是就有了以宪政取代封建专制的戊戌变法和辛亥革命。然而,面对强大的保守势力,戊戌变法和辛亥革命最终也都是以失败而结束。先进的中国知识分子历经多次的失败后终于认识到"黄金黑铁断不足兴国家",中国"积贫积弱"的根源在于"民智已下矣,民德已衰矣,民力已困矣"①,因此,要救国,就必先改造愚昧落后的国民精神,培养既有革新、创造精神,又有献身精神的一代新人,否则的话,救亡图存只能是一句空话。梁启超先生后来在总结这段历史时曾说:"近五十年来,中国人渐渐知道自己的不足了。第一期,先从器物上感觉不足。……于是福建船政学堂、上海制造局等渐次设立起来。第二期,是从制度上感觉不足。……所以拿'变法维新'做大旗,在社会上开始运动。第三期,便是从文化根本上感觉不足。……渐渐要求全人格的觉醒。"②

那么通过什么样的方式才能改造愚昧落后的国民精神,培养具有高尚精神追求的一代新人呢?许多人选择了美育之路,比如梁启超就曾提出要通过艺术这种情感教育方式来培养国民良好的精神道德:"天下最神圣的莫过于情感。用理解来引导人,顶多能叫人知道那件事应该做,那件事怎样做法,却与被引导的人到底去做不去做,没有什么关系,有时所知的越发多,所做的倒越发少。用情感来激发,好像磁力吸铁一般,有多大分量的磁,便引多大分量的铁,丝毫容不得躲闪。所以情感这样东西,可以说是一种催眠术,是人类一切动作的原动力。""情感教育的目的,不外将情感善的美的方面尽量发挥,把那恶的丑的方面渐渐压服淘汰下去,这种功夫做得一分,便是人类一分的进步。情感教育最大的利器,就是艺术。"③王国维则是直接提出用美育来使人忘却利害关系而变得高尚纯洁。王国

① 王栻编:《严复集》上册,北京:中华书局1986年版,第13页。

② 易鑫鼎编:《梁启超选集》上册,北京:中国文联出版社2006年版,第475—476页。

③ 林志钧编:《饮冰室合集·文集之三十七》,北京:中华书局1989年版,第71—72页。

维曾说:“盖人心之动,无不束缚于一己之利害;独美之为物,使人忘一己之利害而入高尚纯洁之域,此最纯粹之快乐也。……要之,美育者一面使人之情感发达,以达完美之域;一面又与德育与智育之手段,此又教育者所不可不留意也。”[①]蔡元培的“以美育代宗教”思想可以说就是在国家面临亡国灭种的危险处境下提出的。

(二)人民面临信仰危机[②]

在长达两千年的中国传统社会,不管社会多么动荡,以“尊天敬祖”为核心的儒家学说始终占据着传统信仰的核心,为中国人民提供理解生命和世界终极意义的观念框架。中国人民在这一信仰系统中不仅获得了生命活动的价值意义和心灵的归属,而且也获得了对生命和世界的整体性把握及安身立命的力量。但是,近代鸦片战争的爆发改变了这一稳定的现状,传统的儒学信仰开始受到冲击和挑战。只不过早期的知识分子在反思失败教训的时候并没有认识到儒学传统信仰所导致的弊端和缺陷,只是认为中国的战败在于“器”不如人,并不是“道”不如人。尽管随后的“洋务运动”开展了有关西学与中学关系的讨论,但基本的观点同早期一样,这也就导致了传统的儒学信仰虽然受到了一定的冲击,但在人们心目中的正统地位并没有被取代,依然发挥着传统信仰的功能。随着帝国主义侵略的深入和民族危机的加深,先进的国人终于看到了传统儒学的弊端和“变事不变法”的局限,于是就有了康有为的儒学改造和以宪政取代封建专制的戊戌变法。但是康有为儒学改造的根本目的并不是为了推翻儒学的传统地位,而是欲借这种新的儒学为正在进行的变法维新事业服务,所以康有为的儒学改造尽管使传统的儒学受到了重大的冲击,但并没有改变它在社会中的正统信仰地位,儒学仍然是人们信仰生活中的重要选择。真正给传统儒学信仰带来沉痛打击并使整个社会陷入信仰混乱的则是辛亥革命的爆发,由于这次革命相对来得比较急促,传统的依靠政治强力维持的“尊天敬祖”“三纲五常”等儒学信仰系统开始被打破,而资产阶级民主共和政体的信仰体系和价值系统并没有形成,各种价值意识自由增长着,而任何一种价值意识显然都无法得到社会的普遍认同而成为社会规范,于是生活在社会大变动中的大部分中国人就丧失了支撑起生命活动的价值资源与意义归

① 《王国维哲学美学论文辑佚》,武汉:华东师范大学出版社1993年版,第252页。

② 本部分内容修改后曾在拙文《信仰危机与美育救赎——以蔡元培为视角的考察》中被引用,载《继续教育研究》2011年第2期。

属,从而陷入了信仰危机。①

美籍华裔学者张灏也曾对中国近代的这种信仰危机进行过详细的分析,并把它称之为“意义危机”。在他看来,“生命与世界的根本意义经常是吸引人的问题,当新的世界观和新的价值系统涌入中国,并且打破了一向借以安身立命的传统世界观和人生观之时”②,“意义危机”就产生了。按照张灏的分析,这种“意义危机”的出现,具体表现在三个层面。首先是“道德价值”的迷失。在他看来,“在一八九五年到一九一一年之间,西方思想大量地侵入,同时固有思想的非正统派流又告复活,儒家传统的一些重要的道德政治价值首遭诘难。到了一九一〇年代末期,当‘五四’的狂热反传统主义要求对所有价值,特别是整个儒家的道德传统,重加评估之时,‘迷失’状态达到了极致”③。紧接着是“存在的迷失”,当整个社会都在讨论道德危机的时候,对生存状况的焦虑和对生命存在的悲观意识也就普遍出现了。“这种气氛弥漫在当时的诗文,尤其在王国维的文学思维上更为显著。从当时许多中国知识分子投入大乘佛学的研究,即可看出这种时代氛围。”④“意义危机”表现的第三个方面则是“形上的迷失”,即科学虽然给传统的知识分子了解世界开辟了一条新的途径,“但是,就在这一方面,科学仍是有限的。因为科学虽然能回答许多‘什么’(what)和‘如何’(how)的问题,可是对于‘究竟因’(ultimate why)却无以作答。因此,科学因其本质之故,无法取代传统中广涵一切的世界观”⑤。

由于这种信仰危机和“意义危机”的存在,导致近代的中国知识界在信仰选择和价值取向上出现了困惑、迷茫,无所适从。时人黄远庸言:“晚清时代,国之现象,亦惫甚矣。然人心勃勃,犹有莫大之希望,立宪党曰,吾国立宪,则盛强可立致;革命党曰,吾国革命而易共和,则法美不足言。今以革命既成,立宪政体亦既确定,而种种败象,莫不与往日所祈向者相左。于是全国之人,丧心失图,皇皇然

① 刘长林:《中国传统人生哲学现代重建的由来和契机》,载《上海大学学报》(社会科学版)2001 年第 3 期。

② 张灏编:《幽暗意识与民主传统》,成都:四川教育出版社 2013 年版,第 70 页。

③ 张灏编:《幽暗意识与民主传统》,成都:四川教育出版社 2013 年版,第 70 页。

④ 张灏编:《幽暗意识与民主传统》,成都:四川教育出版社 2013 年版,第 71 页。

⑤ 张灏编:《幽暗意识与民主传统》,成都:四川教育出版社 2013 年版,第 71 – 72 页。

不知所归。”[①]在这种信仰混乱和缺失的状态下，整个社会道德沦丧、弊端丛生。当时《申报》的一篇《论民国之政弊》的评论就曾对社会巨变后的种种弊政进行揭露：“专制弊政也，共和成立，而政弊反甚于专制”，“在此将成立未成立之顷，行政之统系紊乱而无序，法律之效力荡然而无存”，甚至“一千元领饷之支票，可滥给于妓佣之手，新发行军用之钞币，恒先见于花柳之场”。[②]

对近代中国社会因信仰混乱和缺失所导致的大量离经叛道行为和道德沦丧现象，蔡元培也有着清醒的认识，他说：“共和国以道德为要素，故其民恒能牺牲私利以举公益。共和国民以自治为天职，故多致力于实业若学理，而厌官僚。证之我国，乃若不然。我民国之成立，一年有半矣。自私自利之风，既未有改于往曩昔；而全国稍有知识者，乃投身政界为荣。法政学校，遍于都市，大率以速成的；甚至有校外讲义、贩卖证书等例，直与科举时之枪替关节相等。呜呼，此岂非共和国之怪现状耶？”[③]此外他还说：“往昔浑浊之世，必有一部分之清流，与敝俗奋斗，如东汉之党人，南宋之道学，明季之东林。风雨如晦，鸡鸣不已。而今众浊独清之士，亦且踽踽独行，不敢集同志以矫末俗，洵千古未有之现象。”[④]在他看来，要想改变社会现状，重建精神信仰，完全可以通过美育来进行，美育能给人提供实实在在的精神寄托。“人生是不免于忧患的，心有所寄，则忧患消除。”[⑤]他的“以美育代宗教”思想很显然就是上述背景下的产物。

二、“以美育代宗教”提出的直接契机

（一）“宗教救赎论”泛滥

前文已经述及，近代中国先进的知识分子在血与火的历史教训中得出的一个重要结论是，要想救国成功，就必先改造国民性，从培养新型国民入手。“宗教救赎论”也就是凭借着宗教是改造国民性的有效手段之一而登上了历史的舞台。

在“宗教救赎论”的宣传中，率先行动起来的是佛门内的知识分子。被称为当

① 黄远生：《远生遗著》，台北：文海出版社 1968 年版，第 88 页。
② 郭世佑、邱巍：《辛亥革命后的社会环境与孔教运动》，载《江苏社会科学》2004 年第 2 期。
③ 高平叔编：《蔡元培全集》第二卷，北京：中华书局 1984 年版，第 328 页。
④ 高平叔编：《蔡元培全集》第三卷，北京：中华书局 1984 年版，第 126 页。
⑤ 高平叔编：《蔡元培美育论集》，长沙：湖南教育出版社 1987 年版，第 110 页。

代昌明佛法第一导师的杨仁山认为,正是由于佛教教义的黯然失色,才导致了整个世界的混乱状态。至于近代中国,其"国家之祸,实由全国人民太不明宗教之理之故所致,非宗教之理大明,必不足以图治"①。因此,他认为只有佛教才能改变现状,从而维持世道人心。而基督教和道教人士也分别从自己的角度宣传了宗教救国的可能。比如当时基督教青年会的总干事余日章就发出了"基督救国""基督救心"的号召。他说:"我从自己的研究观察和经验,深觉我们要达到救国的目的,必须个人修养基督化人格","挽救人心,必须依赖耶稣基督"。② 而中国近现代道教史上影响最大的道教学者陈撄宁也提出了"道教救国"的主张。他说:"吾人今日谈及道教,必须远溯黄老,兼综百家,确认道教为中华民族精神之所寄托,切不可妄自菲薄,毁我珠玉,而夸人瓦砾。须知信仰道教,即所以保身;弘扬道教,即可以救国。勿报消极态度以苟活,宜用积极手段以图存,庶几民族尚有复兴之指望。"③

而在宗教界外,伴随着欧战的结束和向西方学习的展开,一部分知识分子发现了宗教在西方迅速发展过程中所起的重大作用,也开始纷纷宣传"宗教救赎论"。谭嗣同、梁启超、章太炎就是其中的典型代表。谭嗣同对"宗教救赎论"的宣传是从强调宗教对改变道德、风俗方面的重要作用开始的。在他看来,"无论何等宗教,无不严事其教主,俾定于一尊,而牢笼万有,故求智者往焉,求财者往焉,求子者往焉,求寿者往焉,求医者往焉。由日用饮食之身,而成家人父子之天下,寤寐寝兴,靡纤靡巨,人人悬一教主于心目之前,而不敢纷驰于无定,道德所以一,风俗所以同也"④。由此他得出:无论何种宗教"皆能有益于民生"⑤的结论。但在所有的宗教之中,他尤其看重佛教。在他看来,尽管佛、孔、耶三教都言"慈悲""灵魂",但三教是不同的。三教虽都言"以救世为心"的"仁",但"佛教尤甚",它能

---

① 杨仁山:《杨仁山集》,北京:中国社会科学出版社 1995 年版,第 125 页。

② 林荣洪编:《近代华人神学文献》,香港:中国神学研究院 1986 年版,第 367 页。

③ 牟钟鉴、张践:《中国宗教通史》下卷,北京:中国社会科学出版社 2007 年版,第 812 页。

④ 肖万源:《中国近代思想家的宗教观和鬼神观》,合肥:安徽人民出版社 1991 年版,第 94 页。

⑤ 肖万源:《中国近代思想家的宗教观和鬼神观》,合肥:安徽人民出版社 1991 年版,第 94 页。

“遍度一切众生”[1],因此在宣传“宗教救赎论”的同时,他也极力地倡导佛教救赎论。梁启超则从近世缺乏主导信仰的角度宣传“宗教救赎论”。在他看来,宗教是近代中国不可少之一物,而“中国人现在最大的病根,就是没有信仰”[2],因此近代中国要改变现状,与时俱进,就必须寻找一个“新信仰”,这个新信仰就应该是佛教。原因就在于佛教不仅有益于“群治”,“宜于治事”,而且还是人类文化的“最高产品”,是“最崇高最圆满之宗教”。历来言哲理,也是“以佛说为最圆满”[3],所以佛说是世界诸哲中最可信仰者。章太炎对“宗教救赎论”的宣传则是建立在他对近代道德状况不满的基础之上,因而他要“用宗教发起信心,增进国民的道德”[4]。而这种宗教,“自非法相之理,华严之行,必不能制恶见而清污俗”[5]。也就是只有佛教,才能真正地承担起改造社会道德状况的这个重担。这种“宗教救赎论”的宣传在当时的知识界中并非个别现象,甚至于政治影响深远的孙中山先生,也著文专论宗教与政治的关系,认为国家政治所不能及者,倘得宗教以扶之,则民德自臻上理,人民愈相亲睦。而这一见解据称是他遍历欧美,目睹新教伦理功能之总结。[6] 在宗教界内外人士的共同宣传作用下,一时间,“宗教救赎”的论调充斥全国,泛滥成灾。

对于“宗教救赎论”者的种种宣传,蔡元培自己也曾有过详细的分析:“吾人赴外国后,见其人不但学术政事优于我,即品行风俗亦优于我,求其故而不得,则曰是宗教为之。反观国内,黑暗腐败,不可救疗,则曰是无信仰为之。于是或信从基督教。”在蔡元培看来,这些人的做法“皆不明因果之言也。彼俗化之美,仍由于教育普及,科学发达,法律完备。人人于因果律知之甚明,何者行之而有利,何者行

① 肖万源:《中国近代思想家的宗教观和鬼神观》,合肥:安徽人民出版社 1991 年版,第 95 页。

② 肖万源:《中国近代思想家的宗教观和鬼神观》,合肥:安徽人民出版社 1991 年版,第 121 页。

③ 肖万源:《中国近代思想家的宗教观和鬼神观》,合肥:安徽人民出版社 1991 年版,第 121—122 页。

④ 肖万源:《中国近代思想家的宗教观和鬼神观》,合肥:安徽人民出版社 1991 年版,第 211 页。

⑤ 肖万源:《中国近代思想家的宗教观和鬼神观》,合肥:安徽人民出版社 1991 年版,第 211 页。

⑥ 杜音:《论蔡元培“以美育代宗教”说》,载《长沙大学学报》1998 年第 3 期。

之而有害,辨别之甚析,故多数人率循正轨耳。于宗教何与?至于社会上一部分之黑暗,何国蔑有,不可以观察未周而为悬断也。质言之,道德与宗教,渺不相涉"①。

(二)孔教运动猖獗

"孔教"一词最早出现于魏晋南北朝时期,《晋书·阮籍传》曾称"老篇爰植,孔教提衡"②。但是,此处孔教的"教"指的是"教育"和"教化"之义,并不具有宗教的内涵和特征。历史上,首次试图把孔教改造成现代意义上的宗教的事情则是发生在甲午战争前后。鉴于当时中国国势比较薄弱,在与西方列强打交道期间,经常出现因教案而引发的割地赔款的情况,出于抵抗外国宗教侵略的需要,以康有为为代表的一大批知识分子主张通过"开教会,定教律"来保护中国权益。他们认为:"教律既定,从此教案皆有定式,小之无轻重失宜之患,大之无借端割地之害,其于存亡大计,实非小补。"③为了达到这个目的,他们主张开设孔教教会,尊崇孔子,认为唯有如此,民心才能得以凝聚,立国才有根本。他们指出:"今日非维持人心,激厉(励)忠义,不能立国,而非尊崇孔子,无以维人心而厉(励)忠义。"④为了增加影响,扩大宣传,康有为等人还按照西方的宗教理论和宗教标准,对孔教的外在形式进行了包装和改造,但结果并不甚理想,在当时除了得到康有为部分弟子的拥护之外,更多的则是激起了一般人士的猜疑和厌恶。

然而,伴随着辛亥革命胜利后社会环境的变迁,这种形势逐渐得到了改变。辛亥革命是近代中国前所未有的重大变局,但变局之后所面临的危机与混乱也是空前的。在 1912 年 6 月,李大钊就有感于新生共和制度如"敝舟深泛溟洋",提出了边患、兵忧、财困、食艰、业敝、才难六大隐忧。⑤ 不幸这些隐忧很快全成事实,"强邻侵侮,无力抵抗。国库空虚,专恃外债,军饷无着,乱兵肆劫……"⑥新生的中华民国面临着严重的社会政治危机与道德危机。在危机面前,不同的观点应运而生,但对于刚刚从旧时代走出的知识分子来说,道德主义的诉求则是他们最本

① 高平叔编:《蔡元培全集》第三卷,北京:中华书局 1984 年版,第 28 页。

② 《晋书·阮籍传》第五册,北京:中华书局 1974 年版,第 1386 页。

③ 吴熙钊、黄明同:《康有为早期遗稿述评》,广州:中山大学出版社 1988 年版,第 289 页。

④ 吴熙钊、黄明同:《康有为早期遗稿述评》,广州:中山大学出版社 1988 年版,第 291 页。

⑤ 《李大钊文集》上册,北京:人民出版社 1984 年版,第 1 页。

⑥ 转引自邱巍:《民初孔教会及孔教运动》,载《中共浙江省委党校学报》2001 年第 2 期。

能、最易接受的思考方向和表意方式。因为在他们看来，当前的问题并不是太大的问题，只要从道德入手就可以了。当时社会上最普遍的观点就是，西方民主制度并不能解决中国的全部问题，众多的社会败象和道德危机还需要中国传统的道德来补救。一时之下，在报刊、杂志上讨论传统道德的文章比比皆是，以《东方杂志》为例，有文章云：“两年以来，政治之罪恶，国民之劣根性，尽态极形，次第暴露。谭者推寻祸始，咸痛心于道德衰亡，而亟思拯救。”①另一文章则称，“然则就今日中国之现状，而欲为补救维时之商榷，其不能不推原于国民道德也审矣”②。甚至革命元勋黄兴也曾致电袁世凯：“请讲明孝悌忠信、礼义廉耻。”③这样的社会环境和舆论氛围，使得当时的孔教论者们欣喜若狂，无不把民初社会败象的救治与道德重建任务作为张扬孔教的论据，从而大论特论孔教的价值。他们强调说：“值此大命将倾之际，求一起死回生之术，非扶翼孔教，培植人才，绝无余倖。”④“窃维立国之本在人心，人心之本在道德，道德之本在宗教，是则宗教者直接而为人心道德之本，间接而为国家巩固之基也。”⑤由社会危机想到道德重建，进而提倡孔教，是社会与文化互动的内在逻辑。康有为曾说：“今欲存中国，先救人心，善风俗，拒詖行，放淫辞，存道揆法守者，舍孔教末由已。”⑥

在康有为等孔教论者的宣传鼓动之下，1912 年 10 月 7 日，即孔子诞辰纪念日，孔教会在上海的山东会馆正式成立。孔教会成立后，就千方百计地发展组织，扩大影响，仅据 1913 年 2 月到 1914 年 1 月的 12 期《孔教会杂志》统计，至 1914 年初，孔教会已有支会联合部、支会、分会一百四十余个，遍及除西部数省以外的绝大部分省区，还染指纽约、东京、港澳等地。孔教会各地的基层组织以士绅为主

---

① 转引自邱巍：《民初孔教会及孔教运动》，载《中共浙江省委党校学报》2001 年第 2 期。

② 杜亚泉：《国民今后之道德》，《东方杂志》第十卷五号。

③ 袁世凯在《整饬伦常令》中有“前据南京留守电陈，民国肇造以来，年少轻躁之士，误认共和真理，以放恣为自由，以蔑伦为幸福。纲纪堕丧，流弊无穷。请讲明孝悌忠信，礼义廉耻，以提倡天下，挽回薄俗等情”，见《民国经世文编．宗教道德》，《近代中国史料丛刊》第 498 号，台北：文海出版社 1966 年版，第 5248 页。

④ 中国第二历史档案馆编：《中华民国史档案资料汇编》第三辑，南京：江苏古籍出版社 1991 年版，第 51 页。

⑤ 中国第二历史档案馆编：《中华民国史档案资料汇编》第三辑，南京：江苏古籍出版社 1991 年版，第 51 页。

⑥ 汤志钧：《康有为政论集》，北京：中华书局 1981 年版，第 740 页。

体,学界、商界、政界也都占有相当的比例。①

孔教活动能够盛极一时,既与孔教论者们的大力宣传密不可分,但也与其背后所代表的各方利益需求密切相关。以孔教会的组成来看,它的骨干力量既有康有为这样的旧日维新领袖,也有陈焕章这样受过美国教育的洋博士,还有沈曾植、梁鼎芬这样的遗老。他们之所以能够聚在一起,看重的正是孔教对维系世道人心的价值。而当时以袁世凯为首的各级官僚对孔教的支持,更大程度上则是看中了它维护政治秩序,巩固威权体制的功能,这使他们成为孔教运动最大的政治赞助者。袁世凯尊孔、祭孔的系列活动可以说给予了孔教论者极大的鼓舞和支持,黎元洪、张勋、陆荣廷、倪嗣冲等人也闻风而动,充当着孔教运动兴起的支撑力量。

在众多实力人物的推动之下,孔教论者发起了轰轰烈烈的孔教运动,祭孔仪式、阙里大会都是在孔教论者主持下组织的一系列活动,而定孔教为国教的请愿活动则是把孔教运动推向了高潮。实际上,康有为早在戊戌变法时就有过这种主张,还曾上过《请尊孔教为国教立教部教会以孔子纪年而废淫祀折》,但反响不大。1913 年下半年,围绕着天坛宪草,国教问题迅速升温。1913 年 8 月 15 日,陈焕章、严复、梁启超、夏曾佑、王式通等人,以孔教会的名义向参众两院递请愿书,请定孔教为国教。认为由于"国体初更","民情惶惑",只有"定孔教为国教,然后世道人心方有所维系,政治法律方有可施行"。② 孔教会此举在社会上引起极大反响,各地尊孔组织及各界人士,纷纷上书,请定国教。黎元洪在《请颁定孔教为国教电》中"请两院速定国教,藉范人心。孔教一昌,邪说斯息"③。地方长官在电文中称,"苟非亟尊孔教,大加昌明,不足以维持国本,匡济人心","民国安危在此一举"。④但是,宪法起草委员会经过反复争论,定国教终被否决,仅在宪法十九条第一项内加入了"国民教育以孔子之道为修身大本"⑤作为折中。袁世凯称帝失败以后,康有为等人并没有放弃定立孔教为国教的努力,于 1916 年 8 月第一届国会复会之际,再次向国会提出了定孔教为国教的意见书。与此同时,在国会内外,陈焕章等

① 郭世佑、邱巍:《辛亥革命后的社会环境与孔教运动》,载《江苏社会科学》2004 年第 2 期。
② 郭世佑、邱巍:《辛亥革命后的社会环境与孔教运动》,载《江苏社会科学》2004 年第 2 期。
③ 中国第二历史档案馆编《中华民国史档案资料汇编》第三辑,南京:江苏古籍出版社 1991 年版,第 50 页。
④ 郭世佑、邱巍:《辛亥革命后的社会环境与孔教运动》,载《江苏社会科学》2004 年第 2 期。
⑤ 郭世佑、邱巍:《辛亥革命后的社会环境与孔教运动》,载《江苏社会科学》2004 年第 2 期。

人还通过各种方式为其定国教活动造势、宣传。但是,定孔教为国教始终未能得到国会中多数议员的赞同,最终仍是以失败而告终。尽管孔教会先后两次发起的定孔教为国教的请愿活动都没有被批准,但孔教会在社会上的影响可以说是达到了极致,尊孔复古的浪潮也一波高过一波。

面对孔教会的所作所为,蔡元培深感诧异,并把奔走呼号妄图组织孔教为国教的做法斥之为"怪"现象。蔡元培在《信教自由会之演说》中明确指出:"宗教是宗教,孔子是孔子,国家是国家,各有范围,不能并作一谈。"因为在蔡元培看来,"孔子自孔子,宗教自宗教,孔子、宗教,两不相关。""孔教"二字就不能成一名词。同样,"国家自国家,宗教自宗教","国教"二字也就不能成为一名词。既然"孔教不成名词,国教亦不成名词,然则所谓'以孔教为国教'者,实不可通之语"①。

(三)教会教育势力扩张

鸦片战争之后,帝国主义列强除了用军舰、火炮的武力方式来侵略中国外,还通过办学校、建教堂、开报馆等方式加紧对中国的侵略。据统计,到1890年为止,仅美国在中国就拥有教会155个、分会849个、中国教徒40027名;初等学校1035所,学生16310人;中等以上学校74所,学生3189人。②

教会学校的开办,在一定程度上提高了国人的文化知识和理论视野,但很明显,帝国主义列强办教育的根本目的并不在此,他们本质上是希望通过教会教育体系影响中国青年,培养本地助手,从而最终达到"以华治华"的罪恶目的。正如狄考文牧师自己所表白:"真正的教会学校,其作用并不单在传教,使学生受洗入教。他们看得更远,他们要进而给入教的学生以智慧和道德的训练,使学生能成为社会上和教会里有势力的人物,成为一般人民的先生和领袖。……作为儒家思想支柱的是受过高等教育的士大夫阶层,如果我们要对儒家的地位取而代之,我们就要训练好自己的人用基督教和科学教育他们,使他们能胜过中国的旧式士大夫,从而能取得旧式士大夫所占的统治地位。"③上海圣约翰大学校长卜舫济说得更为清楚,他说道:"我们的学校和大学就是设在中国的西点军校。……我们的教育机关正在训练着未来的领袖和司令官,他们在将来要对中国同胞施加最巨大和

① 高平叔编:《蔡元培全集》第二卷,北京:中华书局1984年版,第490—491页。
② 孙世哲:《蔡元培鲁迅的美育思想》,沈阳:辽宁教育出版社1990年版,第180页。
③ 顾长声:《传教士与近代中国》(增订本),上海:上海人民出版社1991年版,第233页。

最有力的影响。”①

义和团运动的爆发，使帝国主义列强认识到中国反帝力量的强大，更加重视对中国的文化侵略，利用庚子赔款来办学就是实施这一阴谋的具体举措。传教士明恩溥在向美国政府建议退还庚款办教育时就明确指出：“我们负有很大的责任，要看到当我们全部退还这笔钱时，应当用来使类似的暴乱在将来更难发生。”②美国伊利诺大学校长爱德蒙·詹姆士于1906年初呈给美国总统西奥多·罗斯福的一份“备忘录”中，也曾有这么一段话：“哪一个国家能做到教育这一代的年青中国人，哪一个国家就得由于这方面所支付的努力，而在精神的和商业的影响上，取回最大可能的收获。……为了扩张精神上的影响而花一些钱，即使只从物质意义上说，也是能够比用别的方法收获得更多。商业追随精神上的支配，是比追随军旗更为可靠的。”③也就是说，在他们看来，精神侵略比武力侵略更有用，更有价值。

在这种思想的指引下，美国政府一马当先，而各帝国主义国家也群起效仿，纷纷开足马力，争办教会学校（这里的教会学校指的是基督教开办的），以加强对中国的精神侵略。据统计，到1918年，教会学校比1900年以前增加约四倍，共约一万三千所，其中大学有14所。中小学所占比例是，中学约占15%，小学约占85%。学生总数约三十五万名，其中天主教学生约十五万名，基督教学生约二十万名，大学生约一千名。④

面对在帝国主义支持下发展壮大起来的教会教育势力，蔡元培极其反对。他公开言明：“我所尤反对的，是那些教会的学校同青年会，用种种暗示，来诱惑未成年的学生，去信仰他们的基督教。我的意见，曾屡次发表过了，最近作《教育独立论》，很说教育事业，不可不超然于各派教会以外的理由，并说应规定下列三事：（一）大学中不必设神学科，但与哲学科中设宗教史，比较宗教学等；（二）各学校中，均不得有宣传教义的课程，不得举行祈祷式；（三）以传教为业的人，不必参与教育事业。我的意思，是绝对的不愿以宗教参与教育的。”⑤

① 顾长声：《传教士与近代中国》（增订本），上海：上海人民出版社1991年版，第233—234页。

② 顾长声：《传教士与近代中国》（增订本），上海：上海人民出版社1991年版，第839页。

③ 人民日报评论员：《宗教侵华的历史》，《人民日报》，1951年4月14日。

④ 顾长声：《传教士与近代中国》（增订本），上海：上海人民出版社1991年版，第333页。

⑤ 高平叔编《蔡元培全集》第四卷，北京：中华书局1984年版，第179页。

可以说正是在近代中国急需拯救国家危亡、重建精神信仰的社会历史背景下，面对“宗教救赎论”的泛滥、孔教运动的猖獗以及帝国主义国家教会教育势力的扩张，蔡元培奋起反击，于1917年4月8日，在北京神州学会正式发表了“以美育代宗教说”的演讲，并刊登在第3卷第6号的《新青年》杂志上。从此，“以美育代宗教”的口号，成为蔡元培反对封建复古和宗教文化侵略，推广美育事业的一面战斗旗帜。实际上，早在1916年8月，在向公众介绍意大利著名画家赖菲尔时，蔡元培就初步透露了他“以美育代宗教”思想的端倪：“教力既穷，则以美术代之。”①同年12月在江苏教育会演说词中，蔡元培在批判了“宗教救赎论”（即主张依靠宗教来救济道德）者的观点之后，就对他的“以美育代宗教”思想进行了初步的解析：“今日科学发达，宗教亦无所施其技，而美术实可代宗教。”②

在此后的20世纪30年代，蔡元培还连续撰文补充、完善他的这一主张。1930年12月，在《现代学生》杂志第1卷第3期，蔡元培发表了同名文章《以美育代宗教》；1932年，仅有一字之差，我们又看到了他的题为《美育代宗教》的文章。一直到逝世的前两年，他还在《〈居友学说评论〉序》当中展示他准备以“以美育代宗教”为题写一本专著的内容：“（一）推寻宗教所自出的神话；（二）论宗教全盛时期，包办智育、德育与美育；（三）论哲学，科学发展以后，宗教对于智育、德育两方面逐渐减缩以至于全无势力，而其所把持、所利用的，惟有美育；（四）论附宗教的美育，渐受哲学、科学的影响，而演进为独立的美育；（五）论独立的美育，宜取宗教而代之。”③并表达了他因最终没能够用“以美育代宗教”为题写成一部专著而造成的遗憾：“……人事牵制，历二十年之久而尚未成书，真是憾事。”④

第三节 “以美育代宗教”的思想文化渊源

作为中国近代史上一位学贯中西、博古通今的美学大家，蔡元培的“以美育代

① 高平叔编：《蔡元培美育论集》，长沙：湖南教育出版社1987年版，第35页。

② 高平叔编：《蔡元培全集》第二卷，北京：中华书局1984年版，第489页。

③ 高平叔编：《蔡元培全集》第七卷，北京：中华书局1989年版，第203页。

④ 高平叔编：《蔡元培全集》第七卷，北京：中华书局1989年版，第203页。

宗教”思想毫无疑问也是中西方文化共同作用的产物。中国悠久的历史文化传统和西方的现代思想理论对其“以美育代宗教”思想的形成都有着重要的作用，共同构成其思想文化源泉。

一、中国传统文化的熏陶

蔡元培是一个“旧学深沉”的人，数十年的寒窗苦读，使他的思想中早已深深地打下了中国传统文化的烙印，尤其是儒学思想和文化，对他影响很大。

（一）悠久的美育传统

美育的概念虽然出现于近代，但在中国悠久的历史文化传统中，美育的实践早已有之。据古代文献记载，在传说中的尧舜时代，就已经有了美育的初步实践——“乐教”[①]之事，比如《礼记·乐记》就有这样的记载：“昔者舜作五弦之琴，以歌《南风》，夔始作乐，以赏诸侯。故天子之为乐也，以赏诸侯之有德者也。德胜而教尊，五谷时熟，然后赏之以乐。故其治民劳者，其舞行缀远；其治民逸者，其舞行缀短。”当然这个阶段的美育实践还处于一种不自觉的阶段，作为美育基本实现形式的原始乐舞最初还是表现在原始巫术和宗教祭祀活动中，承担的是一种以“事神致富”为中心的多重社会功能。

周人则在继承“先王乐教”的教化传统基础上，提出了“六艺”（即礼、乐、射、御、书、数）的教化理论，进一步发展了早期的美育实践。春秋战国时代，整个社会出现了“礼崩乐坏”的局面，但先秦诸子仍然以礼乐教化为思想论争的话题。虽然诸子大多对西周以来的礼乐教化传统持批判甚至否定态度，但以孔子为代表的儒家自觉地选择维护“周礼”的立场，在继承西周“六艺”教育的基础上提出了“兴于诗、立于礼、成于乐”（《论语·泰伯》）的人格修养途径，极大地高扬了美育的地位。因为按照朱光潜先生的说法，孔子的“诗、礼、乐三项可以说都属于美感教育。诗与乐相关，目的在怡情养性，养成内心的和谐；礼重仪节，目的在行为仪表规范，养成生活上的秩序。蕴于中的是性情，受诗乐的陶冶而达到和谐；发于外的是行为仪表，受礼的调节而进到秩序。内具和谐而外具秩序的生活，从伦理的观点来

---

① “乐”原本是上古各门艺术的总称，而以诗歌、音乐、舞蹈等艺术形式为主。因而，“乐教”本身就属于审美教育的范畴。

看,是最善的;从美感的观点来看,也是最美的”①。

秦汉以降,儒家思想在与诸子论争中逐渐取得思想文化上领袖群伦的主导地位,汉代儒家学者继承孔子以来诗、书、礼、乐之教的美育观,明确地提出了“诗教”“乐教”“礼教”等美育概念。《礼记·经解》载孔子曰:“如其国,其教可知也;其为人也温柔敦厚,《诗》教也;疏通知远,《书》教也;广博易良,乐教也;洁净精微,《易》教也;恭俭庄敬,礼教也;属辞比事,《春秋》教也。”至汉武帝时,儒学大师董仲舒上“天人三策”,促使汉武帝“罢黜百家,独尊儒术”,从此确立了儒家在中国古代文化上的主体地位,也使儒家美育思想成为中国古代美育思想的主体。汉代以后,儒家思想几经兴衰,但一直保持着中国文化上的主体地位,从而也确保了儒家的美育传统在中国思想上一直占据其特定地位,影响深远。

蔡元培深受中国传统文化熏陶,对中国文化中悠久的美育传统有着深刻的理解。他说:“吾国古代教育,用礼、乐、射、御、书、数之六艺。乐为纯粹美育;书以记述,亦尚美观;射、御在技术之熟练,而亦态度之娴雅;礼之本义在守规则,而其作用又在远鄙俗;盖自数以外,无不含有美育成分者。其后若汉魏之文苑、晋之清淡、南北朝以后之书画与雕刻、唐之诗、五代以后之词、元以后之小说与剧本,以及历代著名之建筑与各种美术工艺品,殆无不于非正式教育者行美育之作用。”②这种深刻的理解必然会影响其思想认识,进而使其思想打上先人的烙印,久久不去。比如说,中国儒家特别重视乐教的传统,荀子就曾强调说,“夫音乐,入人也深,而化人也速。故先王谨为之文,乐中平则民和而不流,乐肃庄则民齐而不乱,民和则兵劲而城固”③。对此思想,蔡元培极为赞赏。在蔡元培看来,音乐是人类复杂情感的表现,无论快乐、悲惨、郁愤、恬淡等感情,都可以蕴含在不同的声调音乐和节奏之中。优美的音乐能使人产生美的感受,从而对人产生巨大的教育作用。对此,他曾有过详细的说明:“其在生理上,有节宣呼吸,动荡血脉之功。而在心理上,则人生之通式,社会之变态,宇宙之大观,皆得缘是而领会之,此其所以感人深,而移风易俗易也。”④蔡元培后来极力提倡音乐教育,倡导创立音乐研究会,筹

① 《朱光潜全集》第四卷,合肥:安徽教育出版社 1988 年版,第 145 页。
② 高平叔编:《蔡元培全集》第五卷,北京:中华书局 1988 年版,第 508—509 页。
③ 高平叔编:《蔡元培全集》第二卷,北京:中华书局 1984 年版,第 24 页。
④ 高平叔编:《蔡元培全集》第二卷,北京:中华书局 1984 年版,第 450 页。

组音乐传习所，支持并创办上海国立音乐院等，可以说都与他继承古代重视乐教的美育传统密不可分。

中国儒家还特别重视礼乐相济的教化主张，并把它作为培养完美人格的一个重要手段来运用。对此做法，蔡元培也十分推崇，为此他还专门对礼教和乐教的辩证关系进行深入探讨。他说：“礼者，以人定之法，节制其身心，消极者也。乐者，以自然之美，化感其性灵，积极者也，礼之德才而智，乐之德圆而神。无礼之乐，或流于纵态而无礼；无乐之礼，又涉于枯寂而无趣。”①

此外，重视“诗教”也是中国古代的优良传统。儒家的创始人孔子，对诗的审美和教化作用就曾给予足够的重视，强调“诗”的兴观群怨的作用，一贯主张“兴于诗，立于礼，成于乐”。蔡元培对此也十分推重。在他看来，诗歌是一种重要的美育形式。诗歌是如何产生的，蔡元培接受了中国古代传统的美学观点。他认为：“人皆有情。若喜、若怒、若哀、若乐、若爱、若惧、若怨望、若急迫，凡一切心理上之状态，皆情也。情动于中，则声发于外，于是有都、俞、噫、咨、吁、嗟、乌呼、咄咄、荷荷等词，是谓叹词。虽然，情之动也，心与事物为缘。若者为其发动之因，若者为其希望之果。且情之程度，若由弱而强，或由强而弱，或由甲种之情而嬗为乙种，或合，数种之情而冶诸一炉，有决非简单之叹词所能写者，于是以抑扬之声调，复杂之语言形容之，而诗歌作焉。”②

可以说正是受了中国悠久美育传统思想的影响，所以蔡元培在“宗教救赎论”泛滥、孔教运动猖獗的危急时刻，提出了“以美育代宗教”思想，希望以此改变社会现状，拯救社会危机。但还需要我们注意的是，蔡元培虽然深受中国传统美育思想的影响，但是对中国传统美育思想并不迷信，这可以从他对中国古代美育的评价方面看出来。他说：“中国古代教育，礼、乐并重。后来不重视乐了，所以音乐不进步。又如图画及陶器、刺绣等，虽有一时代曾著特色，但没有专门教育的机关，所以停滞了。欧洲近代各种美术都有教育机关，所以进步很快。且他们科学的教育比我们进步，普通的人对于光线、空气、远景的分别，都很注意，所以美术上也成为公则。我们的教育重模仿古人，重通式，美术也是这样。他们教育上重创造，重

① 高平叔编：《蔡元培全集》第二卷，北京：中华书局 1984 年版，第 24 页。

② 高平叔编：《蔡元培全集》第二卷，北京：中华书局 1984 年版，第 452 页。

发展个性,所以美术上也时创新派,也注重表示个性。”①

(二)浓郁的人文精神(非宗教精神)②

儒家文化博大精深,丰富多彩。与其他几个文化圈的文化相比,产生于中国的儒家文化有一个明显的特色,那就是有着浓郁的人文精神,也即非宗教精神。在中国人的文化意识中,现实的人生问题才是最重要的,而至于彼世的宗教鬼神等问题,则并不刻意玄想。儒家的创始人孔子就是这样的一个人,《论语·先进》曾记载着这么一件事:季路问事鬼神。子曰:“未能事人,焉能事鬼?”曰:“敢问死。”曰:“未知生,焉知死?”这实际上就充分表现了儒家文化的特色,把人放在首位,而不是把神放在首位,这种“现实的”“人本主义的”思想正反映出中国传统文化中的非宗教精神。对中国传统文化中的这种特色,梁漱溟先生也做过精确的说明:“世界上宗教最微弱的地方就是中国,最淡于宗教的人是中国人,而此时宗教最式微,此时人最淡于宗教;中国偶有宗教多处于低等动机,其高等动机不成功宗教而别走一路,而此时便是这样别走一路,其路还即是中国走过的那路;中国的哲学几以研究人生占他的全部,而此时的哲学亦大有此形势;诸如此类,不必细数。”③钱穆先生也认为:“中国自身文化传统之大体系中无宗教。”④当然也有人认为,中国人的日常生活中并不缺少宗教行为,比如家家户户逢年过节基本上都要祭拜祖先,逢十过五都要进庙上香,平常则是见佛辄拜,遇仙则求。对此情况我们并不否认,但当我们透视中国人大量的宗教行为,我们则会发现,中国的先民们似乎缺乏对某一主神的确认和崇拜意识,对神也缺少虔诚与敬畏,中国人尊神拜佛更多时候是出于一种实用主义、功利主义的考虑,比如读书人对文昌帝君的敬拜,生意人对财神的敬拜,都是出于这种目的。费孝通说:“我们对鬼神也很实际,供奉他们为的是风调雨顺,为的是免灾逃祸。我们的祭礼有点像请客、疏通、贿赂。我们的祈祷是许愿、哀乞。鬼神在我们是权力,不是理性;是财神,不是公道。”⑤李泽厚也说:“中国没有像犹太、基督、伊斯兰那样的宗教,便是这种文化的深层特

---

① 高平叔编:《蔡元培全集》第四卷,北京:中华书局1984年版,第30页。

② 本部分内容经修改后曾发表于拙文《美育与人类健康精神家园的建构——“以美育代宗教”思想的当代价值探析》,载《社会科学家》2011年第10期。

③ 梁漱溟:《东西文化及其哲学》(修订版),北京:商务印书馆1999年版,第200页。

④ 钱穆:《现代中国学术论衡》,长沙:岳麓书社1986年版,第17页。

⑤ 费孝通:《美国与美国人》,北京:生活·读书·新知三联书店1985年版,第10页。

色。中国的神明是非常世俗的,关帝、马祖等等都是由人而神的,没有那种唯我独尊超验的绝对权威性。中国宗教信仰着眼于现实的幸福,求神拜佛是为了家宅平安、消灾祛病,不只是拯救灵魂。对死后的期望,也是希望跟现世一样,从远古的名器到今天的冥钞,都希望死者仍能享受人间的生活。"[①]也就是说,在中国人的文化意识中,求神拜佛更多的是为了实用,绝不行像西方那样是为了寻求精神解脱、心理慰藉,这一切就导致了中国人的宗教感情很淡,没谁将其奉为至上。[②] 正是这种淡漠的宗教色彩,中国人可以不需要任何神祇而泰然自若地处理生活中的一切事宜,可以不需要任何教规教义却依然视死如归地超越现实,这就是中国传统文化的一个特别之处。

蔡元培对中国传统文化中的这种非宗教精神认识得非常深刻,他在《关于宗教问题的谈话》一文中明确指出:"中国自来在历史上便于宗教没有什么深切的关系,也未尝感非有宗教不可的必要。将来的中国,当然是向新的和完美的方向进行,各人有一种哲学主义的信仰。在这个时候,与宗教的关系,当然更薄弱,或竟至无宗教的存在。所以将来的中国,也是同将来的人类一样,是没有宗教存在的余地的。"[③]此外,当我们用中国文化中这种特殊的非宗教精神来反观蔡元培的"以美育代宗教"思想时,我们就会发现,蔡元培之所以敢于在中西方势力联合叫嚣"宗教救赎论"和"孔教救赎论"时挺身而出,大胆揭露宗教的欺骗性,提出影响一时的"以美育代宗教"说,主张用美育来代替宗教,承担挽救社会、拯救国家的重任,凭借之一可以说就是中国传统文化中淡漠的宗教色彩。蔡元培说:"宗教说,好人死后不吃亏,但现在科学发达,人家都不相信。宗教又说,人死后有灵魂,做好人可以受福,否则要在地狱里受灾难,但究竟如何,还没有人拿出实在证据来。"[④]在这里,蔡元培一针见血地指出了宗教的虚伪性,这种认识毫无疑问是由以往对宗教不够虔诚与敬畏发展而来的。他把宗教看成人类蒙昧时代和半开化时代之产物,认为宗教之产生只不过是"上古之世,草昧初开,其民智识浅陋,所见

① 李泽厚:《走我自己的路:杂著集》,北京:中国盲文出版社 2002 年版,第 484 页。

② 当然少数民族的宗教崇拜则是另一回事,我们在这里主要谈的是大多数中国人的宗教信仰。

③ 高平叔编:《蔡元培全集》第四卷,北京:中华书局 1984 年版,第 70 页。

④ 高平叔编:《蔡元培美育论集》,长沙:湖南教育出版社 1987 年版,第 278—279 页。

惊奇疑异之事,皆以为出于神意”[1]而已,随着人知识的增加,科学的发达,“以星云说明天地之沧,以进化论语人类的由来,以引力说原子论明自然界之秩序,而上帝创造世界之说破;以归纳法组织伦理学、社会学等,而上帝监理人类行为之说破。于是旧宗教之主义不足以博信仰。其所余者,祈祷之仪式、僧侣之酬应而已”[2]。此外,他还认为宗教是“强制的、保守的、有界的”,比如“宗教常常不许人怎样怎样”,宗教的内容不容修改,宗教间的界限不容调和等。即便是能给生活不如意的人带来安慰,使之一切辛苦和不舒服能统统去掉,仍有赖于其中的音乐与美术。到这里,蔡元培对宗教的认识已经由最初的否定发展到了批判阶段,至此我们可以确认这样一个事实:中国传统文化的非宗教精神在蔡元培的美育思想中已经得到了升华——完成了对宗教精神的彻底否定。这种认识价值还不止于此,蔡元培并没有在否定宗教之后,把人们领入感情虚无的误区,而是为人们找到了真正的心灵寄托——美术(即艺术)。正如他所说:“人生是不免于忧患的,心有所寄,则忧患消除。与其寄于幽渺的宗教,不如寄予当前的美术。”[3]

蔡元培受中国传统文化中悠久的美育传统和非宗教精神的影响,还可以直接从他晚年自己所写的一篇文章——《论孔子之精神生活》中看出来。他在谈孔子的精神生活时,除特别强调除了智、仁、勇三点以外,还有两个重要特点:“一是毫无宗教的迷信;二是利用美术的陶养。”他在文章中说:“孔子所处的环境与两千年后的今日,很有差别;我们不能说孔子的语言,到今日还是句句有价值,也不敢说孔子的行为,到今日还是样样可以做模范。但是抽象的提出他的精神生活的概括,以智、仁、勇为范围,无宗教的迷信而有音乐的陶养,这是完全可以为师法的。”[4]蔡元培的“以美育代宗教”思想毫无疑问受到孔子上述思想之影响。

二、西方现代思想的影响

蔡元培一生先后五次出国,留居国外近十二年。长期的国外学习生涯,使他深谙西方的文化精髓,当然也包括其中的美学美育思想。实际上,真正推动蔡元

---

① 高平叔编:《蔡元培全集》第二卷,北京:中华书局 1984 年版,第 490 页。

② 高平叔编:《蔡元培全集》第二卷,北京:中华书局 1984 年版,第 490—491 页。

③ 高平叔编:《蔡元培美育论集》,长沙:湖南教育出版社 1987 年版,第 110 页。

④ 高平叔编:《蔡元培全集》第七卷,北京:中华书局 1989 年版,第 107—108 页。

培走上美学美育之路的就是西方的美学美育传统，这可以从蔡元培晚年对自己如何喜欢上美学的解释中看出。他说：“我于讲堂上既常听美学、美术史、文学史的讲演，于环境上又常受音乐、美术的熏习，不知不觉的渐集中心力于美学方面。”① 在这其中，康德和席勒的思想对他影响最大。此外，西方的科学主义思想，尤其是孔德的社会进化论思想对蔡元培影响也比较大，他的“美育代宗教”思想在很大程度上就是受孔德科学进化思想影响的结果。

（一）康德的美学思想

康德（1724—1804）是西方哲学、美学大师，康德美学是古典美学通向现代美学的一座桥梁，在西方美学发展史上占据重要地位。康德对蔡元培美学、美育思想产生重要影响的主要是其二元论思想、有关人类认识官能的三种划分以及有关美感性质的观点。康德的二元论思想把世界分为“现象界”和“物自体”两部分。现象界包括人在内的自然，这是《纯粹理性批判》探讨的范围，知性只能认识现象界，而不能认识物自体。在康德看来，物自体不能从理论上来证明，只能从实践上去信仰。《实践理性批判》就要求我们在道德上信仰物自体，从而给宗教留下了地盘。在康德的前两个批判中，现象界和物自体、自然的必然和道德的自由各自是封闭的系统，它们之间仿佛有一条不可逾越的鸿沟。为了在这两者之间架起桥梁，康德晚年写下了《判断力批判》这部美学著作。康德在该书导论部分明确指出：“判断力批判作为使哲学的两部分成为整体的结合手段。”②对康德的三大批判及其相互之间的关系，蔡元培可以说是有着清晰的认识：“康德既作纯粹理性评判，以明认识力之有界；又作实践理性评判，以明道德心之自由。而感于两者之不可以不一致，及认识力之不可以不受范于道德心，乃于两者之间，求得所谓断定力者，以为两者之津梁。”③可以说正是在对康德思想有着充分认识的基础上，蔡元培才吸取其思想中的部分内容，为其所用。

蔡元培首先接受了康德的二元论思想，也把世界分为现象世界和实体世界。“盖世界有两方面，如一纸之有表里：一为现象，一为实体。”④现象界追求的是现

① 高平叔编：《蔡元培全集》第七卷，北京：中华书局 1989 年版，第 302 页。

② 〔德〕康德：《判断力批判》上卷，北京：商务印书馆 1985 年版，第 14 页。

③ 高平叔编：《蔡元培全集》第二卷，北京：中华书局 1984 年版，第 497 页。

④ 高平叔编：《蔡元培全集》第二卷，北京：中华书局 1984 年版，第 133 页。

世幸福，而实体界则以摆脱现世幸福为作用，追求一种超越价值。此外，现象界和实体界的区别还表现在“前者相对，而后者绝对；前者范围于因果律，而后者超轶于因果律；前者与空间时间有不可离之关系，而后者无空间时间之可言；前者可以经验，而后者全恃直观”。[①] 正是由于这两者不同，所以需要由审美来架设桥梁。“美感者，合美丽与尊严而言之，介乎现象世界与实体世界之间，而为之津梁。此为康德所创造，而嗣后哲学家未有反对之者也。”[②]对康德的此种思想，蔡元培也完全赞同，故提出了“教育家欲由现象世界而引以到达于实体世界之观念，不可不用美感之教育”[③]。

蔡元培其次接受的是康德的有关人类认识官能的三分理论。康德在其《判断力批判》第一版的序言当中曾明确指出，人的心灵分为认识、快与不快的感情和愿望三个部分，也就是知、情、意三个部分。适应这三个部分，人有三种认识能力：知性、判断力和理性。[④] 在康德的哲学体系中，审美判断力在知性与理性领域之间执行的是“摆渡”和“桥梁”的功能。尽管人类认识官能的“知情意”三分理论最早可以追溯到柏拉图哲学，但是这种划分的基础最终是由康德哲学奠定的。对康德上述有关人类认识官能的三分理论，蔡元培基本上持接受态度，他在《以美育代宗教说》中曾明确指出：“吾人精神上作用，普通分为三种：一曰知识；二曰意志，三曰情感。”[⑤]这很明显就是一种康德式的思路。

此外，康德的有关美的性质的观点也被蔡元培吸收，并成为他提倡美育的主要理论依据。康德在《判断力批判》的《审美判断力批判》部分分别从质、量、关系和情状四个方面来分析审美判断，揭示出了美感的四大性质：审美不涉利害；无概念的普遍性；无目的的合目的性和无概念的必然性。蔡元培则把康德审美判断的四个特征分别概括为“超脱、普遍、有则、必然”来加以介绍，并着重抽取了其中的“超脱”和“普遍”为其所用。因为在蔡元培看来，“无目的的合目的性”以及“无概念的必然性”两项都是“人心所同然”的延伸——蔡元培以普遍与超脱概括美感的

---

① 高平叔编：《蔡元培全集》第二卷，北京：中华书局 1984 年版，第 133 页。

② 高平叔编：《蔡元培全集》第二卷，北京：中华书局 1984 年版，第 134 页。

③ 高平叔编：《蔡元培全集》第二卷，北京：中华书局 1984 年版，第 134 页。

④ 蒋孔阳：《德国古典哲学》，北京：商务印书馆 1980 年版，第 65 页。

⑤ 高平叔编：《蔡元培美育论集》，长沙：湖南教育出版社 1987 年版，第 43 页。

性质，是举起要而不漏。

那么，什么是美的普遍性呢？康德认为，所谓美的普遍性就是“当人称这对象为美时，他又相信他自己会获得普遍赞同并且对每个人提出同意的要求”①，也即是主观的普遍传达性。蔡元培对此思想极为赞同，并把它看作是摆脱专己性之良药。蔡元培说：“盖以美为普遍性，决无任我差别之见能参与其中。食物之入我口，不能兼果他人之腹；衣服之在我身者，不能兼供他人之温，以其非普遍性也。美则不然。即如北京左近之西山，我游之，人亦游之，我无损人，人亦无损于我。隔千里兮共明月，我与人均不得而私之……所谓独乐乐不如与人乐乐，与寡乐乐不如与众乐乐，美之为普遍性可知矣。”②由于审美有普遍性，所以能消除人我之见、利己损人之念，从而培养人们高尚的品格，这也是蔡元培之所以大力推广美育的原因之所在。

蔡元培还举例说：“一瓢之水，一人饮了，他人就没得分润；容足之地，一人占了，他人就没得并立；这种物质上不相入的成例，是助长人我的区别、自私自利的计较的。转而观美的对象，就大不相同。凡味觉、嗅觉、肤觉之含有质的关系者，均不以美论；而美的发动，乃以摄影及音波辗转传达之视觉与听觉为限，所以纯然有‘天下为公’之概。名山大川，人人得而游览；夕阳明月，人人得而赏玩；公园的造像，美术馆的图画，人人得而畅观。齐宣王称‘独乐乐，不若与人乐乐’，‘与少乐乐，不若与众乐乐’，陶渊明称‘奇文共欣赏’；这都是美的普遍性的证明。”③

所谓“超脱”，就是超越利害生死之上，也即抛却现实的功名利禄、个人得失而进入绝对、自由的观念世界，它主要是指美感的无功利性。康德曾讲：“美是无一切利害关系的对象。因为人自觉到对那愉快的对象在他是无任何利害关系时，它就不能不断定这对象必具有使每个人愉快的根据。因为它既然不是根据主体的任何偏爱（也不是基于任何其他一种经过考虑的利害感），而是判断者在他对于这对愉快时，感到自己是完全自由的；于是他就不能找到私人的只和他的主体有关的条件作为这愉快的根据，因此必须认为这种愉快是根据他所设想人人共有的东

① 〔德〕康德：《判断力批判》上卷，北京：商务印书馆 1985 年版，第 53 页。

② 高平叔编：《蔡元培全集》第三卷，北京：中华书局 1984 年版，第 33 页。

③ 高平叔编：《蔡元培全集》第六卷，北京：中华书局 1988 年版，第 158 页。

西。结果他必须相信他有理由设想每个人都同感到此愉快。"①蔡元培完全从康德的上述思想出发,通过对艺术作品和审美实践的具体分析,发挥了美的超功利、超实用的思想。他说:"马、牛,人之所利用者,而戴嵩所画之牛,韩干所画之马,决无对之而作服乘之想者。狮、虎,人之所畏也,而芦沟桥之石狮,神虎桥之石虎,决无对之而生搏噬之恐者。植物之花,所以成实也,而吾人赏花,决非作果实可食之想。善歌之鸟,恒非食品。灿烂之蛇,多含毒液,而以审美之观念对之,其价值自若。美色,人之所好也,对希腊之裸像,决不敢作龙阳之想。对拉飞尔、鲁滨司之裸体画,决不敢有周防秘戏图之想。盖美之超绝实际也如是。"②

(二)席勒的美育主张

在西方美育思想史上,席勒(1759—1805)是第一个明确提出"美育"概念的人,被称之为"现代美育之父"。席勒美育思想对蔡元培也有着重要的影响,对此,蔡元培曾明确指出:"经席勒尔(即席勒——引者注)详论美育之作用,而美育之标识,始彰明较著矣。(席勒尔所著,多诗歌及剧本;而其关于美学之著作,惟 *Brisfe über die Astheticche Erziehung*,吾国"美育"之术语,即由德文之 Astheticche Erziehung 译出者也)自是以后,欧洲之美育,为有意识之发展,可以资吾人之借鉴者甚多。"③"美育的名词,是民国元年我从德文的 Astheticche Erziehung 译出,为从前所未有。"④

席勒深受康德思想之影响,正如朱光潜先生所指出的:"康德在哲学上所揭示的自由批判精神,他的本体与现象,理性与感性等对立范畴的区分,以及他把美联系到人的心理功能的自由活动和人的道德精神这些基本概念,都成为席勒思想的出发点。"⑤席勒的《美育书简》就是受了康德哲学与美学思想的影响而形成的。但和康德纯粹为其哲学服务而充满抽象和思辨色彩的美学思想不同的是,席勒的美育思想则充满了现实的气息,毋宁说,它是对法国大革命进行哲学沉思的产物。席勒认为,法国大革命没能解决政治自由问

---

① 〔德〕康德:《判断力批判》上卷,北京:商务印书馆 1985 年版,第 48 页。

② 高平叔编:《蔡元培全集》第三卷,北京:中华书局 1984 年版,第 33—34 页。

③ 高平叔编:《蔡元培全集》第五卷,北京:中华书局 1988 年版,第 509 页。

④ 高平叔编:《蔡元培全集》第六卷,北京:中华书局 1988 年版,第 54 页。

⑤ 朱光潜:《西方美学史》下卷,北京:人民出版社 1979 年版,第 439 页。

题,通向自由之路不应当是政治经济的革命,而应当是审美教育。他说:“我们为了在经验中解决政治问题,就必须通过审美教育的途径,因为正是通过美,人们才能达到自由。”①席勒通过审美教育来解决政治问题的思想给了蔡元培以极大启示,蔡元培的“以美育代宗教”思想可以说在很大程度上就是受席勒思想影响的结果。

此外,席勒还认为美育是恢复人性完整的重要手段。在对资本主义的现实问题进行分析的过程中,席勒敏锐地看到资本主义社会的发展所导致的分裂:“现在,国家与教会、法律与习俗都分裂开来,享受与劳动脱节、手段与目的脱节、努力和报酬脱节。永远束缚在整体中一个孤零零的断片上,人也就把自己变成一个断片了。耳朵里所听到的永远是由他推动的机器轮盘的那种单调乏味的嘈杂声,人就无法发展他生存的和谐,他不是把人性印刻到他的自然(本性)中去,而是把自己仅仅变成他的职业和科学知识的一种标志。”②毫无疑问,资本主义劳动分工的对抗性发展是导致人性分裂的重要原因之一,那么是否可以通过取消劳动分工来恢复人性完整呢?对此,席勒断然否定。他认为劳动分工是社会发展的必然,“要发展人的多种素质,除了使它们相互对立之外,别无他法”③。个体能力的片面发展对个体固然有害,然而能够使社会整体获得好处。此外,他还严正指出,我们也不能期待“国家”来恢复人性的完整,因为“国家”正是造成人性分裂的祸首。那么我们怎样才能恢复人性的完整呢?席勒明确地指出,要走审美教育之路。因为只有通过美和艺术,才能把近代人从堕落的两极引上正路,克服人性的分裂,从而实现人性的完整。席勒对现代人性的分析,对美育拯救人性之路的分析也都给了蔡元培以极大影响,以致于我们在观察蔡元培的现代人情感问题分析时所看到的几乎都是席勒的影子:“科学愈昌明,宗教愈没落;物质愈发达,情感愈衰颓;人类与人类便一天天隔膜起来,而且互相残杀。本是人类制造了机器,而人类反而变了机器的奴隶,受了机器的指挥,不惜仇视同类。我的提倡美育,便是使人类能在音乐、雕刻、图画、文学里又找见他们遗失了的情感。”④

---

① 〔德〕席勒:《美育书简》,徐恒醇译,北京:中国文联出版公司 1984 年版,第 39 页。
② 〔德〕席勒:《美育书简》,徐恒醇译,北京:中国文联出版公司 1984 年版,第 51 页。
③ 〔德〕席勒:《美育书简》,徐恒醇译,北京:中国文联出版公司 1984 年版,第 54 页。
④ 高平叔编:《蔡元培全集》第五卷,北京:中华书局 1988 年版,第 520 页。

席勒认为,美育不是作用于人的某一个方面,而是作用于人的各个方面,既作用于认识的人,又作用于道德的人。在《论运用美的形式的必然界限》一文中,席勒就强调美能够对认识和道德发生作用,他写道:"美,像在道德领域内对行为发生作用那样,也对认识发生作用:美把永远不可能在形式和根据上结合起来的人们结合在结论和内容之中。"[①]蔡元培对美育诸多功能的肯定,蔡元培之有关"美育者,与智育相辅而行,以图德育之完成者也"[②]等思想的提出,可以说在一定程度上也都受到了席勒思想的影响。

(三)孔德的社会进化论思想

奥古斯特·孔德(Auguste Comte,1798—1857)是19世纪上半叶法国的著名哲学家,实证主义的创始人。孔德实证主义的基本原则,在于认为哲学应当以实证自然科学为根据,以可以观察和实验的事实及知识为内容,摒弃神学和思辨形而上学所研究的那些所谓绝对的,然而却无法证明的抽象本质。一句话,就是以实证的科学来代替神学和形而上学的思辨概念。

孔德的社会进化论思想是建立在他的人类智力发展的三阶段理论之上的。在其《实证哲学教程》第一课中,孔德自称发现了一条人类智力发展必然遵守的伟大规律:"我们的每一个主要观点,每一个知识部门,都先后经过三个不同的理论阶段:神学阶段,又名虚构阶段;形而上学阶段,又名抽象阶段;科学阶段,又名实证阶段。"[③]孔德认为,在人类社会进化的各种动力因素中,理智的进化是起着原动力作用的决定性因素。他说:"我们毫不犹豫地将理智的进化放在第一位,作为人类进化总体的必然占优势的原理。……毫无疑问,社会的历史尤其是由人类精神的历史所支配。"[④]既然人类理智的进化支配着人类社会总体的进化,那么人类理智进化的规律同样也适应于人类社会总体进化的规律,人类社会总体的进化与人类理智的进化一样也分为三个阶段。

孔德认为,首先,与人类理智进化的"神学阶段"相适应的是"神学的和军事

---

① 〔德〕席勒:《秀美与尊严》,北京:文化艺术出版社1996年版,第243页。
② 高平叔编:《蔡元培全集》第五卷,北京:中华书局1988年版,第508页。
③ 洪谦:《西方现代资产阶级哲学论著选辑》,北京:商务印书馆1964年版,第25页。
④ 杨深:《简论孔德的社会发展阶段理论》,载《中国社会科学院研究生院学报》2008年第5期。

的社会制度”的时代。在这个时代,所有一般和特殊的理论观念都是超自然的,而所有一般和特殊的社会关系也都是军事的;政治上实行“军权神授”的君主专制制度,僧侣阶级和封建阶级在社会上占据着特权统治地位。其次,与人类理智进化的“形而上学”阶段相适应的是“批判的时代或革命的过渡时代。”在这个时代,科学思想逐渐发展起来,人们开始利用理性作为批判的工具,对神学和封建专制制度发起了攻击,用对自然的崇拜取代对上帝的崇拜,神学和军事的社会制度开始解体,形而上学学者和法学家占据了政治舞台。最后,与人类理智进化的“实证阶段”相适应的是“科学和工业的时代”。在这个时代当中,科学获得了广泛的普及,所有一般的和特殊的理论观念都发展成为实证性的;工业巩固了它在社会上的优势地位,一切特殊的社会关系都逐步在工业的基础上建立起来,工业组织成为占统治地位的社会组织形式,生产成为社会唯一恒常的活动目的。孔德认为,这个时代的形态是“最适合人类本性的形态,在那里,一切繁荣社会的手段都符合人自己最完善的发展并得到最直接的享用”①。因此,它是人类社会总体进化最高和最后的阶段,也即人类社会文明发展的最完善阶段。

孔德的上述社会进化思想给了蔡元培以极大的影响,蔡元培曾在不同场合表示对孔德上述思想的认可,比如在《真善美》一文中,蔡元培就明确指出:“人类探求真善美的状态经过三大时期,略如孔德所说:一、神学时期　神话与宗教;二、玄学时期　悬想哲学;三、科学时期　实证科学与哲学。”②蔡元培在“以美育代宗教”思想中重要科学的作用,认为“科学发达以后,不但自然历史,社会状况,都可用归纳法求出真相;就是潜识、幽灵一类,也要用科学的方法来研究他”③;认为“单是科学已尽够解释一切事物的现象,用不着去请教宗教”④等。这些思想观点很显然都受到了孔德上述人类社会进化思想的影响。蔡元培还曾以“注重科学精神,研究社会组织的主义”为“教育的宗旨”⑤,于 1917 年 12 月在北京东华门创办

① 欧力同:《孔德及其实证主义》,上海:上海社会科学院出版社 1987 年版,第 123 页。
② 高平叔编:《蔡元培美育论集》,长沙:湖南教育出版社 1987 年版,第 187 页。
③ 高平叔编:《蔡元培美育论集》,长沙:湖南教育出版社 1987 年版,第 206 页。
④ 高平叔编:《蔡元培美育论集》,长沙:湖南教育出版社 1987 年版,第 277 页。
⑤ 高平叔编:《蔡孑民先生言行录》,桂林:广西师范大学出版社 2005 年版,第 208 页。

过一所孔德学校，来表达对孔德的敬重与崇拜。

总的来说，蔡元培“以美育代宗教”思想的提出，既吸收了中国传统的历史文化，又借鉴了西方康德、席勒、孔德等人的现代思想，从而体现出一种中西调和、传统与现代相统一的思想特色。

第二章　“以美育代宗教”的理论基础

任何一种思想的提出，都不会是建立在空中楼阁之上，都会有其思想依据和理论基础，蔡元培“以美育代宗教”思想的提出也是这样，其富含自由主义色彩的教育哲学观、充满批判精神的宗教观和以情感教育为本质的美育观共同构成其“以美育代宗教”思想的理论基础，为其分析、论证提供了依据。

第一节　富含自由主义色彩的教育哲学观

作为“以美育代宗教”提出的教育哲学依据，蔡元培的教育哲学思想富含自由主义色彩。这种色彩，首先体现在他对教育的“超轶现世”之价值追求上，认为作为教育者，应该是“立于现象世界，而有事于实体世界也”，应该是“以实体世界之观念为究竟之大目的，而以现象世界之幸福为其达于实体观念之作用”①。其次还体现在他那“五育并举”的教育思想上。倡导思想自由、主张兼容并包，也是其教育哲学思想的重要组成部分。凡此种种，都表明蔡元培能准确抓住中国近代社会教育发展的基本问题进行理论思考，从而融合中西文化，形成了其独具特色的富含自由主义色彩的教育哲学观。

---

① 高平叔编：《蔡元培全集》第二卷，北京：中华书局1984年版，第133页。

一、"立于现象世界而有事于实体世界"的教育价值追求

在关于对世界本质问题的问答中,蔡元培继承了康德哲学的观点,把统一的世界划分为两部分:"一为现象,一为实体。"并且认为这两个部分有着极大的区别:"前者相对,后者绝对。前者范围于因果律,而后者超轶乎因果律。前者与空间时间有不可离之关系,而后者无空间时间之可言。前者可以经验,而后者全恃直观。故实体界者,不可名言者也。然而既以是为观念之一种矣,则不得不强为之名,是以或为之道,或谓之太极,或谓之神,或谓之黑暗之意识,或谓之无识之意志。其名可以万殊,而观念则一。虽哲学之流派不同,宗教家之仪式不同,而其所到达之最高观念皆如是。(最浅薄之唯物论哲学,最幼稚之祈长生求福利者,不在此例。)"①这里所说的现象世界,即是我们所说的客观物质世界,包括一切自然现象和社会现象。在蔡元培看来,现象世界里的任何一种现象都是无限时空中的一部分,因而是相对的,它们的存在都依赖于一定的条件,它们各自的生成、发展、变化及其相互之间的关系,都受因果律(即现象界的客观必然规律)的支配。因为它们都是有限的、有形的,因此可以依赖经验去认识和把握。而实体世界,在蔡元培看来,与现象世界是截然不同的两部分。它无始无终,无方无体,高悬于现实世界之外,不受任何客观规律的限制和约束,因此不可名言也。但为了与现象世界之相区分,我们只好用西方哲学史上的神、意志,或中国古代哲学史上的道、太极来称谓它。由于实体世界是超时空、超因果律的,因此对它的认识不能依赖经验,只能"全恃直观"。

在蔡元培看来,现象世界与实体世界尽管从表面上看来截然不同,实际上却有着极深的联系,是同一世界之两方面。他说:"现象实体,仅一世界之两方面,非截然为互相冲突之两世界。吾人之感觉,既托于现象世界,则所谓实体者,即在现象之中,而非必灭乙而后生甲。"②从表面看,他所说的现象与实体的关系就如现象与本质的关系一样,人们通过对现象的把握就可以认识实体,掌控实体。实际上这并不是他的本意。他想说的是,现象与实体这两个世界并非完全隔绝,它们之间还存在"通性"。但这种"通性"并不在现象世界那里,不是物质性,而是在实

① 高平叔编:《蔡元培全集》第二卷,北京:中华书局1984年版,第133页。
② 高平叔编:《蔡元培全集》第二卷,北京:中华书局1984年版,第133页。

体世界那里，是属于精神性的。那这个精神性的东西究竟是什么呢？蔡元培认为就是意志。蔡元培说：“吾人为世界之一分子，凡吾人意识所能接触者，无一非世界之分子。研究吾人意识，而求其最后之元素，为物质及形式。物质及形式，犹相对待也。超物质形式之畛域而自在者，惟有意志。于是吾人得以意志为世界各分子之通性，而即以是为世界之本性。”①在蔡元培看来，这两个世界之间就是以意志为中介而实现联系的。那么各个世界中的意志有区别吗？蔡元培认为有。他说：“本体世界之意志，无所谓鹄的也。何则？一有鹄的，则悬之有其所，达之有其时，而不得不循因果律以为达之之方法，是仍落于形式之中，含有各分子之特性，而不足以为本体。故说者以本体世界为黑暗之意志，或谓之盲瞽之意志，皆所以形容其异于现象世界各各之意志也。现象世界各各之意志，则以回向本体为最后之大鹄的。其间接以达于此大鹄的者，又有无量数之小鹄的。各以其间接于最后大鹄的之远近，为其大小之差。”②也就是说，实体（即蔡元培所说的本体）世界的意志没有鹄的，现象世界的意志有鹄的，且现象世界的各各意志都以“本体世界之意志”为最后的归宿，“以回向本体为最后之大鹄的”③，这充分体现了蔡元培的唯心主义倾向。

如果说“回向本体”是人们认识世界的最终“鹄的”，那么，怎样才能达到这个目的呢？曾有宗教家提出说：“吾人固未尝不可以一瞬间，超轶现象世界种种差别之关系，而完全成立为本体世界之大我。”④对此通过瞬间的悟性而进入实体世界的“顿法”（即豁然顿开之法）之路，蔡元培并不认同。在他看来，人要想进入实体世界，形成超轶现象世界的观念，必须一步步来，不能设想一步登天，必须遵循“渐法”（即循序渐进之法）。他说：“吾人于此时期，既尚有语言文字之交通，则已受范于渐法之中，而不以顿法，于是不得不有所谓种种间接之作用，缀辑此等间接作用，使厘然有系统可寻者，进化史也。”⑤这就是说，包括我们这个时代已经拥有的语言文字交流沟通工具，都是循序渐进发展之产物，都不是以顿法突然得到的，这

① 高平叔编：《蔡元培全集》第二卷，北京：中华书局 1984 年版，第 288 页。
② 高平叔编：《蔡元培全集》第二卷，北京：中华书局 1984 年版，第 288 页。
③ 高平叔编：《蔡元培全集》第二卷，北京：中华书局 1984 年版，第 288 页。
④ 高平叔编：《蔡元培全集》，北京：中华书局 1984 年版，第 289 页。
⑤ 高平叔编：《蔡元培全集》第二卷，北京：中华书局 1984 年版，第 289 页。

种实际状况就决定我们要想到达实体世界，也必须采取循序渐进的方法，通过一系列的间接作用，最终才有可能实现既定的目标。蔡元培之所以主张“渐法”，而反对“顿法”，是因为他清醒地认识到，“现象实体，仅一世界之两方面，非截然为互相冲突之两世界。吾人之感觉，即托于现象世界，则所谓实体者，即在现象之中，而非必灭乙而后生甲”①。在他看来，宗教家那种为了提倡实体观念，而完全排斥现象世界，甚至把现象世界之文明视为罪恶之源的看法完全错误，因为从现象到实体并非“必灭乙而后生甲”，要想进入实体世界还必需现象世界的种种前提条件，而宗教家的上述做法则完全忽视了这些种种条件。他说：“现象世界间所以为实体世界之障碍者，不外二种意识：一、人我之差别，二、幸福之营求是也。人以自卫力不平等而生强弱，人以自存力不平等而生贫富。有强弱贫富，而彼我差别之意识起。弱者贫者，苦于幸福之不足，而营求之意识起。有人我，则于现象中有种种之界画，而与实体违。存营求而当其未遂，为无已之苦痛。及其既遂，为过量之要索。循环于现象之中，而与实体隔。能剂其平，则肉体之享受，纯任自然，而意识界之营求泯，人我之见亦化。合现象世界各别之意识为浑同，而得与实体吻合焉。”②

也正是在上述思想观点的基础上，蔡元培提出了自己的教育价值主张，即作为教育者，应该是“立于现象世界，而有事于实体世界也”，应该是“以实体世界之观念为究竟之大目的，而以现象世界之幸福为其达于实体观念之作用”③。

所谓“立于现象世界”，即是指教育办学，不可脱离现实而盲目进行，承认教育有隶属于政治的一面，肯定教育有追求现实幸福的世俗意义。他说：“现世幸福，为不幸福之人类到达于实体世界之一种作用，盖无可疑者。军国民、实利两主义，所以补自卫自存之力之不足。道德教育，则所以使之互相卫互相存，皆所以泯营求而忘人我者也。由是而进以提撕实体观念之教育。”④即是说，作为隶属于政治的军国民主义、实利主义和公民道德教育，有着双重的作用，他们不仅仅是人类实现实体观念追求的基本条件，而且也是解决现实问题，满足人类现实幸福——“补

① 高平叔编：《蔡元培全集》第二卷，北京：中华书局1984年版，第133页。
② 高平叔编：《蔡元培全集》第二卷，北京：中华书局1984年版，第133—134页。
③ 高平叔编：《蔡元培全集》第二卷，北京：中华书局1984年版，第133页。
④ 高平叔编：《蔡元培全集》第二卷，北京：中华书局1984年版，第134页。

自卫自存力之不足”,“泯营求而忘人我”的重要途径,因此必须重视。

所谓“有事于实体世界”,则是指教育者应该抱有一种超轶现实、超轶俗世的精神追求,承认教育有超轶政治的一面,肯定教育有追求“实体世界”的终极价值目标。他说:“人不能有生而无死。现世之幸福,临死而消灭。人而仅仅以临死消灭之幸福为鹄的,则所谓人生者有何等价值乎?国不能有存而无亡,世界不能有成而无毁,全国之民,全世界之人类,世世相传,以此不能不消灭之幸福为鹄的,则所谓国民若人类者,有何等价值乎?且如是,则就一人而言之,杀身成仁也,舍生取义也,合己而为群也,有何等意义乎?就一社会而言之,与我以自由乎,否则与我以死,争一民族之自由,不至沥全民族最后之一滴血不已,不至全国为一大冢不已,有何等意义乎?且人既无一死生破利害之观念,则必无冒险之精神,无远大之计划,见小利,急近功,则又能保其不为失节堕行身败名裂之人乎?谚曰当局者迷,旁观者清。非有出世间之思想者,不能善处世间事,吾人即仅仅以现实幸福为鹄的,犹不可无超轶现世之观念,况鹄的不至于此者乎?”①即是说,现实幸福、现实追求毕竟是有限和短暂的,如果仅仅以现实幸福追求作为最终的目的,那么作为个人,就不可能会“杀身成仁”“舍生取义”“舍己为群”;作为民族,也不会为了民族自由而流尽“全民族最后一滴血”,这样的人生无疑是没有任何价值意义可言的。而且如果没有超越现实的价值追求,人们甚至也很难实现现实的幸福,因为“非有出世间之思想者,不能善处世间事”。因此,蔡元培认为,教育家应突破对现实世界幸福之追求,通过世界观和美感教育陶冶人的情操,培养人的超轶现实世界之观念,最终使人达于“绝对自由”的实体世界。

蔡元培这一“立于现象世界而有事于实体世界”的教育价值观构成了他整个教育思想的理论基石,他后来所提出的“以美育代宗教”思想可以说就是以此为理论基础的。因为按照蔡元培的观点,人们的价值追求应该是双重的,既“立于现象世界”,但又不能局限于现象世界,而应该以“实体世界”为最终之“鹄的”。宗教家们尽管把实体世界作为他们的最高追求,却排斥现象世界,甚至把现象世界之文明视为罪恶之源,这与蔡元培的“现象世界之幸福为其达于实体观念之作用”②的观点完全违背,因此不能被他所接受。而美育则不一样,“美感者,合美丽与尊

① 高平叔编:《蔡元培全集》第二卷,北京:中华书局 1984 年版,第 132—133 页。

② 高平叔编:《蔡元培全集》第二卷,北京:中华书局 1984 年版,第 133 页。

严而言之,介乎现象世界与实体世界之间,而为津梁。此为康德所创造,而嗣后哲学家未有反对之者也。”通过美感教育,可以使人摆脱种种诱惑,从而对现象世界产生一种无厌弃亦无执着的情感,进而顺利进入实体世界,“故教育家欲由现象世界而引以到达于实体世界之观念,不可不用美感之教育”①。

需要指出的是,蔡元培有关“现象世界”与“实体世界”划分的二元论思想在理论上是错误的,其有关世界之本性是意志实体的观点更是属于主观唯心主义。建立在此基础上的教育价值观和“以美育代宗教”思想,在本质上也很难正确。他的“以美育代宗教”最终以失败而告终,可以说与上述原因不无关系。但我们绝不能因此而认为其建立在唯心主义哲学基础之上的教育价值主张毫无意义,恰恰相反,在当时特定的历史条件下,它对于摧毁旧式专制主义教育,摆脱封建军阀势力对教育的控制以及推进资产阶级性质的自由主义教育具有积极的意义,值得我们探讨。

二、“五育并举”的教育思想

在中国近代教育思想发展史上,蔡元培是第一位明确提出军国民教育、实利主义教育、公民道德教育、世界观教育与美感教育“五者,皆今日之教育所不可偏废”的教育思想家。他的这一五育并举教育思想的提出,不仅在当时具有重要的理论和现实意义,而且对于中国教育理论的发展,也产生了重大的影响。

蔡元培五育并举的教育思想,是在他出任南京临时政府首任教育总长期间提出的。当是时,中国的教育正处于一个非常重要的转折关口。一方面,在中国存在几千年的封建专制统治虽被推翻,但封建专制教育在人们心目中的影响依然根深蒂固;另一方面,资产阶级政府虽已开始了对封建专制教育的改革,但也只是刚刚起步,缺乏明确的教育指导思想,缺少新的教育宗旨来取代清末“忠君、尊孔、尚公、尚武、尚实”的教育宗旨。与此同时,在如何建立新式教育,特别是制定怎样的教育方针这样一个重大问题上,教育界的主张也不尽相同。有人主张军国民主义教育为主,有人提倡实利主义教育至上,有人则主张“此两者实不可偏废”②,还有人坚持公民道德教育为最。在这样一个特定的时代背景下,迫切需要有一个统一

① 高平叔编:《蔡元培全集》第二卷,北京:中华书局1984年版,第134页。
② 高平叔编:《蔡元培全集》第三卷,北京:中华书局1984年版,第328页。

的教育指导思想,来推进资产阶级的教育改革,规范资产阶级对于人才培养的目标和要求。蔡元培也正是在这样特定的形势下,于 1912 年初发表了教育论文《对于新教育之意见》,第一次明确提出并详细阐述了其五育并举的教育思想。

其一为军国民教育。这种思想按照学者金林祥的观点,是清末由国外传入的一种教育思想。[①] 对于这种思想,在主观上,蔡元培并不认为它是一种理想社会的教育思想,“军国民教育者,与社会主义僢驰,在他国已有道消之兆”[②]。为什么这样说呢? 因为当时的社会主义者认为,在理想的社会里,没有军队,只有警察;如果国家之间存在矛盾,就交由万国公法裁判所裁决;没有战事,人民自然安居乐业[③],当然也就不需要军国民教育了。但在客观上,蔡元培则认为,“军国民教育者,诚今日所不能不采者也”。原因有二:其一,从当前现状来看,当时中国正处于“强邻交逼,亟图自卫,而历年丧失之国权,非凭武力,势难恢复”的地步;其二,从长远发展来看,“军人革命以后,难保无军人执政之一时期,非举行举国皆兵之制,将使军人社会,永为全国中特别之阶级,而无以平均其势力”[④]。可见,蔡元培主张进行军国民教育,是出于对现实和未来的一致考虑,无疑具有积极的进步意义。主张军事体育教育,在蔡元培的思想中一直占据着重要地位,在早年主持爱国学社时,他就请人对学员进行军事体操训练,他本人“亦剪发、服操衣,与诸生同练步伐”[⑤]。在后来北大校长任上,他“对于北大学生之愿受军事训练的,常特别助成;曾集这些学生,编成学生军,聘白雄远君任教练之责,亦请蒋百里、黄膺白诸君到场演讲”[⑥]。

其二为实利主义教育。这种教育实际上是以美国教育家杜威(John Dewey)的实用主义教育理论为思想基础的,认为应该“以人民生计为普通教育之中坚”。那些主张最力的人,甚至提出所有的普通文化科学知识都应寓于“树艺、烹饪、裁缝及金、木、土工之中”。这种教育思想由美国产生之后,很快流行于欧洲大陆,清末的时候传入中国。对于这种教育,蔡元培认为也是当时的中国所急需的。他之

---

① 金林祥:《蔡元培教育思想研究》,沈阳:辽宁教育出版社 1994 年版,第 147 页。

② 高平叔编:《蔡元培全集》第二卷,北京:中华书局 1984 年版,第 130—131 页。

③ 中国蔡元培研究会编:《蔡元培全集》第一卷,杭州:浙江教育出版社 1997 年版,第 434 页。

④ 高平叔编:《蔡元培全集》第二卷,北京:中华书局 1984 年版,第 131 页。

⑤ 高平叔编:《蔡元培全集》第三卷,北京:中华书局 1984 年版,第 323 页。

⑥ 高平叔编:《蔡元培全集》第六卷,北京:中华书局 1988 年版,第 356 页。

所以主张推行实利主义教育，就在于他清醒地认识到，“今之世界，所恃以竞争者，不仅在武力，而尤在财力。且武力之半，亦由财力所孳乳”。此外，就当时我国的实际情况而言，“我国地宝不发，实业界之组织尚幼稚，人民失业者至多，而国甚贫”。这一切也需要实利主义教育来解决，所以他说，“实利主义之教育，固亦当务之急者也”①。

其三为公民道德教育。在对公民道德教育的内容进行分析之前，他首先对推行公民道德教育的重要性进行了说明。在他看来，军国民教育和实利主义教育固然重要，可以实现“强兵富国”，但如果只强调这两方面，则容易导致以下弊端：兵强，“然或溢为私斗，为侵略”；国富，“然或不免知欺愚，强欺弱”②。因此，“军国民教育及实利主义，则必以道德为根本”③，必须“教之以公民道德”④。

关于公民道德教育的内容，蔡元培则认为，法国大革命所标榜的“自由、平等、博爱”就是公民道德教育的要旨。为了便于国人的理解，蔡元培运用古圣先贤的语录名句对之进行了解释说明。他说：“孔子曰：匹夫不可夺志。孟子曰：大丈夫者，富贵不能淫，贫贱不能移，威武不能屈。自由之谓也。古者益谓之义。孔子曰：己所不欲，勿施于人。子贡曰：我不欲人之加诸我也，吾亦欲毋加诸人。《礼记・大学》曰：所恶于前，毋以先后；所恶于后，毋以从前；所恶于右，毋以交于左；所恶于左，毋以交于右。平等之谓也。古者盖谓之恕。……孔子曰：己欲立而立人，己欲达而达人。亲爱之谓也。古者盖谓之仁。”⑤蔡元培的这种用中国古代儒家所提倡的“义、恕、仁”来解释近代西方资产阶级所倡导的“自由、平等、博爱”的道德观念，很显然是比较牵强的。然而这种牵强也正说明他并没有因为受西方文化的影响就全部否定中国传统道德文化，反而希望以“人之所长”“补我所短”，⑥进而发扬光大中国的文化。应该说，他的这种认识，在当时的时代背景下，是十分难能可贵的。

其四为世界观教育。在中国近代教育史上这可以说是蔡元培首创的。他在

---

① 高平叔编：《蔡元培全集》第二卷，北京：中华书局 1984 年版，第 131 页。
② 高平叔编：《蔡元培全集》第二卷，北京：中华书局 1984 年版，第 131 页。
③ 高平叔编：《蔡元培全集》第二卷，北京：中华书局 1984 年版，第 263 页。
④ 高平叔编：《蔡元培全集》第二卷，北京：中华书局 1984 年版，第 131 页。
⑤ 高平叔编：《蔡元培全集》第二卷，北京：中华书局 1984 年版，第 132 页。
⑥ 高平叔编：《蔡元培全集》第三卷，北京：中华书局 1984 年版，第 27 页。

接受康德二元论哲学思想的基础上,将统一的客观世界划分为现象世界与实体世界两部分,并且认为这二者之间存在着极大的区别:"前者相对,后者绝对。前者范围于因果律,而后者超轶乎因果律。前者与空间时间有不可离之关系,而后者无空间时间之可言。前者可以经验,而后者全恃直观。"①以此为基础,蔡元培认为人们的追求也有两种:一种是以"现世幸福为鹄的",这是政治家常常所追求的;另一种是以"摆脱现实幸福为作用",把对实体世界观念的追求作为其最终的目的,这是宗教家的观点。而作为教育者,则应该是"立于现象世界,而有事于实体世界也",应该是"以实体世界之观念为究竟之大目的,而以现象世界之幸福为其达于实体观念之作用"②。而世界观教育的目的,就是培养人们对现象世界的超然态度,达到"无厌弃而亦无执著",对实体世界"非常渴慕而渐进于领悟"。为此,就必须"循思想自由言论自由之公例,不以一流派之哲学一宗门之教义梏其心,而惟时时悬一无方体无始终之世界观以为鹄"③。很显然,蔡元培世界观教育的哲学基础是唯心主义的,但他要求人们遵循思想自由、言论自由的公例,不要束缚于某一具体思想学说,在当时的时代背景下却具有打破几千年思想专制的解放作用。正如他自己后来所说,他之所以提出世界观教育,"意在兼采周秦诸子、印度哲学及欧洲哲学,以打破二千年来墨守孔学的旧习"④。

其五为美感教育,也就是我们所说的美育。在蔡元培看来,美感教育是进行世界观教育的主要途径,是培养人们由现象世界走向实体世界的桥梁,如是说:"世界观教育,非可以旦旦而聒之也。且其与现象世界之关系,又非可以枯槁单简之言说袭而取之也。然则何道之由?曰美感之教育。美感者,合美丽与尊严而言之,介乎现象世界与实体世界之间而为津梁。"⑤美感教育为何如此重要呢?蔡元培认为这主要是由它本身的特性所决定的。在他看来,人们之所以无法顺利由现象世界进入实体世界,根本原因就在于两种障碍意识:"一、人我之差别,二、幸福之营求是也。""有人我,则于现象中有种种之界画,而与实体违。有营求则当其未

---

① 高平叔编:《蔡元培全集》第二卷,北京:中华书局 1984 年版,第 133 页。
② 高平叔编:《蔡元培全集》第二卷,北京:中华书局 1984 年版,第 133 页。
③ 高平叔编:《蔡元培全集》第二卷,北京:中华书局 1984 年版,第 134 页。
④ 高平叔编:《蔡元培全集》第七卷,北京:中华书局 1989 年版,第 197 页。
⑤ 高平叔编:《蔡元培全集》第二卷,北京:中华书局 1984 年版,第 134 页。

遂,为无已之苦痛,及其既遂,为过量之要索。循环于现象之中,而与实体隔。”① 要想解决此问题,就必须能化人我之见,泯营求之意识,而美感教育的特性恰能解决此问题。他说,在现象世界,人人都有爱、恶、惊、惧、喜、怒、悲、乐之情;但一旦进入美术的领域,则会脱去现象世界的种种相对情感与私心杂念,产生一种与实体世界相感应的“浑然之美感”,这实际上“已接触于实体世界之观念矣”②。后来在《以美育代宗教说》一文中,他对美感教育的这种特性进行了更明确的说明:“纯粹之美育,所以陶养吾人之感情,使由高尚纯洁之习惯,而使人我之见、利己损人之思念,以渐消沮也。”③正因为美感教育有此特性,“故教育家欲由现象世界而引以到达于实体世界之观念,不可不用美感之教育。”④晚年,他在总结自己的教育经验时,再次强调说:“提出美育,因为美感是普遍性,可以破人我彼此的偏见;美感是超越性,可以破生死利害的顾忌,在教育上应特别注重。”⑤

在蔡元培看来,上面的这五种教育虽然各自作用不同,但对于当时的中国来讲都是必需的,不可或缺的。为此,他还借用人的身体来作比较说明:“譬之人身,军国民主义者,筋骨也,用以自卫;实利主义者,胃肠也,用以营养;公民道德者,呼吸循环机也,周贯全体;美育者,神经系也,所以传导;世界观者,心理作用也,附丽于神经系而无迹象之可求。此即五者不可偏废之理也。”⑥但需要说明的是,这五种教育并不是平分秋色,没有重点的,而是有着主次、轻重之分的。按照蔡元培的观点,军国民教育和实利主义教育无疑是当前最重要的;然从长远来看,世界观教育与美育则最重要。纵观蔡元培的整篇文章和字里行间所透露出的信息,可以看出,在五育当中,他最看重的就是世界观与美育教育,他不仅在这两方面的论述最多,而且还直言不讳地表示对这两方面的重视,“惟世界观及美育,则为彼所不道,而鄙人尤所注重,故特疏通而证明之,以质于当代教育家”⑦。但由于他的世界观教育思想在最终确定的教育宗旨中并没有被采纳(1912 年 9 月 2 日,北京政府教

① 高平叔编:《蔡元培全集》第二卷,北京:中华书局 1984 年版,第 133—134 页。
② 高平叔编:《蔡元培全集》第二卷,北京:中华书局 1984 年版,第 134 页。
③ 高平叔编:《蔡元培全集》第三卷,北京:中华书局 1984 年版,第 33 页。
④ 高平叔编:《蔡元培全集》第二卷,北京:中华书局 1984 年版,第 134 页。
⑤ 高平叔编:《蔡元培全集》第七卷,北京:中华书局 1989 年版,第 197 页。
⑥ 高平叔编:《蔡元培全集》第二卷,北京:中华书局 1984 年版,第 135 页。
⑦ 高平叔编:《蔡元培全集》第二卷,北京:中华书局 1984 年版,第 137 页。

育部公布的教育宗旨是:“注重道德教育,以实利教育、军国民教育辅之,更以美感教育完成其道德。”①),所以在此后的教育实践中,他就把主要精力放在了美育的倡导和实践方面,“以美育代宗教”就是他上述思想发展演变的产物。也正是由于他在美育事业上的巨大贡献,被学者誉为我国近代教育史上提倡美育“唯一的中坚人物”,这一点评价应该说是比较公允的。

总之,蔡元培五育并举的教育思想,尽管也有其缺陷,比如其是建立在唯心主义的哲学基础之上的,还片面夸大了美育教育的价值,但其积极意义是明显的,它不仅在中国近代教育史上是首创,更重要的是它还适应了辛亥革命后资产阶级改革封建教育的需要,顺应了当时社会变革的潮流,从而实现了传统教育宗旨的现代转换,这一切在当时的社会条件下,可以说是难能可贵的。

三、“思想自由、兼容并包”的教育理念

说到“思想自由、兼容并包”,人们通常就会提起蔡元培于 1918 年 12 月间为《北京大学月刊》撰写的发刊词和他在 1919 年 3 月回复林纾的那封公开信。但事实上,蔡元培有关思想自由和兼容并包的理念早在此前就形成了。其有关思想自由的理念其实在民元时期就已经提出了。当是时,蔡元培曾发表了一篇著名论文——《对于新教育之意见》,在文中提出了“五育并举”(即军国民教育、实利主义教育、公民道德教育、世界观教育及美感教育)的教育主张。在论及其中的世界观教育时,他特别强调说,一定要“循思想自由言论自由之公例,不以一流派之哲学一宗门之教义梏其心,而惟时时悬一无方体无始终之世界观以为鹄”②,其实就是希望能将思想自由、言论自由当作一项理念,贯彻落实到新的教育方针中。遗憾的是伴随着他辞去教育总长,他的这一教育理念也被执政当局否决。蔡元培兼容并包的思想形成时间更早,应该说在旧学时代就已形成了。1892 年 5 月 22 日,蔡元培在以贡士身份参加由光绪皇帝亲自主持的光绪壬辰科殿试中,向朝廷献言说:“窃惟诸家之书,宗义不同,而观其会通,百虑一致,相反而相成也。……臣伏愿皇上通万方之略,致知一之媺,采儒墨之善,撮名法之要,因阴阳之大顺,因时为业,无所不宜。至于设官分职,各骞所长。习刑法家言者,使之正方位,蠡华离。

① 高平叔:《蔡元培年谱长编(上)》,北京:人民教育出版社 1996 年版,第 475 页。

② 高平叔编:《蔡元培全集》第二卷,北京:中华书局 1984 年版,第 134 页。

习名家言者,使之定考格,条家法。习农家言者,使之录民天,会国用。习兵家言者,使之经五事,度九地。康事兴功,布同日进。用以荡荷辛之失,农翼为之责,洽明備之义。会归有中,御衡不迷。则我国家亿万年有道之长基此矣。"[①]尽管此时蔡元培立论的基础是诸子出于王官说,其目的是要以诸子百家作为儒学的补充,为帝王政权服务,但其中所体现的兼容并包思想是值得关注的。

尽管蔡元培很早就形成了思想自由、兼容并包的教育理念,但他真正将二者结合在一起,并进行完整论述说明的则是他在北大任职期间。1918 年 11 月 10 日,蔡元培在《北京大学月刊》发刊词中第一次明确地对"思想自由、兼容并包"的教育理念进行了解释。他这样写道:"大学者,'囊括大典,网罗众家'之学府也。《礼记》《中庸》曰:'万物并育而不相害,道并行而不相悖。'足以形容之。如人身然,官体之有左右也,呼吸之有出入也,骨肉之有刚柔也,若相反而实相成。各国大学,哲学之唯心论与唯物论,文学、美术之理想派与写实派,计学之干涉论与放任论,伦理学之动机论与功利论,宇宙论之乐天观与厌世观,常樊然并峙于其中,此思想自由之通则,而大学之所以为大也。吾国承数千年学术专制之积习,常好以见闻所及,持一孔之论。闻吾校有近世文学一科,兼治宋、元以后之小说、曲本,则以为排斥旧文学,而不知周、秦、两汉文学,六朝文学,唐、宋文学,其讲座固在也……并不破思想自由之原则也。论者知其一而不知其二,则深以为怪。今有《月刊》以宣布各方面之意见,则校外读者,当亦能知吾校兼容并收之主义,而不至以一道同风之旧见相绳矣。"[②]在次年 3 月与林纾的公开论争中,蔡元培在《致 < 公言报 > 函并答林琴南函》中,对这一教育理念做了更简明扼要的论述。他说:"对于学说,仿世界各大学通例,循'思想自由'原则,取兼容并包主义……无论为何种学派,苟其言之成理,持之有故,尚不达自然淘汰之运命者,虽彼此相反,而悉听其自由发展。"[③]

由上观之,蔡元培"思想自由、兼容并包"的教育理念至少包含以下两层意思。第一,所谓思想自由,即"凡物之评断力,均随其思想为定,无所谓绝对的。一己之学说,不得束傅(缚)他人;而他人之学说,亦不束傅(缚)一己","均任吾人自由讨

① 中国蔡元培研究会编:《蔡元培全集》第一卷,杭州:浙江教育出版社 1997 年版,第 117 页。
② 高平叔编:《蔡元培全集》第三卷,北京:中华书局 1984 年版,第 211—212 页。
③ 高平叔编:《蔡元培全集》第三卷,北京:中华书局 1984 年版,第 271 页。

论”，且“至理之信，不必须同他人；己所见是，即可以之为是。然万不可诪张为幻”①。所谓兼容并包，即平等地对待各种学术观点和学派理论，只要其“言之成理，持之有故，尚不达自然淘汰之运命者”，即使它与其他学术观点和学派理论不同，甚至相反，也应该让其共存发展。第二，思想自由与兼容并包二者是相辅相成，互为因果的。因为只有思想自由，才有可能产生不同的学术观点与学派理论，学术才有可能蓬勃发展；同样，只有兼容并包，各种不同的学术观点和学派理论才有可能共存碰撞，学术才会自由发展。

蔡元培“思想自由、兼容并包”教育理念的提出，首先体现了他对近代意义上西方大学精神的主动学习和汲取。他说得很明确，思想自由，是世界各大学的通例。他还以德国为例，指出即使像这样以前很专制的国家，其大学的教育也是比较自由和独立的。1919 年 6 月 15 日，在《不肯再任北大校长的宣言》中，他明确写道：“我绝对不能再做不自由的大学校长：思想自由，是世界大学的通例。德意志帝政时代，是世界著名开明专制的国，他的大学何等自由。那美、法等国，更不必说了。”②关于德国大学的自由精神，日本学者吉田熊次在《德国教育之精神》一文中曾对之进行过如下精彩论述：“德国大学之教育主义，可以自由研究四字尽之。德之学校教育，本施极严肃之教育，惟大学则全然不同，而施无限制之自由主义教育。大学教授得以己所欲讲者讲之，大学学生亦得学己之所欲学，潜心于己所欲研究之问题，遂以是为学制而公认之。”③德国大学的这种自由讲学、自由学习的氛围正是蔡元培所向往的，因此他多次强调要向德国大学学习，他“思想自由、兼容并包”教育理念的提出，可以说就是向西方学习，尤其是向德国大学学习的产物。其次还体现了他对中国专制主义思想传统的批判和对学生专己守缺之陋见的不满。在中国两千多年的封建社会里，中国人的思想一直不太自由，代表统治阶级利益的文化专制主义思想就像紧箍咒一样一直禁锢着中国人的头脑，控制着中国人的神经，这一切也都导致“中国素无思想自由之习惯”④。中华民国成立之

---

① 高平叔编：《蔡元培全集》第三卷，北京：中华书局 1984 年版，第 51 页。

② 高平叔编：《蔡元培全集》第三卷，北京：中华书局 1984 年版，第 298 页。

③ 金林祥：《思想自由　兼容并包：北京大学校长蔡元培》，济南：山东教育出版社 2004 年版，第 174 页。

④ 高平叔编：《蔡元培全集》第三卷，北京：中华书局 1984 年版，第 332 页。

后，尽管封建皇帝被赶下台，但封建专制的思想传统依然存在。1917 年 5 月 23 日，蔡元培在天津南开学校全校欢迎会上进行演说时就讲：“此种思想之钳制，积数千年，至今日学校校长犹存此风。其是也，全校是之；非也，全校非之。于是，校风播荡，国风斯成，国中思想之不自由，较之各国思想发达者，有霄壤之别矣。”① 与此同时，学生中专己守缺的现象也非常普遍，他们大多数“或以学校为科举，但能教室听讲，年考及格，有取得毕业证书之资格，则他无所求；或以学校为书院，媛媛姝姝，守一先生之言，而排斥其他”②。为了改变这种现状，使“素无思想自由之习惯”的中国也能循世界“思想自由之通则”，他在入主北大之后，便将“思想自由、兼容并包”作为教育理念，明确提了出来。晚年他在回顾这一经历时曾说：“我素来不赞成董仲舒罢黜百家、独尊孔氏的主张。清代教育宗旨有‘尊孔’一款，已于民元在教育部宣布教育方针时说他不合用了。到北大后，凡是主张文学革命的人，没有不同时主张思想自由的。”③

“思想自由、兼容并包”提出之后，蔡元培不仅多次反复在理论上为之进行宣传、说明，而且还以之为原则来指导自己的实践和研究，他在北大所取得的成功，在一定意义上可以说就是他“思想自由、兼容并包”理念运用的结果。正是由于他的开放、兼容，所以在当时的北大，各派学者能容于一堂，各讲所长。诚如马寅初先生所说：“当时在北大，以言党派，国民党有先生及王宠惠诸氏，共产党有李大钊、陈独秀诸氏，被目为无政府主义者有李石曾氏，憧憬于君主立宪发辫长垂者有辜鸿铭氏；以言文学，新派有胡适、钱玄同、吴虞诸氏，旧派有黄季刚、刘师培、林损诸氏。”④正是在他们的共同努力下，北京大学由一所旧式的官僚衙门变成了一所闻名中外的新式学府，这不能不说是蔡元培开放、兼容之功。

但我们应该注意的是，蔡元培的“思想自由、兼容并包”绝不是无原则、无根据地什么言论都能宣传，什么内容都能包容的。对于不适合时代发展的内容，不符合社会进步和科学真理的内容，他是坚持反对的，绝不存在什么“容”与“包”的问题的。就拿他在北大时所聘用的那些旧派学者来讲，他聘用他们是由于其学问能

---

① 高平叔编：《蔡元培全集》第三卷，北京：中华书局 1984 年版，第 47 页。

② 高平叔编：《蔡元培全集》第三卷，北京：中华书局 1984 年版，第 211 页。

③ 高平叔编：《蔡元培全集》第六卷，北京：中华书局 1988 年版，第 352—353 页。

④ 《蔡元培先生纪念集》，北京：中华书局 1984 年版，第 62 页。

为人师，是让他们讲其所长的学术，而绝不允许他们假学术之名而做违背真理与科学宣传的活动。罗家伦在一篇回忆性文章中曾写道：“蔡先生和他们一样主张学术研究自由，可是并不主张假借学术的名义，作任何违背真理的宣传；不但不主张，而且反对。……经学教授中有新帝派的刘师培先生，为一代大师，而刘教的是三礼、尚书、和训诂，绝未讲过一句帝制。英文教授中有名震海外的辜鸿铭先生，是老复辟派，他教的是英诗（他把英诗分为‘外国大雅’、‘外国小雅’、‘外国国风’、‘阳离骚’等类，我在教室里想笑而不敢笑，却是十分欣赏），也从来不曾讲过一声复辟。”①

蔡元培“以美育代宗教”思想很显然也是他上述理念原则运用下的产物。从思想渊源来看，他的“以美育代宗教”思想不仅包含了中国古代的美育传统、非宗教精神，而且还吸收了西方康德、席勒等人的美育理论，这不能不说是一种古今中外的兼容并包。从内容、观点来看，宗教之所以要被美育所代替，一个重要原因就在于它太过于极端、专制，与思想自由的观点相违背——“至于宗教教育，虽皆以平等、博爱为言，然其独尊己教，排斥他教之习惯，在昔既酿为战争；而浸入青年脑中，反与平等、博爱之义相违。且各教并列，其所根据者既超乎经验以上，不能以学理证明其是非，则宜循信仰自由原则，俟各人成年以后，自由选择；不宜对未成年之学生，而强以成人之所信仰者桎梏之。”②此外它还不符合社会的进化发展，“宗教只是人类进程中间一时的产物，并没有永存的本性”。人类社会发展到一定阶段，“是没有宗教存在的余地的”③。而美育则不一样，它不仅极为自由，不受界限所约束，可以调和各种极端之冲突，而且还符合人类社会的进化发展，能够随着时代的进步而进步，能够随着社会的发展而发展。在具体论述这一观点时，蔡元培曾明确指出：“美育是整个的，一时代有一时代的美育。油画以前是没有的，现在才有。照相也是如此。唱戏也经过了许多时期。无论音乐、工艺美术品，都是时时进步的。”④正因为如此，蔡元培说：“总之，宗教可以没有，美术可以辅宗教之

① 陈平原、郑勇编：《追忆蔡元培》，北京：中国广播电视出版社 1997 年版，第 194—195 页。
② 高平叔编：《蔡元培全集》第三卷，北京：中华书局 1984 年版，第 283 页。
③ 高平叔编：《蔡元培全集》第四卷，北京：中华书局 1984 年版，第 69—70 页。
④ 高平叔编：《蔡元培美育论集》，长沙：湖南教育出版社 1987 年版，第 278 页。

不足,并且只有长处而没有短处。”①

第二节 充满批判精神的宗教观

在蔡元培看来,宗教尽管在它产生初期也有积极的价值作用,但这一切都随着科学的发展而产生了变化,它的积极作用日趋消失,而消极作用日益凸显,这一切导致它最终不仅与道德无涉,与教育也不能混同。正是鉴于对宗教上述特点和规律的认识,蔡元培才坚定地倡导“以美育代宗教”。因此要想对其“以美育代宗教”思想进行全面把握,不可不掌握其宗教观,这是其理论提出的重要基础。

一、宗教价值作用的两面性

在蔡元培看来,要确定对宗教的好恶,不应该根据主观上的态度去决定,而应该抱一种客观的态度。他说:“现在一般人多是抱着主观的态度来研究宗教,其结果反对或者是拥护,纷纭聚讼,闹不清楚。我们应当从客观方面去研究宗教。”②从客观方面去研究,蔡元培得出的结论就是“信仰宗教,亦未尝不无可利用之点”③。

那么这种“不无可利用之点”体现在哪些方面呢?在蔡元培看来,它首先体现在教育方面。蔡元培说:“不论宗教的派别怎样的不同,在最初的时候,宗教完全是教育,因为那时没有现在那样为教育而设的特殊机关,譬如基督教青年会讲智、德、体三育,这就是教育。”④蔡元培还对宗教的教育作用进行了详细的分析,他认为,在初民时代,由于没有科学,一切人类不易知道的事情,包括自然界的种种现象、社会生活中的种种变化,全赖宗教来解释。经过这样一番解释,初民的求知欲就满足了,宗教在这里所起的就是智育的作用;宗教经常告诫人们不可做怎样怎样不好的事情,应该做怎样怎样的人,它可以引导人们讲规矩,讲爱人爱友,爱敌

---

① 高平叔编:《蔡元培美育论集》,长沙:湖南教育出版社 1987 年版,第 279 页。
② 高平叔编:《蔡元培美育论集》,长沙:湖南教育出版社 1987 年版,第 274 页。
③ 高平叔编:《蔡元培全集》第三卷,北京:中华书局 1984 年版,第 24 页。
④ 高平叔编:《蔡元培美育论集》,长沙:湖南教育出版社 1987 年版,第 274 页。

如友,讲怎样做人的模范,宗教在这里所起的就是德育的作用;宗教有跪拜和其他种种繁重的仪式,有的宗教还规定要静坐、朝拜、朝山,到大寺院去进香,等等,诸如此类的仪式有益于人的身体健康,宗教在这里所起的就是体育的作用。①

其次体现在对“真、善、美”的包含方面。蔡元培认为,宗教上有很多善的态度的显现,宗教上也有很多真、美,尽管它们的目的是为了助善。蔡元培说,宗教上的“戒律,神之赏罚,是善的方面。以灾异为警告(洪水、大旱、异星等),以医术为媒介,以传授常识为职务(欧洲之教会,日本之僧寺),是真的方面。利用名山水、建筑、装饰、文学、音乐等引人入胜,是美的方面”②。

再次体现在对悠久历史文化的保存方面。蔡元培认为,欧洲最灿烂、最优秀的古希腊、古罗马文化之所以能在罗马末年保存下来,全赖宗教之功。蔡元培曾这样说道:“罗马末年,因日耳曼人的移植,而旧文化几乎消灭,这时候,保存文化的全恃两种宗教,一是基督教,一是回教。”③蔡元培的这种说法即是肯定了宗教在保存历史文化方面的积极作用。

此外,宗教还有一个最大的作用——给人带来心理安慰。蔡元培说:“宗教注意教人,要人对于一切不满意的事能找到安慰,使一切辛苦和不舒服能统统去掉。”④有了宗教,“人类疾病死亡痛苦一切不能满足之心虑,皆得于良心上有所慰藉,与之新生之希望”⑤。有了宗教,“一切困苦便可以暂时去掉,这是宗教最大的作用”⑥。

尽管蔡元培对宗教的上述价值作用持肯定态度,但他认为这不过是宗教在产生初期时的情形而已,并认为随着科学的发展,宗教的积极作用将日趋消亡,弊端缺陷将日益凸显。关于宗教的消极作用,蔡元培认为主要表现在以下几个方面。

第一,宗教侵犯人的信仰自由。在蔡元培看来,信仰是个人对于哲学观念的自主选择,因此“决不能指定一说以强人信仰,故信仰当绝对自由”⑦。而“现今各

---

① 高平叔编:《蔡元培美育论集》,长沙:湖南教育出版社 1987 年版,第 274—275 页。
② 高平叔编:《蔡元培美育论集》,长沙:湖南教育出版社 1987 年版,第 187—188 页。
③ 高平叔编:《蔡元培全集》第六卷,北京:中华书局 1988 年版,第 569 页。
④ 高平叔编:《蔡元培美育论集》,长沙:湖南教育出版社 1987 年版,第 276 页。
⑤ 高平叔编:《蔡元培全集》第二卷,北京:中华书局 1984 年版,第 490 页。
⑥ 高平叔编:《蔡元培美育论集》,长沙:湖南教育出版社 1987 年版,第 276 页。
⑦ 高平叔编:《蔡元培全集》第三卷,北京:中华书局 1984 年版,第 23 页。

种宗教,都拘泥着陈腐主义,用诡诞的仪式,夸张的宣传,引起无知识人盲从的信仰,来维持传教人的生活。这完全是用外力侵入个人的精神界,可算是侵犯人权的”①。第二,宗教不屑实际、违反人性。具体表现在“欲以《圣经》中最简单之理论,解释宇宙间一切事物,不屑实地观察。又求心灵于体魄之外,求天国于现世之外,故轻视自然界。并且排斥情思,设为种种违反人情的道德,使人类奄奄无生气”。② 第三,死守教义,阻碍发展。“譬如圣经上说有人打你的右颊,你把左颊也让他打,有人剥你的外衣,你把里衣也脱了给他。”这种说法至少是千余年以前的圣贤所定,“但相信宗教的人,却要绝对服从这些教义。”“无论音乐、工艺美术品,都是时时进步的,但宗教却绝对的保守。譬如一部圣经,哪一个人敢修改?”③第四,宗教还有激刺感情之弊端。“盖无论何等宗教,无不有扩张己教攻击异教之条件。……基督教与回教冲突,而有十字军之战,几及百年。基督教中又有新旧教之战,亦亘数十年之久。”④

在蔡元培看来,之所以会发生上述情形,根本原因就在于科学与宗教不同,它“舍威以求理”⑤,“与宗教为敌”⑥。因此,科学一旦发展起来,宗教就没有了存在的价值——“其后人智日开,科学发达,以星云说明天地之始,以进化论说明人类之由来,以引力说原子论明自然界之秩序,而上帝创造世界之说破;以归纳法组织伦理学、社会学等,而上帝监理人类行为之说破。于是旧宗教之主义不足以博信仰。”⑦

二、道德与宗教“无涉”

关于道德与宗教的关系,蔡元培认为二者在刚开始的时候是比较密切的。他曾说:“无论何种民族,当开化之始,其道德条件,恒隶属于宗教之中。所谓道德律者,不外乎神之命令,何谓道德,神之所许故也;何谓不道德,神之所戒故也。尤以

---

① 高平叔编:《蔡元培全集》第四卷,北京:中华书局 1984 年版,第 179 页。
② 高平叔编:《蔡元培全集》第四卷,北京:中华书局 1984 年版,第 61 页。
③ 高平叔编:《蔡元培美育论集》,长沙:湖南教育出版社 1987 年版,第 277—278 页。
④ 高平叔编:《蔡元培全集》第三卷,北京:中华书局 1984 年版,第 32—33 页。
⑤ 高平叔编:《蔡元培全集》第二卷,北京:中华书局 1984 年版,第 435 页。
⑥ 高平叔编:《蔡元培全集》第四卷,北京:中华书局 1984 年版,第 71 页。
⑦ 高平叔编:《蔡元培全集》第二卷,北京:中华书局 1984 年版,第 490—491 页。

敬神为最高之道德。"①也即是说,在人类刚开始进化的时候,由于宗教势力庞大,道德还没有独立,所以道德附属于宗教之中。由于人们认为神、宗教是永远存在,不容反对的,那么隶属于它的道德当然也是永远不变,不容异议和反对的。

蔡元培尽管认可道德与宗教在早期的密切关系,但认为这一切仅仅只发生在人类未开化时代。因为此后伴随着科学的发展和人智的进化,各门具体科学纷纷独立建成,道德也必然要作为一门社会科学脱离宗教而独立。与此同时,随着社会的进化和科学的发达,人们通过在各地的交流发现,各民族和国家的道德是"随时随地而变迁"②的,或者说是"往往因时因地而不同"③的。比如,古希腊的思想家通过到各地的考察发现,"各民族之所谓道德,往往相互抵触",很明显这与人们早期对道德的认识——道德是"神之所定,可以永远不变"——不一致,于是就对所谓道德是"神之所定,可以永远不变"的说法产生了怀疑。近世第一次世界大战中发生的实际情况,更加坚定了人们对宗教的道德养成作用的质疑。因为在这次世界大战中,尽管参战国俄国最重宗教,俄人的宗教信仰程度也要比德、法两国人浓厚、强烈,但在实际的战争中,俄国人的战斗力最弱,其"国民道德,乃远不如德、法",由此可见,道德的养成与宗教"无大关系"④,随着社会的进化,宗教已"不足利用"⑤。

在道德的养成问题上,蔡元培不仅认为不能利用宗教,而且认为运用它还会有害于人的道德的养成。因为按照蔡元培的观点,道德是属于意志的,是讲人在现象世界的种种行为的,要求的是自由、平等、快乐,而宗教讲的是信仰,排斥人在现象世界的幸福与快乐,很显然这是不利于人的道德养成的。他说:"爱快乐,忌痛苦,人之情也;人之行事,本为其驱迫,起居动作,衣服饮食,盖鲜不由此者。凡人情可以徐练,而不可以骤禁。昔之宗教家,常有背快乐而就刻苦者,适足以戕贼心情,而非必有裨于道德。"⑥这即是说,宗教家所宣传的内容往往与人们的现实追求相反,"背快乐而就刻苦",这是违反人性,违反人情的。因此说,科学发达以

---

① 高平叔编:《蔡元培全集》第二卷,北京:中华书局 1984 年版,第 378 页。
② 高平叔编:《蔡元培全集》第三卷,北京:中华书局 1984 年版,第 31 页。
③ 高平叔编:《蔡元培全集》第二卷,北京:中华书局 1984 年版,第 378 页。
④ 高平叔编:《蔡元培全集》第三卷,北京:中华书局 1984 年版,第 3 页。
⑤ 高平叔编:《蔡元培全集》第三卷,北京:中华书局 1984 年版,第 24 页。
⑥ 高平叔编:《蔡元培全集》第二卷,北京:中华书局 1984 年版,第 178 页。

后，宗教家所谓的道德也就“全不适用”①了。

总之，科学发达之后，人们的一切知识和道德问题，“皆得由科学证明，与宗教无涉”②。

三、教育应超然于宗教之外

关于教育与宗教之间的关系，蔡元培实际上是经历了一个从赞成二者结合到主张二者分离的过程。

在早期的思想主张中，蔡元培赞同教育与宗教相结合，并认为宗教在教育中能起到积极的作用。蔡元培曾经说过，“宗教学，伦理所资也”③。也即是说，宗教学有助于培养人的伦理道德水平。但我们应该注意的是他所讲的宗教学主要是“庄、佛”两家，因为在他看来，“宗教学者，据乱世之哲学，其失也诬，若巫、若回、若耶皆是也；惟庄佛两家，与道大适”④。正是由于认定宗教学在教育中有着积极的作用，所以他曾主张在普通学校和女子学校中开设“宗教学”课程。

随着蔡元培思想的发展和对宗教本身认识的深化，他对宗教与教育之间的关系开始有了新的认识。1915 年 6 月，他在致友人的一封信中明确表达了他对我国留学生是否会受西方教会思想影响的担心。他说：“美国基本人民本英产，英人以笃信宗教著于世界者。美国之立国，又托始于清教徒，故美国教会之势力至巨。我国留美学者，以彼国退还赔款之故，其数较他国为多，而其介绍汲引之事，大半由教士担任。故留美同学，不患其不励于学，而患其毗于教。”⑤上述言论实际上已经表明了他反对教育与宗教相结合的主张。

蔡元培主张教育与宗教相分离，主要基于以下观点。

第一，从教育史的发展来看，宗教的教育作用在现代社会已经丧失。他说：“宗教本旧时代教育，各种民族，都有一个时代，完全把教育权委于宗教家；所以宗教中兼含着智育、德育、美育的原素。”⑥但随着社会的进步和教育的发展，智育、

---

① 高平叔编：《蔡元培全集》第三卷，北京：中华书局 1984 年版，第 32 页。
② 高平叔编：《蔡元培全集》第三卷，北京：中华书局 1984 年版，第 23 页。
③ 高平叔编：《蔡元培全集》第一卷，北京：中华书局 1984 年版，第 150 页。
④ 高平叔编：《蔡元培全集》第一卷，北京：中华书局 1984 年版，第 145 页。
⑤ 高平叔编：《蔡元培全集》第二卷，北京：中华书局 1984 年版，第 393 页。
⑥ 高平叔编：《蔡元培美育论集》，长沙：湖南教育出版社 1987 年版，第 206 页。

德育、美育都分别脱离宗教而独立，社会上出现了"为教育而设的特殊机关"，因此现在再也没有必要把教育委托于宗教了。

第二，从教育界的现状来看，凡教育发达的国家，基本上都实现教育与宗教相分离的政策。他以法国为例说："自一八八六年至一九一二年，法国厉行教育与宗教分离制政策。凡国立学校中，关系宗教之分子，一律排除。现在从小学至大学，任事者并无教会之人。"①此外，为了保证上述政策能够得以贯彻落实，"法国在1912年，即制定宗教不介于教育的法律，大战以后，瑞士教育家也有同样建议"②。因此，我们要发展教育，必须要向法国这样的国家学习，使教育与宗教相分离。

第三，从教会的弊端来看，它也不适于参与教育事业。蔡元培说："教育是进步的：凡有学术，总是后胜于前，因为后人凭着前人的成绩，更加一番功夫，自然更进一步。教会是保守的：无论什么样尊重科学，一到《圣经》的成语，便绝对不许批评，便是加了一个限制。教育是公同的：英国的学生，可以读阿拉伯人所作的文学；印度的学生，可以用德国人所造的仪器，都没有什么界限。教会是差别的：基督教与回教不同；回教又与佛教不同。不但这样，基督教里面，天主教与耶稣教又不同。不但这样，耶稣教里面，又有长老会、浸礼会、美以美会……等等派别的不同。彼此谁真谁伪，永远没有定论。"因此，"教育事业不可不超然于各派教会以外"。③

正是鉴于上述观点与看法，所以蔡元培坚决反对当时一些"守旧学者""想把孔教当作国教，并规定在学校教科书中"④，尤其反对"那些教会的学校同青年会，用种种暗示，来诱惑未成年的学生，去信仰他们的基督教"。为了实现教育与宗教的真正分离，蔡元培还提出了"（一）大学中不必设神学科，但于哲学科中设宗教史，比较宗教学等；（二）各学校中，均不得有宣传教义的课程，不得举行祈祷式；（三）以传教为业的人，不必参与教育事业"三条主张，表明他"绝对的不愿以宗教参与教育"⑤。

---

① 高平叔编：《蔡元培全集》第三卷，北京：中华书局1984年版，第24页。
② 高平叔编：《蔡元培全集》第三卷，北京：中华书局1984年版，第337页。
③ 高平叔编：《蔡元培全集》第四卷，北京：中华书局1984年版，第177—178页。
④ 高平叔编：《蔡元培全集》第三卷，北京：中华书局1984年版，第338页。
⑤ 高平叔编：《蔡元培全集》第四卷，北京：中华书局1984年版，第179页。

第三节 以情感教育为本质的美育观

在近代中国,蔡元培是我国留学生中最早注重学习和研究美育的,也是归国后倡导美育用力最大、影响最大的一位学者,被舒新城称之为中国近代教育史上提倡美育的“唯一的中坚人物”。蔡元培“以美育代宗教”思想的提出,毫无疑问是建立在其美育观基础之上的,因此我们今天研究他的“以美育代宗教”思想,不得不探讨他的美育观问题,这是他的“以美育代宗教”思想提出的理论基础之一。

一、美育的概念

尽管美育的事实早就存在于东西方古代的教育之中,比如中国先秦时代的孔子就以包含有大量美育因素的“六艺”(即礼、乐、射、御、书、数)来教育学生,与之差不多同时代的古希腊的柏拉图在论述儿童教育时,也强调要结合音乐、史诗对儿童心灵施加影响,实际上讲的也是儿童的美育问题。但作为一门系统的理论和独立的学科,美育的产生还是属于近代的事情,1795 年德国哲学家席勒的《美育书简》一书的出版和“美育”概念的提出标志着美育学科的正式建立。对此,蔡元培曾有过明确说明:“及十八世纪,经包姆加敦与康德之研究,而美学成立。经席勒尔(即席勒——引者注)详论美育之作用,而美育之标识,始彰明较著矣。”①

美育的概念尽管在 18 世纪已经提出,但在中国被加以运用,还是近代的事情,正如蔡元培所说:“美育的名词,是民国元年我从德文的 Astheticche Erziehung 译出,为从前所未有。”②那么究竟什么是美育呢? 对于这个问题,蔡元培从概念的内涵和外延两个方面对之做出了界定。但他对美育内涵的界定,在不同的场合、不同的阶段,有过不同的论述,因此我们必须诉诸于综合分析的方法,才有可能揭示出他对美育内涵的本质理解。

在 1901 年他所发表的《哲学总论》一文中,蔡元培首次对美育的内涵做了界定:“美育者,教情感之应用是也。”他说:“心理学虽心象之学,而心象有情感、智

---

① 高平叔编:《蔡元培美育论集》,长沙:湖南教育出版社 1987 年版,第 209 页。

② 高平叔编:《蔡元培美育论集》,长沙:湖南教育出版社 1987 年版,第 216 页。

力、意志之三种。心理学者,考定此各种之性质、作用而已,故为理论学。其说此各种之应用,为论理、伦理、审美之三学。伦理学说心象中意志之应用;论理学示智力之应用;审美学论情感之应用。故此三学者,为适合心理学之理论于实地,而称应用学也。其他有教育学之一科,则亦心理之应用,即教育学中,智育者教智力之应用,德育者教意志之应用,美育者教情感之应用是也。”①在这里,蔡元培明确地指出了美育不同于智育、德育的情感本质,即美育涉及的是受教育者的情感问题,与智育涉及的是受教育者的智力问题,德育涉及的是受教育者的意志问题完全不同。但蔡元培对美育内涵的首次界定很明显是不完整和不全面的,美育究竟如何涉及情感,如何对情感发生作用,蔡元培在这里都没有做出明确的规定和说明。

1930 年,蔡元培在为商务印书馆编印的《教育大辞书》撰写美育条目时,再次对美育的内涵进行了界定:“美育者,应用美学之理论于教育,以陶养感情为目的者也。……顾欲行为之适当,必有两方面之准备:一方面,计较利害考察因果,以冷静之头脑判定之;凡保身卫国之德,属于此类,赖智育之助也。又一方面,不顾祸福,不计生死,以热烈感情奔赴之;凡与人同乐,舍己为群之德,属于此类,赖美育之助者也。所以美育者,与智育相辅而行,以图德育之完成者也。”②这个界定与早期的相比,很显然要丰富、完善得多,它不仅对美育的内容、方式及其任务做了界定,并且还进一步突出了美育的情感教育之特征,即它的目的是为了陶养感情,以此把它与智育、德育分了开来。但这个界定也并不完善,首先它的表述不够准确,特别是“应用美学之理论于教育”的说法很容易让人误解为美育就是美学理论教育,尽管这不是蔡元培的本意。因为蔡元培一贯主张中国文化的发展,必须科学与美术并重,在他看来,科学与美术,“如车之两轮,鸟之有两翼也”③,不可偏废。也就是说,研究美术的人,一定要遵循科学的方法,贯彻科学的精神,“今吾辈学画,当用研究科学之方法贯注之。除去名士派毫不经心之习,革除工匠派拘守成见之讥,用科学方法以入美术”④。只有这样才能不走弯路,才能创造出新的东

① 中国蔡元培研究会编:《蔡元培全集》第一卷,杭州:浙江教育出版社 1997 年版,第 357 页。
② 高平叔编:《蔡元培美育论集》,长沙:湖南教育出版社 1987 年版,第 208 页。
③ 高平叔编:《蔡元培全集》第三卷,北京:中华书局 1984 年版,第 122 页。
④ 高平叔编:《蔡元培美育论集》,长沙:湖南教育出版社 1987 年版,第 54 页。

西。与此同时,研究科学的人,也要掌握美术,“有了美术的兴趣,不但觉得人生很有意义,很有价值;就是治科学的时候,也一定添了勇敢活泼的精神”①。如果照着这样的思路来理解问题,蔡元培所强调的只不过是美育一定要遵循科学的美学理论指导而已,比如他在教导学生学习绘画时就反对学生所谓的“不循规矩,随意涂抹”,强调学生研究时要“承专门导师之督率,不可不研究科学之精神贯注之”②。但由于表述上的欠缺,不得不经常让人误解,这不能不说是蔡元培美育内涵界定之缺陷。其次,蔡元培的这个定义还有过于强调美学理论作用之嫌。毫无疑问,美学理论能提高审美主体的审美能力,但它绝不会直接引起美感,直接引起美感的乃是美的对象。蔡元培在这里的定义很显然忽视了美育过程中的一个重要中间环节——美的对象。美育的实施绝对离不开美的对象,只有在美的对象的作用下审美主体才会产生美感,进而陶养感情。

正是由于认识到了上述美育内涵界定之缺陷,所以蔡元培在1931年的《美育与人生》一文中又一次给美育内涵做了解释:“人人都有感情,而并非都有伟大而高尚的行为,这由于感情推动力的薄弱。要转弱而为强,转薄而为厚,有待于陶养。陶养的工具,为美的对象,陶养的作用,叫做美育。”③这即是说,美育的实现是以“美的对象”作为外在的客观基础,以审美主体内在的情感体验和审美能力作为内在的动力,一旦这种“美的对象”被具有审美情感体验和审美能力的主体所感受、所鉴赏,引起审美者内在的感情运动,便产生一种陶养作用,从而使审美者产生一种伟大而高尚的行为,这样就达到了美育的目的和实现了美育的作用。蔡元培对美育的这次界定相对于前两次来讲,要相对完整和准确得多。首先表现在他对美育的目的做了明确的界定,那就是推动人感情的变化并最终使人产生伟大而高尚的行为。在这里,蔡元培不仅对美育推动人感情变化的量做了一个界定,那就是转弱为强,转薄为厚,并且对美育推动人感情变化的质也做了一个界定,那就是通过美育的作用,消除各种人我之见、利己损人之思念,最终使人产生伟大而高尚的行为。其次表现在他对美育实施方式——“陶养”的具体解释。他认为人的感情之所以能转弱为强、转薄为厚,根本原因就在于美感的陶养作用。美感如何

① 高平叔编:《蔡元培美育论集》,长沙:湖南教育出版社1987年版,第107页。
② 高平叔编:《蔡元培美育论集》,长沙:湖南教育出版社1987年版,第49页。
③ 高平叔编:《蔡元培美育论集》,长沙:湖南教育出版社1987年版,第266页。

陶养呢？在蔡元培看来这就主要依赖于陶养的工具——美的对象了。那么美的对象如何发生作用呢？是不是仅有外界的、客观存在的自然和艺术品就能使人产生美感呢？很显然不是。蔡元培曾说:“一讲到美学的对象,似乎美术、悲剧、滑稽等等,美学上所用的静词,都是从外界送来,不是自然,就是艺术。但一加审核,就知道美学上所研究的情形,大部分是关于内界生活的”,“所以,美学的对象,是不能专属客观,而全然脱离主观的。”[①]这即是说美的对象要真正发挥作用,首先,“在客观方面,必需具有可以引起美感的条件”。在蔡元培看来这是引起美感的外在客观基础,没有了它,就不可能产生美感,更不用说美感的陶养了。其次,“在主观方面,又必须具有感受美的对象的能力”[②]。只有具有了这种能力,才能感受美感,接受陶养。蔡元培认为人的这种感受美的对象的能力主要与人的视觉和听觉器官有关,“美学家所研究的对象,大抵属于视觉、听觉两种。例如色彩及空间的形式,声音及时间的继续,以至于观剧、读文学书。美学上种种问题,殆全属于视、听两觉”[③]。因此要求在培养人的审美能力时一定要注意视觉和听觉上的审美能力的完善。在蔡元培看来,美的对象作用的发挥,是主体的审美能力和客体的引起美感的条件共同作用的结果,从而陶养人的感情,推动人产生伟大而高尚的行为。

很显然,如果我们孤立地去看待蔡元培上述对美育内涵的界定,我们就会发现这个界定同样有问题,正如聂振斌教授所讲,这个界定把感情的作用(通过美的对象)绝对化了,好像使人觉得伟大而高尚的行为的产生完全是情感作用的结果,实际上一个人行为是否伟大而高尚,不仅仅是情感作用的结果,知识、意志在其中都起着重要的作用。[④] 而在笔者看来,我们要把握蔡元培对美育内涵的理解,绝不应该局限于他的某种具体说法,而应该前后连贯,综合他所有的观点,只有这样,得出的结果才会比较完整全面。实际上,蔡元培从没有否认过知识、意志等在美育中的作用,他所说的“美育者,与智育相辅而行,以图德育之完成者也”[⑤]实际上

① 高平叔编:《蔡元培美育论集》,长沙:湖南教育出版社 1987 年版,第 148 页。
② 高平叔编:《蔡元培美育论集》,长沙:湖南教育出版社 1987 年版,第 129 页。
③ 高平叔编:《蔡元培美育论集》,长沙:湖南教育出版社 1987 年版,第 149 页。
④ 聂振斌:《蔡元培及其美学思想》,天津:天津人民出版社 1984 年版,第 350 页。
⑤ 高平叔编:《蔡元培美育论集》,长沙:湖南教育出版社 1987 年版,第 208 页。

说的就是美育与智育、德育之间的相互联系，只不过他认为情感在美育中所起的作用最大而已。综上所述，笔者认为，蔡元培所理解的美育内涵，本质上就是一种多元化的综合式情感教育，它以情感为基本要素，以理性知识为指导，结合外在的客观物质条件和主体内在的审美能力对人进行陶养，从而使人的情感得到净化，心灵得到升华，最终使人产生伟大而高尚的行为。

在《以美育代宗教》一文中，蔡元培通过对美育与美术区别的阐述，对美育的外延也进行了规定。蔡元培说：“我之所以不用美术而用美育者，一因范围不同。欧洲人所设立之美术学校，往往止有建筑、雕刻、图画等科，并音乐、文学，亦未列入；而所谓美育，则自上列五种外，美术馆的设置，剧场与影戏院的管理，园林的点缀，公墓的经营，市乡的布置，个人的谈话与容止，社会的组织与演进，凡有美化的程度者均在所包；而自然之美，尤供利用；都不是美术二字所能包举的。二因作用不同，凡年龄的长幼，习惯的差别，受教育程度的深浅，都令人审美观念互不相同。”①这即是说，蔡元培所理解的美育概念的外延，其范围非常广，从空间来说，凡是能对人的情感进行陶冶的一切对象，都包括在内，“凡有美化的程度者，均在所包”，体现的是一种大美育观；从时间来说，“一直从未生以前，说到既死以后，可以休了”②，体现的是一种终生美育。

二、美育的价值

作为民国政府的第一任教育总长，蔡元培一上任就对原有的教育方针进行了改革，废除了原有的“忠君”“尊孔”两项，代之以世界观及美育主义，重新确立了包括军国民主义、实利主义、德育主义、世界观、美育主义在内的新的教育方针，提高了美育在整个教育中的地位。为了强调美育在五育中的重要地位，蔡元培甚至拿人的神经系统来做比喻：“譬之人身，军国民主义者，筋骨也，用以自卫；实利主义者，胃肠也，用以营养；公民道德者，呼吸机循环机也，周贯全体；美育者，神经系也，所以传导；世界观者，心理也，附丽于神经系而无迹象之可求。此五者不可偏废之理也。”③把美育比作人的神经系统，可见蔡元培对美育地位的重视。

---

① 高平叔编：《蔡元培美育论集》，长沙：湖南教育出版社 1987 年版，第 206 页。

② 高平叔编：《蔡元培美育论集》，长沙：湖南教育出版社 1987 年版，第 165 页。

③ 高平叔编：《蔡元培美育论集》，长沙：湖南教育出版社 1987 年版，第 6 页。

蔡元培之所以如此重视美育，根本原因就在于他认为美育有着独特的价值。在他看来，美育不仅能培养人的超越精神，形成高尚的道德人格；而且还有助于陶冶人的高尚感情，构建人们健康的精神生活；此外，美育还有助于促进科学的发展；是改造社会和抗日救亡的工具。

（一）美育有助于培养人的超越精神，形成高尚的道德人格

前面我们已经介绍过，蔡元培受康德的影响，把世界分为人们能经验的现象世界和超越人们感觉经验的实体世界，并认为人们追求的终极目的就应该是超越现象世界，达到实体的精神世界。人为什么要超越现象世界呢？因为在现象世界里：“人以自卫力不平等而生强弱，人以自存力不平等而生贫富。有强弱贫富，而彼我差别之意识起。弱者贫者，苦于幸福之不足，而营求之意识起。有人我，则于现象中有种种之界画，而与实体违。有营求则当其未遂，为无已之苦痛。及其既遂，为过量之要素。循环于现象之中，而与实体隔。”也就是说，在现象世界里，由于人们的强弱不等，贫富不均，所以就有差别之意识、营求之意识，所以就产生了痛苦和斗争。而实体世界，“能削其平，则肉体之享受，纯任自然；而意识界之营求泯，人我之见亦化。合现象世界各别之意识混同，而得与实体吻合焉”①。这即是说，实体世界的存在，削除了人与人之见的不平等，人们想要什么就有什么，因此在肉体上就可以自由自在地进行享受。于是，各种营求意识自然就没有了，人我之间的界限与划分也就消除了，世界大同，整个社会呈现出一片其乐融融的景象。正是由于现象世界与实体世界之间的巨大差异，所以人们应该超越现象世界，达到理想的实体世界。

那么，怎样才能超越现象世界，达到理想的实体世界呢？蔡元培认为只有依靠美育，“美感者，合美丽与尊严而言之，介乎现象世界与实体世界之间，而为之津梁”。“在现象世界，凡人皆有爱恶惊惧喜怒悲乐之情，随离合生死祸福利害之现象而流转。至美术，则即以此等现象为资料，而能使对之者，自美感以外，一无杂念。例如采莲煮豆，饮食之事也，而一入诗歌，则别成兴趣。火山赤蛇，大风破舟，可骇可怖之景也，而一入图画，则转堪展玩。是对于现象世界，无厌弃而亦无执著也。人既脱离一切现象世界相对之感情，而为浑然之美感，则即所谓与造物为友，

① 高平叔编：《蔡元培美育论集》，长沙：湖南教育出版社 1987 年版，第 4 页。

而已接触于实体世界之观念矣。故教育家欲由现象世界而引以到达实体世界之观念,不可不用美感之教育。”①美育之所以具有如此之功能,在蔡元培看来就在于美育具有“普遍性”和“超脱性”的特点。前面我们已经分析过,知道蔡元培关于美的“普遍性”和“超脱性”的观点最初来源于康德,但蔡元培对它的理解,并不是照搬全抄康德的观点,而是把它和中国传统的美育观念相融合,并加以提升,这就比较容易被中国人所接受和认同。蔡元培认为,美的普遍性与超脱性是相互联系、互为因果的。正是由于美的这两种特性,所以它能使人超越现实世界的自私性与利己性,从而形成高尚的道德人格。他说:“既有普遍性以打破人我的成见,又有超脱性以透出利害的关系;所以当着重要关头,有‘富贵不能淫,贫贱不能移,威武不能屈’的气概;甚至有‘杀身以成仁’而不‘求生以害人’的勇敢;这种是完全不由于知识的计较,而由于感情的陶养,就是不源于智育,而源于美育。”②“美术的教育,提起一种超越利害的兴趣,融合一种画分人我的僻见,保持一种永久平和的心境。”③“纯粹之美育,所以陶养吾人之感情,使有高尚纯洁之习惯,而使人我之见、利己损人之思念,以渐消沮者也。”④

(二)美育有助于陶冶人的高尚感情,构建人们健康的精神生活

蔡元培说:“人是感情的动物,感情要好好涵养之,使活泼而得生趣。”⑤而美育,在他看来,正是涵养感情、陶冶感情的重要工具,蔡元培倡导美育的动因也正在此。蔡元培说:“我提倡美育,便是使人类能在音乐、雕刻、图画、文学里又找到他们遗失了的情感。我们每每在听了一支歌,看了一张画、一件雕刻,或者读了一首诗、一篇文章以后,常会有一种说不出的感觉;四周的空气会变得更温柔,眼前的对象会变得更甜蜜,似乎觉得自身在这个世界上有一种伟大的使命。这种使命不仅仅是要使人人有饭吃,有衣装穿,有房子住,他同时还要使人人能在保持生存以外,还能去享受人生。知道了享受人生的乐趣,同时也便知道了人生的可爱,人与人的感情便不期然而然地更加浓厚起来。那么,虽然不能说战争可以完全消

① 高平叔编:《蔡元培美育论集》,长沙:湖南教育出版社 1987 年版,第 5 页。
② 高平叔编:《蔡元培美育论集》,长沙:湖南教育出版社 1987 年版,第 267 页。
③ 高平叔编:《蔡元培美育论集》,长沙:湖南教育出版社 1987 年版,第 57 页。
④ 高平叔编:《蔡元培美育论集》,长沙:湖南教育出版社 1987 年版,第 46 页。
⑤ 高平叔编:《蔡元培全集》第四卷,北京:中华书局 1984 年版,第 40 页。

失，至少可以毁除不少起衅的秧苗了。"①美育何以能"毁除不少起衅的秧苗"呢？根本原因就在于美育的陶养作用。蔡元培认为，战争之所以发生就源于人们对物质利益的盲目崇尚，认为人活在世上的意义只为了吃面包，以致增进了贪欲的劣性，从竞争而变成抢夺。美育的陶养恰恰可以使人超越这一切，使人认识到人生的使命不仅仅在于吃饭、穿衣、住房，而且还在于享受人生的乐趣，了解人生的可爱。由于人类能超越对物质利益的追逐，那么起衅的各种秧苗当然可以消除了。所以蔡元培又说："意志不能离知识与情感而单独进行。凡道德之关系功利者，伴乎知识，恃有科学之作用；而道德超越功利者，伴乎感情，恃有美术之作用。"②

蔡元培还以美之对象的内在特点，来说明美感对人感情的陶冶作用。"美感本有两种：一为优雅之美，一为崇高之美。优雅之美，从容恬淡，超利害之计较，泯人我之界限，例如游名胜者，初不作伐木制器之想；赏音乐者，恒以与众同乐为快；而这样的超越而普遍的心境涵养惯了，还有什么卑劣的诱惑，可以扰乱他么？崇高之美，又可分为伟大与坚强之二类；存想恒星世界，比较地质年代，不能不惊小己的微渺；描写火山爆发，记叙洪水横流，不能不叹人力之脆薄；但一经美感的诱导，不知不觉，神游于对象之中，于是乎对象之伟大，就是我的伟大；对象的坚强，就是我的坚强；在这种心境上锻炼惯了，还有什么世间的威武，可以胁迫他么？"③在蔡元培看来，优雅之美能使人从容恬淡、和蔼、安静，有了这样美感的熏陶，人们在任何场合都能保持镇静，遇事不乱，应付裕如；崇高之美则能使人伟大、坚强，有了这样美感的陶养，人们必然会产生一种大无畏的精神和奋发的情感，再也不会有什么胁迫之类的事情发生了。

蔡元培认为，美育不仅能陶冶人的感情，而且还能构建人们健康的精神生活。在蔡元培看来，社会上和青年学生中之所以存在有低俗的审美情趣和不正当娱乐，根本原因就在于他们缺乏正当的消遣，缺乏美育的陶养。他说："近来学生多有为麻雀、扑克或阅恶劣小说等不正当之消遣，此固原因于其人之不悦学。尤以社会及学校无正当之消遣，为主要原因。"④在蔡元培看来，这些"不正当的娱乐"

---

① 高平叔编：《蔡元培美育论集》，长沙：湖南教育出版社 1987 年版，第 215 页。
② 高平叔编：《蔡元培全集》第三卷，北京：中华书局 1984 年版，第 25 页。
③ 高平叔编：《蔡元培美育论集》，长沙：湖南教育出版社 1987 年版，第 312 页。
④ 高平叔编：《蔡元培全集》第四卷，北京：中华书局 1984 年版，第 39—40 页。

"消遣"虽然极端有害,但如果没有充分的审美活动以充实精神生活,又是难以避免的。因为"过劳则思游息",人的精神总是要有所寄托,不能空虚,这是"情之自然"。① "所以吾人急应提倡美育,使人生美化,使人的性灵寄托于美,而将忧患忘却。于学校中可实现者,如音乐、图画、旅行、游戏、演剧等均可去做,以之代替不好的消遣。但切不要拘泥,只随人意兴所到,适情便可。如音乐一项,笛子胡琴都可。大家看看文学书,唱唱诗歌,也可以悦性怡情。单独没有兴会,总要有几个人以上共同享乐,学校中要常有此种娱乐的组织。有此种组织,感情可以调和,同学间不好的意见和争执,也要少些了。"②蔡元培始终不渝地宣传美育,提倡美育,就是希望它能够通过对人高尚感情的陶冶,使人摆脱低级趣味,从而构建一种健康的精神生活。

(三)美育有助于促进科学的发展

蔡元培认为,要想研究科学、发展科学,首先就必须培养对科学的兴趣,而这绝对是离不开美育的。蔡元培曾以打比方的方式,强调了美育对科学的这种价值。他说:"我们的心理上,可以分三方面看:一面是意志,一面是知识,一面是感情。意志的表现是行为,属于伦理学,知识属于各科学,感情是属于美术的。我们是做人,自然行为是主体,但要行为断不能撇掉知识与感情。例如走路是一种行为,但要先探听:从那一条路走?几时可到目的地?探明白了,是有了走路的知识了;要是没有走路的兴会,就永不会走或走的不起劲,就不能走到目的地。又如踢球的也是一种行为,但要先研究踢的方法;知道踢法了,是有了踢球的知识了;要是不高兴踢,就永踢不好。所以知识与感情不好偏枯,就是科学与美术,不可偏废。"③

其次,蔡元培认为,要想发展科学,还必须培养人的创造精神,而这恰恰又是美育的重要价值之所在。蔡元培曾说:"美术所以为高尚的消遣,就是能提起创造精神。""因为美术一方面有超脱利害的性质;一方面有发展个性的自由。所以沉浸其中,能把占有的冲动逐渐减少,创造的冲动逐渐扩展。"④也即是说,由于美育

① 高平叔编:《蔡元培全集》第四卷,北京:中华书局1984年版,第43页。
② 高平叔编:《蔡元培全集》第四卷,北京:中华书局1984年版,第39—40页。
③ 高平叔编:《蔡元培全集》第四卷,北京:中华书局1984年版,第31页。
④ 高平叔编:《蔡元培全集》第四卷,北京:中华书局1984年版,第43页。

有"超脱利害的性质"和"发展个性的自由",所以当人一旦沉浸于美感之中,各种什么"人我之差别""幸福之营求"都会从头脑中统统消失,现实生活中的种种限制也都会被抛弃,个性将会得到真正自由的发展,创造精神自然而然也就会产生。蔡元培对美育的创造精神极为看重,甚至把它看作是成立杭州国立艺术院的目的之所在。他在杭州国立艺术院开学式的演说词中就曾这样说道:"人类有两种欲望:一是占有欲,一是创造欲。占有欲属于物质生活,为科学之事。创造欲为纯然无私的,归之于艺术。人人充满占有欲,社会必战争不已,紊乱不堪,故必有创作欲,艺术以为调剂,才能和平。艺术纯以创作为主,无现实上的一切占有欲而起的束缚,艺术家不要名誉、财产,不迎合社会,因此中外的艺术家,每每一生很苦。中国古话说:文人贫而后工。并不是贫而后工,是去掉了一切个人的、现实的私语,而能纯以创造为主才工。大学院设立艺术院,纯粹为提倡此种无私的、美的创造精神。"①

再次,蔡元培还认为美育能帮助人们消除科学研究中的种种弊端,促进科学的发展。他说:"常常看见专治科学、不涉美术的人,难免有萧索无聊的状态。无聊不过于生存上强迫的职务以外,俗的是借低劣的娱乐作消遣,高的是渐渐的成了厌世的神经病。"②"在欧西科学发达之国,甚且演成自杀者,亦不少也。"③为什么会发生这样的情形呢?蔡元培认为这是因为专治科学,太偏于概念,太偏于分析,太偏于机械的作用了,而忽视了人的情感之作用。在蔡元培看来,如果抱着这样机械的世界观与人生观去做事,"不但对于自己毫无生趣,对于社会毫无爱情,就是对于所治的科学,也不过'依样画葫芦',决没有创造的精神"④。但蔡元培认为如果有了美术的熏陶,则会大不一样。所以蔡元培说:"防这种流弊,就要求知识以外,兼养感情,就是治科学以外,兼治美术。有了美术的兴趣,不但觉得人生很有意义,很有价值,就是治科学的时候,也一定添了勇敢活泼的精神。"⑤

正是由于认为美育对科学的发展有着重要的价值,美育与科学相辅相成,所

---

① 高平叔编:《蔡元培全集》第五卷,北京:中华书局1988年版,第220页。
② 高平叔编:《蔡元培全集》第四卷,北京:中华书局1984年版,第33页。
③ 高平叔编:《蔡元培全集》第二卷,北京:中华书局1984年版,第484页。
④ 高平叔编:《蔡元培全集》第四卷,北京:中华书局1984年版,第34页。
⑤ 高平叔编:《蔡元培全集》第四卷,北京:中华书局1984年版,第34页。

以蔡元培多次强调:“文化史上,科学与美术,总是同时发展。美术家得科学家的助力,技术愈能进步;科学家得美术的助力,研究愈增兴趣。”①“文化进步的国民,既然实施科学教育,尤要普及美术教育。”“要透彻复杂的真相,应研究科学;要鼓励实行的兴会,应利用美术。”②

(四)美育是改造社会和抗日救亡的工具

蔡元培说:“美术与社会的关系,是无论何等时代,都是显著的了。从柏拉图提出美育主义后,多少教育家都认为美术是改进社会的工具。”③何以见得呢?蔡元培说:“我们试反躬自省,当读画吟诗、搜奇探幽之际,在心头每每感到一种莫可名言的怡适。即此境界,平日那种是非利害的念头,人我差别的执着,都一概泯灭了,心中只有一片光明,一片天机。这样我们还不怡性悦情么?心旷则神逸,心广则体宽,我们还不能养身么?人我之别、利害之念已泯灭,我们还不能进德么?人人如此,家家如此,还不能治国平天下么?”④美育既然都能治国平天下了,当然也能移风易俗,改造社会了。

那么美育如何移风易俗,改造社会呢?蔡元培认为这首先是通过积极的、健康的审美观念的培养和良好的社会环境的改造来实现的。正因为如此,所以蔡元培对当时社会上低级庸俗的审美观念和丑恶的社会现象提出了尖锐的批评。他说:“我们现在除文字界,稍有点新机外,别的还有什么?书画是我们的国粹,都是模仿古人的。古人的书画是有钱的收藏了。作为奢侈品,不是给人人共见的。建筑雕刻,没有人研究。在嚣杂的剧院中,演那简单的音乐,卑鄙的戏曲。在市街上散步,只见飞扬尘土,横冲直撞的马车,商铺上贴着无聊的春联,地摊上出售那恶俗的花纸。在这种环境中讨生活,怎么能引起活泼高尚的感情呢?”⑤在蔡元培看来,那种肮脏、庸俗、守旧、落后的审美观和杂乱无章的生活环境是导致社会没落、道德沦丧的重要原因,因为在这样的环境中工作和生活是根本不会产生积极向上的美感力量和高尚的道德情操的。他不仅对中国固有的那种低级庸俗的审美心

---

① 高平叔编:《蔡元培全集》第四卷,北京:中华书局 1984 年版,第 483 页。

② 高平叔编:《蔡元培全集》第三卷,北京:中华书局 1984 年版,第 361 页。

③ 高平叔编:《蔡元培美育论集》,长沙:湖南教育出版社 1987 年版,第 80 页。

④ 高平叔编:《蔡元培美育论集》,长沙:湖南教育出版社 1987 年版,第 291 页。

⑤ 高平叔编:《蔡元培全集》,第三卷,北京:中华书局 1984 年版,第 362 页。

理习惯和丑恶的社会风貌深恶痛绝,而且对西方审美文化中的消极因素所带来的不良影响,也给予严厉的批评,要求文学艺术界自觉抵制,政府部门也应审查裁禁。比如他对新闻界就有过这样的批评:"新闻自有品格也。吾国新闻,于正张中无不提倡道德,而广告中则诲淫之药品与小说,触目皆是;或且附印小报,特辟花国新闻等栏;且广收妓寮之广告。此不特新闻家自毁其品格,而其贻害于社会之罪,尤不可恕。"[①]蔡元培要求用教育家的眼光来审视新闻宣传,审视文学艺术。在蔡元培看来,任何审美对象都应承担起思想教育、审美教育的神圣任务,在国家处于危难的时代更应如此,绝不能成为奢侈淫逸和无聊消遣的东西。他说:"救国者,艰苦之事业也。墨翟生勤而死薄,勾践卧薪而尝胆,范仲淹先天下之忧而忧,后天下之乐而乐。断未有溺于耳目之娱,侈靡之习,而可以言救国者。"[②]

可以说正是对美育移风易俗、改造社会作用的看重,所以蔡元培在 1919 年"五四"运动之后,提出了"文化运动不要忘了美育"的重要思想。他说:"现在的文化运动,已经由欧美各国传到中国来了。解放呵!创造呵!新思潮呵!新生活呵!在各种周报日刊上,已经数见不鲜了。但文化不是简单,是复杂的。运动不是空谈,是要实行的。要透彻复杂的真相,应研究科学;要鼓励实行的兴会,应利用美术。科学的教育,在中国可算有萌芽了;美术的教育,除了小学校中机械性的音乐图画之外,简截可说是没有。"[③]在蔡元培看来,要想移风易俗,改变中国的社会现状,就必须科学和美育并重,但是当前的文化运动缺乏对美育的重视,因此蔡元培大声疾呼:"我很望致力文化运动诸君,不要忘了美育。"[④]

美育不仅仅是改造社会的工具,而且还是抗日救亡的工具,因为它能培养人们宁静而强毅的精神,而这正是抗日救亡所必需的。1938 年 5 月 20 日,蔡元培承保卫中国大同盟及香港国防医药筹赈会之召,在香港圣约翰礼堂美术展览会上发表了演说词。在他看来,美育在抗日救亡的战争中绝不像有些人说的那样毫无价值,而是起着极大的作用。他说:"当此全民抗战期间,有些人以为无赏鉴美术之余地,而鄙人则以为美术乃抗战时期必需品。"为什么呢?"因为抗战时期所最需

① 高平叔编:《蔡元培美育论集》,长沙:湖南教育出版社 1987 年版,第 199 页。
② 高平叔编:《蔡元培全集》第三卷,北京:中华书局 1984 年版,第 254—255 页。
③ 高平叔编:《蔡元培全集》第三卷,北京:中华书局 1984 年版,第 361 页。
④ 高平叔编:《蔡元培全集》第三卷,北京:中华书局 1984 年版,第 362 页。

要的,是人人有宁静的头脑,又有强毅的意志。……这种宁静而强毅的精神,不但前方冲锋陷阵的将士,不可不有;就是在后方供给军需、救护伤兵、拯济难民及其他从事于不能停顿之学术或事业者,亦不可不有。有了这种精神,始能免于疏忽、错误、散漫等过失,始在全民抗战中担得起一份任务。”为养成这种宁静而坚毅的精神,蔡元培认为,“固然有特殊的机关,从事训练”,而“推广美育,也是养成这种精神之一法”①。蔡元培还说,“且全民抗战之期,最要紧的,就是能互相爱护,互相扶助,而此等行为,全以同情为基本,同情的扩大与持久,可以美感上‘感情移入’作用助成之”②。也即是说,在抗战中要培养人们的同情心,扩大以及保持人们的同情心,都需要美育的作用。正因为如此,蔡元培认为美育是抗战之必需品,是抗日救亡的工具。

---

① 高平叔编:《蔡元培美育论集》,长沙:湖南教育出版社 1987 年版,第 312 页。

② 高平叔编:《蔡元培美育论集》,长沙:湖南教育出版社 1987 年版,第 313 页。

第三章 “以美育代宗教”的主要内容

从诠释学的角度看,文化典籍、历史文献都是一种诠释。没有前人的诠释,我们不可能了解历史上的任何一个人物、事件;同样,我们要想使世人对蔡元培的“以美育代宗教”思想有全面的了解和把握,我们也需要对其进行诠释和解析,只有这样才能使之更好地展示在世人面前,进而更好地发挥其应有的价值。尽管蔡元培“以美育代宗教”的大作没有问世,但综合他所有的相关文章以及资料记载,我们还是可以清晰地看出,其主要内容包括反对以“孔教”为“国教”,倡导以美育代宗教和以哲学主义代宗教信仰三项。下面我们就从这三个方面入手,对其主要内容进行诠释。

第一节 反对以“孔教”为“国教”

在蔡元培看来,宗教是宗教,孔子是孔子,国家是国家,各有范围,不能并作一谈,因而坚决反对以“孔教”为“国教”。

一、“孔教”不能成立

蔡元培对孔教的批判和否定,是建立在其对宗教的界定和理解之上的。在蔡元培看来,所谓宗教,只不过是古人为了满足自己情感的需求和心灵的安慰,而创造出来的一种精神“信仰”而已,有广狭两义。从狭义上说,凡宗教必有“神秘”主义思想,多神教,回、耶、佛等一神教都是这样。它们的产生,全是昧理之人作用的结果。“种瓜得瓜,种豆得豆,有是因而后有是果,尽人所能信也。昧理之人,于事理之较为复杂者,辄不能了然。于其因果之相关,则妄归其因于不可知之神,而一切倚赖之。其属于幸福者,曰是神之喜我而佑我,其属于不幸福者,曰是神之怒而祸我也。于是求所以喜神而免其怒者,祈祷也,祭告也,立种种事神之仪式,而于其所求之果,渺不相涉也。”“昧理之人,既归其一切之因于神,而神之情不可得而实测也。于是不胜其侥幸之心,而欲得一神人间之媒介,以为窥测之机关,遂有巫觋卜人星士之属,承其乏而自欺以欺人;或托为天使,或夸为先知,或卜以龟蓍,或占诸星象,或说以梦兆,或观其气色,或推其诞生年月日时,或相其先人之坟墓,要皆为种种预言之准备,而于其所求果之真因,又渺不相涉也。”①对于狭义意义上的宗教,蔡元培认为必将随着人类科学文化知识的增加而消失。从广义上言之,所谓宗教,只不过是人的一种信仰心而已,“我曾经把复杂的宗教分析过,求得他最后的原素,不过一种信仰心,就是各人对于哲学主义的信仰心”②。对这个“信仰心”,蔡元培认为它包含着丰富的内涵,泛指人的世界观、人生观及其精神支柱,并且认为它会随着哲学之进化而改变。“各人的哲学程度不同,信仰当然不一样,一人的哲学思想有进步,信仰当然可以改变,这全是个人精神上的自由,断不容受外界的干涉。”③

根据对宗教的上述界定,蔡元培否认孔子为宗教家,进而否认中国有“孔教”一说。他认为孔子既无形而上学的人生观和世界观,孔子“所言者,皆伦理学、教育学、政治学之范围”,又无神秘主义思想,“未知生,焉知死。未能事人,焉能事鬼。不语神怪”。“古代稍涉神秘之传说,如感生帝及符瑞谣讦之属,见于讦纬者,皆孔子所删。”“故孔子决非宗教家,而孔教为不辞。”④在晚年的《孔子之精神生活》一文中,蔡元培对孔子的非宗教精神再一次进行了详细论证。蔡元培说,孔子也言天,也言命,但照孟子的解释,莫之为而为是天,莫之致而至是命,等于数学上的未知数,所以说毫无宗教的气味。凡宗教不是多神,便是一神,孔子不语神,敬鬼而远之。凡宗教总有一种死后的世界,孔子说:“未知生,焉知死?”“之死而致死

① 高平叔编:《蔡元培全集》第二卷,北京:中华书局 1984 年版,第 433—434 页。
② 高平叔编:《蔡元培全集》第四卷,北京:中华书局 1984 年版,第 179 页。
③ 高平叔编:《蔡元培全集》第四卷,北京:中华书局 1984 年版,第 179 页。
④ 高平叔编:《蔡元培全集》第三卷,北京:中华书局 1984 年版,第 56 页。

之,不仁而不可为也;之死而致生也,不知而不可为也”,毫不能用天堂地狱等说来附会他。凡宗教总有一种祈祷的效验,而孔子毫不觉得祈祷的必要。所以孔子的精神毫无宗教的分子①,定孔教为宗教绝对不合适。正是由于认定孔子非宗教家,孔教不成立,所以蔡元培在实践中也坚决反对“尊孔”“拜孔”“读经”。他不仅在早期民国政府教育部长的任上废除了前清教育宗旨中的“尊孔”条文,而且在后来的全国临时教育会议上又提出了“学校不应拜孔子案”,并详细列举了学校不应该跪拜孔子的理由:“前清学堂管理通则有拜孔子仪式,施行以来,窒息殊多。孔子并非宗教家,尊之自有其道,今乃以宗教仪式崇奉于学校之中,名为尊孔,实不合理。此学校不应拜孔子之理由一。教育与宗教各有目的,不宜强合为一。今以似是而非之宗教仪式行于学校,既悖尊孔之义,尤乖教育目的。此学校不应拜孔之理由二。宪法公例,信仰自由为三大自由之一。今以学校拜孔之故,致令他教之子弟,因信仰不同,不肯入学,既背宪法公例,尤于教育普及大生障碍,此学校不应拜孔之理由三。有此三理由,故学校之中,宜将此项礼仪删去。”②1927年,蔡元培一度出任大学院院长,在任期内他依然坚持他的反对“尊孔”“拜孔”主张。在他的提议下,大学院于1928年2月21日通令全国将春秋祀孔典礼一律废止。令文指出:“查我国旧制,每届春秋上丁,例有祀孔之举。孔子生于周代,布衣讲学,其人格学问,自为后世所推崇,惟因尊王忠君一点,历代专制帝王资为师表,祀以太牢,用以牢笼士子,实与现代思想自由原则及本党主义,大相悖谬。若不亟行废止,何足以昭示国民。为此,令仰该厅、校、局长,转饬所属,着将春秋祀孔旧典,一律废止,勿违。”③1928年4月,蔡元培出任国立中央研究院院长。在此后的20世纪30年代,蒋介石为了强化权力,大力鼓吹尊孔读经,在全国范围内掀起了一股尊孔复古逆流。原来被明令废止的祀孔祭典又重新泛滥起来。对这种反民主反科学的复古潮流,蔡元培坚决反对,并积极撰文抵制。他说:“主张读经的人,一定为经中有很好的格言,可以终生受用,所以要读熟他。但是有用的格言,我们可以用别种方式发挥,不一定要用原文。”例如《论语》说:“志士仁人,有杀身以成仁,无求生以害仁。”《孟子》说:“生,我所欲也。义,我所欲也。二者不可得兼,舍生

---

① 高平叔编:《蔡元培全集》第七卷,北京:中华书局1989年版,第107页。

② 梁柱:《蔡元培是怎样看待尊孔读经的》,载《中华魂》2008年第10期。

③ 高平叔编:《蔡元培全集》第五卷,北京:中华书局1988年版,第207页。

而取义者也。”这要向小学说明，是比较困难。但是如果我们能借黄花岗七十二烈士或其他先烈的传记来证明，就比较容易了。此外，“经书里面，有许多不合于现代事实的话，在古人们处他们的时代，不能怪他，若用以教现代的儿童，就不相益了”。所以蔡元培得出的结论就是：“小学生读经是有害的，中学生读整部的经，也是有害的。”①

二、“国教”亦不能成立

蔡元培不仅认为“孔教”二字不能成立，而且还认为“国教”二字也不能结合，原因就在于二者完全是两回事。蔡元培认为，宗教只不过是半开化人所信仰之主义，是人对于自己心灵上的一种安慰，它解决的主要是关于人的精神问题，而至于国家，“乃一政治的团体，以政治为其界限。换言之，即发源于某一土地之人民，于一定土地范围之内，集成一大团体，设立机关，确认相互遵守之约，举任共同信望之人，利行其团体之任务，克达生存之目的云尔。然所谓达其生存之目的云者，乃谓关于身体的，非关于灵魂的；关于世间的，非关于出世间的；关于人类既生以后未死以前之一段的，非关于人类未生以前既死以后的。”②正是由于宗教与国家完全是两回事，所以蔡元培说“既以国家为界，即不复能以宗教为界；既以宗教为界，即不能复以国家为界。换言之，既论国界，即不论教界，故国家不干涉宗教；既论教界，即不论国界，故宗教亦不能干涉国家。”③此外，蔡元培还认为：“现今文明国宪法中，皆有信仰自由一条，即不能以国限教之意。”④由于不能以国限教，也不能以教限国，所以蔡元培最后的结论就是“国家自国家，宗教自宗教，‘国教’二字”⑤，不能成为一名词。

在对宗教、孔子的精神特点和国家的实质进行详细分析的基础上，蔡元培得出了自己对于孔教问题的总观点，那就是：“宗教是宗教，孔子是孔子，国家是国家，各有范围，不能并作一谈”，“所谓‘以孔教为国教’者，实不可通之语”。⑥

---

① 高平叔编：《蔡元培全集》第六卷，北京：中华书局 1988 年版，第 526—527 页。
② 高平叔编：《蔡元培全集》第二卷，北京：中华书局 1984 年版，第 491 页。
③ 高平叔编：《蔡元培全集》第二卷，北京：中华书局 1984 年版，第 491 页。
④ 高平叔编：《蔡元培全集》第三卷，北京：中华书局 1984 年版，第 55 页。
⑤ 高平叔编：《蔡元培全集》第二卷，北京：中华书局 1984 年版，第 491 页。
⑥ 高平叔编：《蔡元培全集》第二卷，北京：中华书局 1984 年版，第 490—491 页。

第二节 倡导“以美育代宗教”

在蔡元培看来，宗教是人类未开化时代之产物，没有永存的本性，科学发展起来就可以“以美育代宗教”了，因此坚决主张“舍宗教”而倡美育。

一、宗教“是人类进程中间一时的产物”

蔡元培认为，宗教是人类未开化时代之产物，它在本质上具有虚假性，没有“永存的本性”，因此科学发展到一定阶段必然没有宗教存在的余地，宗教被替代是历史发展的必然。

（一）宗教是人类未开化时代之产物

关于宗教的产生问题，蔡元培主要从科学发展状况的角度对之进行了分析。他说：“上古之世，草昧初开，其民智识浅陋，所见惊奇疑异之事，皆以为出于神意。如人之生也从何来，人之死也从何去，万物之生生而代谢也为之者何人，高山之崔巍，大海之汪洋，雨露之恩泽，雷霆之威严，日月之光华，即下至一草一木，一勺水，一撮土，凡不知其理由者，皆以为有神寓乎其间而崇拜之。此多神教所由起也。”也即是说，在上古的时候，由于科学不发达，人的脑力简单，知识缺乏，很多惊奇疑异的事情无法解释，于是便把它归之于神意，认为是有神在中间操纵着这一切，多神教由此而产生。后来，古人又以为“天地间有大主宰焉，虽大至天外，小至微尘，莫不由其意匠之所造”，于是宗教就由最初的多神教发展到一神教。由于当时科学的不发达，所以这种宗教产生之后，“天地间一切疑难勿可解决之问题，皆得以借教义以解答之”。并进而推广于人的感情和道德行为方面，“人类疾病死亡痛苦一切不能满足之心虑，皆得于良心上有所安慰，与之以新生之希望”，神的“福善祸淫，使人人有天堂之韵羡与地狱之恐怖，以去恶而从善”。这就是“半开化人所信仰之主义，而无不求其主宰于冥冥之中者也”①。蔡元培上述对宗教产生问题的分析，基本符合人类早期的认识水平，具有一定的科学性。

---

① 上面没有标注的引文全部出自高平叔编《蔡元培全集》第二卷，北京：中华书局1984年版，第490页。

(二)宗教在本质上具有虚假性

前文已述,蔡元培认为,宗教观念的出现,首先是由人类的愚昧无知导致的。他说:"上古之世,草昧初开,其民智识浅陋,所见惊奇疑异之事,皆以为出于神意。如人之生也从何来,人之死也从何去,万物之生生而代谢也为之者何人,高山之崔巍,大海之汪洋,雨露之恩泽,雷霆之威严,日月之光华,即下至一草一木,一勺水,一撮土,凡不知其理由者,皆以为有神寓乎其间而崇拜之。"[①]除了人们的愚昧无知,统治者为了加强精神统治的需要,而利用宗教家所实施的种种虚假宣传,也是导致人们对宗教深信不疑的重要原因之一。对宗教家们的种种虚假宣传,蔡元培曾进行过形象描绘:"人之行为,监视之者,不独酋长也,又有神。吾人即独居一室,而不啻十目所视,十手所指,为善则神赐之福,为恶则神降之罚。神之赏罚,不独于其生前,而又及其死后,善者登天堂,而恶者入地狱。"或又为之说曰:"神之赏罚,不独于其身,而又及其子孙,善者子孙多且贤,而恶者子孙不肖,甚至绝其嗣。"或又为之说曰:"神之赏罚,不惟于其今生也,而又及其来世,善者来世为幸福之人,而恶者则转生为贫苦残废之人,甚者为兽畜。"[②]蔡元培认为,正是由于人们的愚昧无知,再加上宗教家们的虚假宣传,人们才把一切都看作是鬼神作用的结果,从而盲目地祈求鬼神的保佑。"昧理之人,于事理之较为复杂者,辄不能了然。于其因果之相关,则妄归其因于不可知之神,而一切倚赖之。其属于幸福者,曰是神之喜而佑我也;其属于不幸福者,曰是神之怒而祸我也。于是求所以喜神而免其怒者:祈祷也,祭告也,忏悔也。""昧理之人,既归其一切之因于神,而神之情不可得而实测也。于是不胜其徼幸之心,而欲得一神人间之媒介,以为窥测之机关,遂有巫觋卜人星士之属,承其乏而自欺以欺人;或托为天使,或夸为先知,或卜以龟蓍,或占诸星象,或说以梦兆,或观其气色,或推其诞生年月日时,或相其先人之坟墓,要皆为种种预言之准备。"在蔡元培看来,人们的上述种种做法,实际上与其"所求之果"或"所求果之真因",是"渺不相涉也"。[③] 当然也许有人会说,宗教不是还能够给人带来一定程度的心理安慰作用吗?这种作用难道与人们的"所求之果"也"渺不相涉"吗?宗教的确具有"慰情"作用,对此,蔡元培并没有否认,他曾

① 高平叔编:《蔡元培全集》第二卷,北京:中华书局 1984 年版,第 490 页。
② 高平叔编:《蔡元培全集》第二卷,北京:中华书局 1984 年版,第 435 页。
③ 高平叔编:《蔡元培全集》第二卷,北京:中华书局 1984 年版,第 433—434 页。

说:“宗教注意教人,要人对于一切不满意的事能找到安慰,使一切辛苦和不舒服能统统去掉。”①有了宗教,“人类疾病死亡痛苦一切不能满足之心虑,皆得于良心上有所慰藉,与之新生之希望”②。有了宗教,“一切困苦便可以暂时去掉,这是宗教最大的作用”③。但我们应该注意,蔡元培在说明宗教的“慰情”作用时所用的一个词“暂时”,也就是说宗教给人提供的只不过是暂时的心理安慰,只不过是尽力“使人们被引到别一方面去,到另外一个世界去,而把具体世界忘掉”④而已,这种做法从本质上来说是解决不了任何现实问题的。正因为如此,蔡元培对宗教家所宣扬的种种宗教观进行了诘问:“宗教说好人死后不吃亏,但现在科学发达,人家都不相信。宗教又说,人死后有灵魂,做好人可以受福,否则要在地狱里受灾难,但究竟如何,还没有人拿出实在证据来。”⑤蔡元培的上述分析和批判,不仅揭示了宗教的虚幻本质,而且还动摇了宗教所谓神圣不可侵犯的地位,为“以美育代宗教”提供了一个重要的依据。

(三)人类社会发展到一定阶段是没有宗教存在的余地的

在蔡元培看来,宗教之所以能在历史上产生一定的影响,起到一定的积极作用,根本原因就在于“初民时代没有科学”,由于没有科学,所以“一切人类不易知道的事,全赖宗教去代为解释”⑥。但随着科学的不断发展,古时人类关于宇宙间一切神秘现象都将逐一得到正确的说明。他说:“迨后社会文明日渐进步,科学发达,学者遂举古人不可思议者,皆一一解释以科学。日星之现象,地球之缘起,动植物之分布,人种之差别,皆得以理化、博物、人种、古物诸科学证明之。”⑦于是宗教也就失去了原有的解释功能。

蔡元培认为,科学的发展,不仅仅渗透到智育的领域,使宗教失去它原有的解释功能,它也必将渗透到其他领域,使宗教完全没有存在的余地。他说,近代西方自然科学的大发展已经说明,“一切政治、道德、教育、文学,无一不包含着科学实

① 高平叔编:《蔡元培美育论集》,长沙:湖南教育出版社 1987 年版,第 276 页。
② 高平叔编:《蔡元培全集》第二卷,北京:中华书局 1984 年版,第 490 页。
③ 高平叔编:《蔡元培美育论集》,长沙:湖南教育出版社 1987 年版,第 276 页。
④ 高平叔编:《蔡元培美育论集》,长沙:湖南教育出版社 1987 年版,第 276 页。
⑤ 高平叔编:《蔡元培美育论集》,长沙:湖南教育出版社 1987 年版,第 278—279 页。
⑥ 高平叔编:《蔡元培美育论集》,长沙:湖南教育出版社 1987 年版,第 274 页。
⑦ 高平叔编:《蔡元培全集》第三卷,北京:中华书局 1984 年版,第 31 页。

证的精神。近来一元哲学、自然文学日渐发达,一切宗教的迷信,虚幻的理想,更是抛到九霄云外”①。由此可知,“宗教只是人类进程中间一时的产物,并没有永存的本性”,人类社会发展到一定阶段,“是没有宗教存在的余地的”②。

二、科学发达美育可以“代宗教”

在蔡元培看来,宗教在最初的时候是包含有智育、德育、体育、美育诸多元素的,但随着科学的进化发展,智育、德育、体育诸元素均脱离宗教而独立,只剩下美育唯一元素,因此可以“以美育代宗教”。对上述观点,蔡元培主要从心理学和教育学的视角对之进行了论证。

(一)美育可以代宗教的心理学论证

1917年4月,蔡元培在北京神州学会演讲,首次提出了“以美育代宗教说”,也正是在这篇演说词中,他详细说明了美育可以代宗教的心理学依据。他说:“自兄弟观之,宗教之原始,不外因吾人精神之作用而构成。”在这里,他接受了康德、席勒等人的影响,把人的精神作用分为知识、意志、情感三种。“吾人精神上之作用,普通分为三种:一曰智识,二曰意志,三曰感情。”并且说:“最早之宗教,常兼此三作用而有之。”③也就是说,在最原始的宗教里,知识、意志、情感三者都是从属于宗教、附丽于宗教的。对这三者附丽于宗教的表现,蔡元培也进行了充分的论证。在他看来,知识作用附丽于宗教主要表现在:把人类的起源、生命的存亡、社会的兴衰成败、国家的统治管理等问题,都归原于神,认为是神的杰作,“如基督教推本于上帝,印度教则归之梵天,我国神话则归之盘古。其他各种现象,亦皆以神道为唯一之理由”。④ 意志作用附丽于宗教主要表现在:用宗教的劝说支配人的意志。例如,“人生而有生存之欲望,由此欲望而发生一种利己之心。其初以为非损人不能利己,故恃强凌弱、掠夺攫取之事,所在多有。其后经验稍多,知利人之不可少,于是有宗教家提倡利他主义”,⑤企图通过劝善,以改变人的利己之心。

---

① 高平叔编:《蔡元培全集》第四卷,北京:中华书局1984年版,第69页。
② 高平叔编:《蔡元培全集》第四卷,北京:中华书局1984年版,第69—70页。
③ 高平叔编:《蔡元培美育论集》,长沙:湖南教育出版社1987年版,第43页。
④ 高平叔编:《蔡元培美育论集》,长沙:湖南教育出版社1987年版,第44页。
⑤ 高平叔编:《蔡元培美育论集》,长沙:湖南教育出版社1987年版,第44页。

情感作用附丽于宗教主要表现在:利用种种宗教艺术活动来激发人们的宗教感情,培养人们对宗教的信仰。例如,唱歌跳舞、雕刻图画等这些表达和寄托情感常用的艺术方式,常常被宗教家利用以为诱人信仰之方法。至于“未开化人之美术,无一不与宗教相关”。蔡元培认为,在人类未开化时代,由于知识、情感、意志的作用至为混沌,遂结合而为宗教。在那个时代,由于“又并无他种学术与之对,故宗教在社会上遂具有特别之势力焉。”①

但正如蔡元培在前文所说的那样,“宗教只是人类进程中间一时的产物,并没有永存的本性”②。随着社会的进步和科学的进化发展,知识、意志、情感三种精神作用都逐渐取得了自己的相对独立性,这也为它们最终摆脱宗教的束缚与奴役奠定了前提基础。蔡元培也正是根据这三方面提供的历史事实和实证经验论证了“以美育代宗教”将最终成为历史发展的必然。

首先,伴随着科学文化的发展,许多被宗教神秘化了的自然现象和社会现象,都逐渐得到了正确的认识与解释。比如,“日星之现象,地球之缘起,动植物之分布,人种之差别”,这些问题都得到了理化、博物、人种、古物诸科学的解释与说明。甚至关于人类的起源问题,生物进化论也做出了说明,认为“吾人最初之始祖,实为一种极小之动物,后始日渐进化为人耳”。蔡元培认为这是“知识作用离宗教而独立之证也”。

其次,宗教家认为人群之间所应遵循的道德规范,全来源于神,且可以永久不变。但是希腊时代的诡辩家,由于到各地巡回演讲之故,对各民族之间存在的相互抵触的道德,已经有所了解,因此对宗教家所宣传的永世不变的道德已有所怀疑。而近代相关学科的发展,则完全证实了希腊学者的观点。“近世学者据生理学、心理学、社会学之公例以应用于伦理,则知具体之道德不能不随时随地而变迁;而道德之原理,则可由种种不同之具体者而归纳以得之;而宗教之演绎法,全不适用。”蔡元培认为这是“意志作用离宗教而独立之证也”③。

再次,尽管说“天下名山僧占多”,尽管说许多建筑、雕刻、图画、音乐在一定程度上还在为宗教服务,但从长远的历史发展趋势来看,它们必将脱离宗教的束缚

① 高平叔编:《蔡元培美育论集》,长沙:湖南教育出版社1987年版,第44页。

② 高平叔编:《蔡元培全集》第四卷,北京:中华书局1984年版,第70页。

③ 高平叔编:《蔡元培美育论集》,长沙:湖南教育出版社1987年版,第44页。

而独立地发挥作用。在此,蔡元培特意举美术进化史的例子,来说明它们脱离宗教之趋势。他说,比如我国南北朝时期著名的一些建筑、雕刻、图画,无一不与佛教有关,即使文学中的一部分,"亦与佛教为缘"。但唐朝以后的诗文则多以风景人情世事为对象,宋代以后的图画展现更多的是山川河流、花鸟虫鱼等自然风景。周代以前的鼎彝,都用作祭祀之用,而汉唐时代的吉金,宋元时代以来的名瓷,则衍化为专门娱乐、把玩的玩具。"野蛮时代之跳舞,转以娱神,而今则已自娱。"再比如,欧洲中古时代所留下来的建筑,最好最出名的大部分为教堂,其所用雕刻、所作图画,内容资料大都来自于《圣经》;其音乐则附丽于宗教上的赞美歌,其演剧排演的也往往是耶稣故事,可以说这与我国的旧剧目《莲救母》相类似。然而到文艺复兴之后,这种情况大为改观,各种美术逐渐脱离宗教而开始崇尚人文。"至于今日,宏丽之建筑,多为学校、剧院、博物院。而新设之教堂,有美学上价值者,几无可指数。其他美术,亦多取资于自然现象及社会状态。"①蔡元培通过艺术史这一系列充分的事实说明,艺术已逐渐突破了宗教的束缚和限制,而开始以自然现象和社会生活为对象;美感作用已不再完全附丽于宗教,而开始成为纯粹之美育。

那么纯粹之美育又为什么能够取代宗教呢?蔡元培认为根本原因就在于二者有着相同的情感基础。蔡元培有一句话说得十分简洁而又准确:"美术与宗教同立于感情的基础之上。"也就是说美术与宗教都有着强烈的感情、深切的感受,也正是这个共同点使二者在长期的社会历史发展中相互联系、相互渗透。除此之外,二者还都具有心理安慰作用,能使人心头郁结的苦闷和痛苦得以消解和净化。对此,蔡元培也有详细论述:"因为宗教注意教人,要人对一切不满意的事能找到安慰,使一切辛苦和不舒服统统去掉。但是用什么方法呢?宗教不能用很严重的话或很具体的话去劝慰人,它只能利用音乐和其它一切的美术,使人们被引到别一方面去,到另外一个世界去,而把具体世界忘掉。这样,一切困苦便可以暂时去掉。"②

正因为上述原因,所以蔡元培认为,随着社会历史的发展,美育最终将取代宗教,这是大势所趋,是历史的必然。

---

① 高平叔编:《蔡元培美育论集》,长沙:湖南教育出版社 1987 年版,第 45 页。

② 高平叔编:《蔡元培美育论集》,长沙:湖南教育出版社 1987 年版,第 276 页。

(二)美育可以代宗教的教育学论证

在《以美育代宗教》《美育代宗教》等文中,蔡元培则又换了一种视角,从教育学的角度,依据教育的进化发展,对以美育代宗教的可能性进行了再一次的分析与论证。

蔡元培说:"我为什么想到以美育代宗教呢? 因为现在一般人多是抱着主观的态度来研究宗教,其结果,反对或者是拥护,纷纭聚讼,闹不清楚。我们应当从客观方面去研究宗教。不论宗教的派别怎样的不同,在最初的时候,宗教完全是教育,因为那时没有像现在那样为教育而设的特殊机关,譬如基督教青年会,讲智德体三育,这就是教育。"①

在这里,蔡元培首先提出了其论证的理论前提:"宗教完全是教育。"从这样一个前提出发,蔡元培认为历史上曾有一个把教育完全委托给宗教的时代。他说:"宗教本旧时代教育,各种民族,都有一个时代,完全把教育权委于宗教家;所以宗教中兼含着智育、德育、美育的原素。说明自然现象,记上帝创世次序,讲人类死后世界等等是智育。犹太教的十戒,佛教的五戒,与各教中劝人去恶行善的教训,是德育。各教中礼拜,静坐,巡游的仪式,是体育。宗教家择名胜的地方,建筑礼堂,饰以雕刻图画,并参用音乐、舞蹈,佐以雄辩与文学,使参与的人有超尘世的感想,是美育。"②也就是说,在人类的旧时代,宗教与教育是完全融为一体的,宗教包容着教育的全部原素。

但在蔡元培看来,这样的事情也仅仅发生在人类的旧时代,因为随着科学的进化发展和人类的进步,智、德、体三育逐渐脱离了宗教,开始独立地发挥作用。先说智育,他说,自从科学发达之后,不但自然历史、社会状况,可以用归纳法来求出真相;就是潜识、幽灵一类的东西,也需要用科学的方法来研究他;而宗教上所有的见解和说法,在现代多不能成立,所以说智育与宗教无关。次说德育,随着人类历史学、社会学、民族学等学科的发展,人们逐渐认识到人类行为是非善恶的标准,是随时间空间的变化而变化的,而宗教上所确定的道德戒律,往往出自数千年以前,不但挂漏很多,而且与现实也有很多相冲突的,所以蔡元培认为,在现代社会,德育也与宗教无关。再说体育,自卫生成为专门的学科之后,运动场、疗养院

① 高平叔编:《蔡元培美育论集》,长沙:湖南教育出版社 1987 年版,第 274 页。

② 高平叔编:《蔡元培美育论集》,长沙:湖南教育出版社 1987 年版,第 206 页。

的设备,因地因人,各有适当的布置,运动的方式,极为复杂;旅行的便利,也日进不已,绝非宗教上所有的仪式能比拟,所以体育方面,也不必依赖宗教。

在1932年的《美育代宗教》一文中,蔡元培用更详细的说明表达了相同的观点。他说,以前都是以宗教代教育,除了宗教外,就没有另外的教育。但现在不同了,现在的许多事情,根本不需要宗教。譬如一张桌子,它的原料是什么,它是怎样做成的,这些问题科学和工艺书完全能解决。再比如地球如何产生,太阳是怎样运行的,星宿又是怎么回事,也有地质学和天文学告诉我们,而且解释得比宗教还详细。甚至人死之后身体怎样变化,灵魂怎样,也有幽灵学可以告诉我们。由于当前一切事物的现象,科学都已能够完全解释,所以宗教和智育便没有什么关系。在他看来,现在的宗教对于智育,不但没有什么帮助,而且反有障碍,“譬如像现在的美国,思想总算很能自由,但在大学里还不许教进化论,到现在宗教还保守着上帝七天造人之说,而不信科学。这样说来,宗教不是反有害吗”?讲到道德,蔡元培说,宗教上的道德标准,至少是千余年以前的圣贤所定的,对于现代的社会,当然是已经不甚适用。“譬如圣经上说有人打你的右颊,你把左颊也让他打,有人剥你的外衣,你把里衣也脱了给他。”这几句话意思固然很好,但能否做得到,是否可以这样做,也还是一个问题。但相信宗教的人,却要绝对服从这些教义。还有宗教常把男女当作两样东西看待,这也是不对的。所以蔡元培认为,现在的道德标准不能以宗教为依归。至于体育,蔡元培说:“宗教注重跪拜和静坐,无非教人不要懒惰,也不要太劳。……现在各项运动,如赛跑、玩球、摇船等等,都有科学的研究,务使身体上无论哪一部分都能平均发达……所以就体育而言,也用不着宗教。”①这样,在宗教的仪式中,丢掉了智、德、体三育,剩下的只有美育,成为宗教的唯一原素。既然宗教中还有美育的价值,宗教是不是可以代美育?蔡元培坚决反对。他说:“有人以为宗教具有与美术、文学相同的慰情作用,对于困苦的人生,不无存在的价值。其实这种说法,反足以证实文学、美术之可以替代宗教,及宗教之不能不日就衰亡。因为美术、文学乃人为地慰藉,随时代思潮而进化,并且种类杂多,可任人自由选择。其亲切活泼,实在远过于宗教之执着而强制。至有因美术、文学多采用宗教上的材料,因而怀疑宗教是不可废的,不知这是历史上

① 高平叔编:《蔡元培美育论集》,长沙:湖南教育出版社1987年版,第277—278页。

一时之现象。因为当在宗教极盛的时候,无往而非宗教,美术、文学,自然也不免取材于此。不特是美术、文学,就是后来与宗教为敌的科学,在西洋中古时代,又何尝不隶属于基督教?彼此的关系,又何尝不深?自文艺中兴时代,用时代的人物及风俗写宗教的事迹,宗教的兴味,已渐渐薄弱。后来采取历史风俗的材料渐多,大多数文学、美术与宗教毫无关系,而且反对宗教之作品,亦日出不穷,其慰藉吾人之作用,仍然存在。因此知道文学、美术与宗教的关系,也将如科学一样,与宗教无关,或竟代去宗教。我曾主张‘美育代宗教’便是此意。”①正因为如此,蔡元培坚定地认为,不能以宗教充美育,而只能以美育代宗教。

三、“舍宗教”而倡美育

蔡元培不仅仅认为“美育附丽于宗教”具有众多弊端,独立的美育相对于宗教具有更多优点,而且还认为美育能帮助人达到理想的“实体世界”,因此坚决主张“舍宗教”而倡美育。

(一)“美育附丽于宗教”具有众多弊端

关于宗教与美术、美育之间的密切关系,恐怕是谁也否认不了的。在历史的发展长河中,宗教与美术始终是相互渗透、彼此交织,甚至是融为一体的,因为宗教离不开膜拜,而美术又是从情感上、心理上来影响信徒的最重要的手段。因此,在历史上,所有宗教组织都尽力地控制美术,让其为自己服务,从而诱导人们产生对自己的信仰和崇敬。关于宗教对美术的控制,进而使其为自己服务的做法,蔡元培也曾有过详细描述:“凡宗教之建筑,多择山水最胜之处,吾国人所谓天下名山僧占多,即其例也。其间恒有古木名花,传播于诗人之笔,是皆利用自然之美以感人者。其建筑也,恒有峻秀之塔,崇宏幽邃之殿堂,饰以精致之造象,瑰丽之壁画,构成黯浅之光线,佐以微妙之音乐。赞美者必有著名之歌词,演说者必有雄辩之素养,凡此种种,皆为美术作用,故能引人入胜。苟举以上种种设施而屏弃之,恐无能为役矣。”②但随着人类社会的进步和科学的发展,美术逐渐有了摆脱宗教发展的趋势,于是在有关美育与宗教的关系问题上就出现了针锋相对的两派观点。一派观点继续坚持美育附丽于宗教,为宗教服务;另一派观点则主张美育应

---

① 高平叔编:《蔡元培全集》第四卷,北京:中华书局1984年版,第71页。

② 高平叔编:《蔡元培美育论集》,长沙:湖南教育出版社1987年版,第45页。

该和宗教分离,独立而存在。蔡元培则明确主张反对前者,而赞同后者。他说:“以此两派相较,美育之附丽于宗教者,常受宗教之累,失其陶养之作用,而转以激刺感情。”所谓“激刺感情”,就是指宗教通过种种手段把人们的感情活动引导到现实生活中的政治斗争和利害关系的冲突中去。为了说明宗教的“激刺感情”作用之弊,蔡元培列举了大量的例证。比如,回教中的穆罕默德,为了让人信其教,“左手持可兰经而右手持剑,不从其教者杀之”。再如,基督教与回教之间,基督教中的新旧教之间,为了各自的利益而发生战争,一打就是数十年,甚至上百年。乃至在近现代的中国,蔡元培认为这样的事情也多有发生,一些学佛者不仅承袭了传统的“崇拜舍利受持经忏之陋习”,甚至“为护法起见,不惜于共和时代,附和专制”。所有上述事情的发生,在蔡元培看来全是由宗教的“激刺感情”作用导致的,“宗教之为累,一至于此,皆激刺感情之作用为之也”①。蔡元培认为纯粹之美育则不一样,它不仅能够“陶养吾人之感情,使有高尚纯洁之习惯,而使人我之见,利己损人之思念,以渐消沮者也”②,从而使人产生伟大而高尚的行为;而且还能够使人们在重要关头产生“‘富贵不能淫,贫贱不能移,威严不能屈’的气概;甚至有‘杀身以成仁’而不‘求生以害仁’的勇敢”③。也就是说,纯粹之美育与宗教完全不一样,它不仅不“激刺感情”,反而能“陶养感情”,从而使人逾越现象世界中的利害纠纷、人我敌视的障碍,最终进入无矛盾、无差别的理想境界,即“实体世界”。正鉴于此,蔡元培提出了自己的主张:“兼激刺感情之弊,而专尚陶养感情之术,则莫如舍宗教而以纯粹之美育。”④

(二)美育相对于宗教具有更多优点

首先,“美育是自由的,而宗教是强制的”⑤。所谓“宗教是强制的”,主要是指为宗教服务的艺术,必须受到种种严格宗教规范的限制,不能随意而为。也就是说,宗教艺术的创作,不论是建筑、雕塑,还是绘画、音乐,必须服务于宗教的需要,充当宗教的奴仆。声音、色彩、光线、造型乃至艺术手法,一切的一切,目的都必须

---

① 高平叔编:《蔡元培美育论集》,长沙:湖南教育出版社1987年版,第45—46页。
② 高平叔编:《蔡元培美育论集》,长沙:湖南教育出版社1987年版,第46页。
③ 高平叔编:《蔡元培美育论集》,长沙:湖南教育出版社1987年版,第267页。
④ 高平叔编:《蔡元培美育论集》,长沙:湖南教育出版社1987年版,第45—46页。
⑤ 高平叔编:《蔡元培美育论集》,长沙:湖南教育出版社1987年版,第207页。

满足于激发和维护祈祷的精神,树立并巩固对神的信仰,尽管所创作出来的艺术品,并没有丧失其审美价值,但从根本上讲处于从属地位。所以,蔡元培说:“宗教常常不许人怎样怎样,一提起信仰,美育就有限制。”①不但如此,他们有时甚至还“用诡诞的仪式,夸张的宣传,引起无知识人盲从的信仰,来维持传教人的生活”②。蔡元培认为宗教的这种强制行为实际上就是一种侵犯人权的行为。与宗教的这种强制性、有限制相比,美育却绝对的自由,无任何限制。不论是山川、河流、花鸟虫鱼,还是人的一言一行、一举一动,只要能够在美育实践中陶冶人的情感、培养人的德行,都可以采用。正因为美育的这种绝对自由、无限制,所以蔡元培说:“吴道子的画没有人说他坏,因为每一个人都有他自己所欣赏的美术。”通过对受限制的宗教艺术和独立的美育的比较,蔡元培最终得出了这样一个结论:“美育要完全独立,才可以保有它的地位。在宗教专制之下,审美总不很自由。所以用宗教来代美育是不可的。”③

其次,“美育是进步的,而宗教是保守的”④。所谓“美育是进步的”,就是说美育的发展符合进化论的观点,能够随着时代的进步而进步,能够随着社会的发展而发展。在具体论述这一观点时,蔡元培曾明确指出:“美育是整个的,一时代有一时代的美育。油画以前是没有的,现在才有。照相也是如此。唱戏也经过了许多时期。无论音乐、工艺美术品,都是时时进步的。”⑤但与美育的进步性相比,宗教却绝对的保守。譬如,“宗教上的道德标准,至少是千余年以前的圣贤所定,对于现在的社会,当然是已经不甚适用”。“但相信宗教的人,却要绝对服从这些教义。”“譬如一部圣经,那一个人敢修改?这和进化刚刚相反。”⑥历史在进步,社会在发展,但宗教依然固守传统的宗教规范,不敢越雷池一步,很显然,这与时代的发展、社会的进步是不相符合的。既然宗教的发展不能适合时代的要求,而美育的发展又顺应了时代的要求,那宗教被美育所代替就是顺理成章的事了。

---

① 高平叔编:《蔡元培美育论集》,长沙:湖南教育出版社 1987 年版,第 278 页。
② 高平叔编:《蔡元培全集》第四卷,北京:中华书局 1984 年版,第 179 页。
③ 高平叔编:《蔡元培美育论集》,长沙:湖南教育出版社 1987 年版,第 278 页。
④ 高平叔编:《蔡元培美育论集》,长沙:湖南教育出版社 1987 年版,第 207 页。
⑤ 高平叔编:《蔡元培美育论集》,长沙:湖南教育出版社 1987 年版,第 278 页。
⑥ 高平叔编:《蔡元培美育论集》,长沙:湖南教育出版社 1987 年版,第 277—278 页。

再次,“美育是普及的,而宗教是有界的”①。在笔者看来,要想弄清楚蔡元培所谓的“美育是普及的”论述,必须首先弄明白蔡元培对美育的理解。在笔者看来,蔡元培所提倡的美育实际上是一种大美育观,或者是全民美育观。因为蔡元培所提倡的美育,它的范围非常广泛,“包括一切音乐、文学、戏院、电影、公园、小小园林的布置、繁华的都市(例如上海)、幽静的乡村(例如龙华)等等,此外,如个人的举动(例如六朝人的尚清谈)、社会的组织、学术团体、山水的利用以及其他种种的社会现状,都是美化”②。正由于蔡元培所提倡的美育是一种全方位、多渠道的全民美育,所以当它真正落实以后必然能普及所有人、惠及所有人,所以蔡元培认为美育具有普及性。与美育相比,宗教却都是“有界”的。宗教中的各教各派由于观念、教义、戒律的不同,往往以己教否定异教,己派否定异派,从而导致各教派之间相互不容。“佛教和道教互相争斗,基督教和回教到现在还不能调和,印度教和回教也积不相能,甚至基督教中间也有新教、旧教、天主教、耶稣教之分,界限大,利害也就很清楚”③,结果必然“使之渐丧其纯粹之美感耶?”④

正是由于上述原因,所以蔡元培说“不能以宗教充美育,而只能以美育代宗教”⑤。“宗教可以没有,美术可以辅宗教之不足,并且只有长处,而没有短处。”⑥

(三)美育能助人达到理想的“实体世界”

前面已经分析过,蔡元培受康德哲学思想的影响,把人类生活的世界分为两部分:“一为现象,一为实体。”所谓“现象”,即是我们所说的现象世界、客观物质世界,包括一切自然现象和社会现象。所谓“实体”,即是实体世界,即是超越于现象世界之外的,无始无终,无方无体,看不见、摸不着的部分。在蔡元培看来,既然人类生活的世界分为现象世界和实体世界,那么人就不能局限于现象世界的幸福,还应有一种超越现象世界的追求,即对实体世界的追求,这样人才能达到完美的境界,因为“人既无一死生破利害之观念,则必无冒险之精神,无远大之计画”,“非有出世间之思想者,不能善处世间事”。正是由于看到了超轶现象世界的追求

① 高平叔编:《蔡元培美育论集》,长沙:湖南教育出版社 1987 年版,第 207 页。
② 高平叔编:《蔡元培美育论集》,长沙:湖南教育出版社 1987 年版,第 274 页。
③ 高平叔编:《蔡元培美育论集》,长沙:湖南教育出版社 1987 年版,第 278 页。
④ 高平叔编:《蔡元培美育论集》,长沙:湖南教育出版社 1987 年版,第 47 页。
⑤ 高平叔编:《蔡元培美育论集》,长沙:湖南教育出版社 1987 年版,第 207 页。
⑥ 高平叔编:《蔡元培美育论集》,长沙:湖南教育出版社 1987 年版,第 279 页。

所具有的巨大价值，所以蔡元培认为，教育应满足和引导人的这一精神需求，应“立于现象世界，而有事于实体世界也”，应“以实体世界之观念为究竟之大目的，而以现象世界之幸福为其达于实体观念之作用”①。也就是说在教育过程中，除了具体的知识传授、技能培养之外，还应该注重学生理想精神、超越精神的培育。“教育者，养成人格之事业也。使仅仅为灌注知识、练习技能之作用，而不贯之以理想，则是机械之教育，非所以施于人类也。”②

那么如何才能培养人们的超轶现实之观念呢？用宗教的方法可以吗？对此蔡元培持完全否定态度。在他看来，尽管“实体世界之事为宗教”，但宗教界那种为了提倡实体观念，而完全排斥现象世界，甚至把现象世界之文明视为罪恶之源的看法完全错误，因为从现象到实体并非“必灭乙而后生甲”，要想进入实体世界还必需现象世界的种种前提条件，必须“以现象世界之幸福为其达于实体观念之作用”③，而宗教界的做法完全忽视了这些种种条件。既然宗教界的做法不行，那么什么方法可行呢？蔡元培认为通过世界观教育的方法可行。他说：“提撕实体观念之方法如何？曰：消极方面，使对于现象世界，无厌弃而亦无执著；积极方面，使对于实体世界，非常渴慕而渐进于领悟。循思想自由言论自由之公例，不以一流派之哲学一宗门之教义梏其心，而惟时时悬一无方体无始终之世界观以为鹄。如是之教育，吾无以名之，名之曰世界观教育。”那么如何进行世界观教育呢？或者说进行世界观教育的途径是什么呢？蔡元培认为就是美感之教育。“美感者，合美丽与尊严而言之，介乎现象世界与实体世界之间，而为津梁。”④而这座津梁的架设之所以可能，就在于“在现象世界，凡人皆有爱恶惊惧喜怒悲乐之情，随离合生死祸福利害之现象而流转。至美术，则即以此等现象为资料，而能使对之者，自美感以外，一无杂念。例如采莲煮豆，饮食之事也，而一入诗歌，则别成兴趣。火山赤舌，大风破舟，可骇可怖之景也，而一入图画，则转堪展玩。是则对于现象世界，无厌弃而亦无执著也。人既脱离一切现象世界相对之感情，而为浑然之美感，则即所谓与造物为友，而已接触于实体世界之观念矣。”“故教育家欲由现象世

① 高平叔编：《蔡元培全集》第二卷，北京：中华书局 1984 年版，第 133 页。
② 高平叔编：《蔡元培教育名篇》，北京：教育科学出版社 2007 年版，第 29 页。
③ 高平叔编：《蔡元培全集》第二卷，北京：中华书局 1984 年版，第 133 页。
④ 高平叔编：《蔡元培全集》第二卷，北京：中华书局 1984 年版，第 134 页。

界而引以到达于实体世界之观念,不可不用美感之教育。”①

(四)美育实施的具体方法

蔡元培不仅从理论上论证了“舍宗教”而倡美育的必要性,而且还对美育实施的具体方法做了详细说明。

蔡元培认为,每一个人从来世之前到死了之后都与美育有关,按照这样一个思想,他把美育实施的范围分为三个方面:一是家庭美育;二是学校美育;三是社会美育。因为这三个方面相互联系、相互补充,贯穿在一个人从生到死的整个生命过程,渗透在整个社会领域。由于三个方面涉及人的不同年龄、职业、生活条件等,因此实施的方法和措施也就互有异同。下面就按这三个方面的划分,对蔡元培美育实施的方法做一详细阐释。

1. 家庭美育

家庭美育是一个人一生情感、道德发展的基础,因此蔡元培非常重视家庭美育。那么家庭美育应该从哪里开始呢?蔡元培认为应该从胎教开始。他说:“我们要作彻底的教育,就要着眼最早的一步。虽不能溢出范围,推到优生学;但至少也要从胎教起点。”②蔡元培的胎教理论,实际上已经完全得到了现代科学的验证。瑞士著名心理学家皮亚杰就认为,动态中的机体和环境的关系可以概括为两个作用:同化作用和调节作用。胎儿是母体的一部分,无论母体与环境之间产生同化作用还是调节作用,都会影响着胎儿的发育与成熟,因此许多专家认为,要想胎儿健康发育,胎儿在母体内就应该接受良好环境的影响,也即要进行胎教。鉴于当时许多家庭生活困苦,无暇也无能力顾及美育,所以蔡元培提出了设立公共胎教院与育婴院的想法。胎教院是给孕妇住的,产后就要迁居育婴院。为了保证二者都能产生良好的影响,蔡元培要求两院都要设在风景佳胜的地方,空气清新,环境静谧。建筑的形式要匀称,要玲珑,四面都是庭园,有广场,可以散步,可以做轻便的运动,可以赏月观星。园中要种满各种花木,使四时都有雅丽之花叶来悦目。要引水成泉,汇水成池,同时蓄养美观活泼的鱼以供观赏。室内的布置也要雅致大方,整洁有序,让孕妇每天看到优美的图画,听到悦耳动听的音乐。凡有粗犷、猥亵、悲惨、怪诞等作品,即使描写个性,大有价值,也不能要。过度刺激的色

① 高平叔编:《蔡元培全集》第二卷,北京:中华书局 1984 年版,第 134 页。
② 高平叔编:《蔡元培美育论集》,长沙:湖南教育出版社 1987 年版,第 159 页。

彩,也要避去。凡是描写社会黑暗方面、个人神经异常的,都应该避去。每日放的音乐、选取的标准,与图画一样,刺激太甚的、卑靡的,也都要去掉。总之,"要孕妇完全在平和活泼的空气里面,才没有不好的影响到胎儿"①。蔡元培认为,育婴院与胎教院既可以分设,也可合二为一。育婴院的陈设除了符合上述条件之外,还要求院内成人的言语动作,都要文雅适当,可以做儿童的模范。就是衣服也要有优美的表示。在蔡元培看来,如果这些条件不具备,那么"在这些公立机关未成立前,若能在家庭里面,按照上列的条件小小布置,也可承认为家庭美育"②。但不论"家庭之父、母、兄、姊与公共机关之保姆","均当以身作则,无疾言遽色,无粗暴之举动,养成慈祥恺悌之习惯"③。蔡元培强调美育对胎儿、婴儿健康成长具有重要作用的观点无疑是正确的,现代心理学、教育学的研究已经证明了这一切。

2. 学校美育

学校是一个人从家庭走向社会的中间环节,也是一个人的审美理想、审美观念形成的关键时期,再加上学校教育是有目的、有系统、有组织的教育,这一切就决定了学校是美育实施的基础。用蔡元培的话说,就是"美育的基础,立在学校"④。

学校美育是蔡元培一生进行美育宣传的中心,也是他的美育实践中收效最为显著的一个方面。蔡元培这里所说的学校"自幼稚园以至大学,皆是"⑤。他将学校美育划分为三个阶段:幼稚园阶段、普通教育阶段和专业教育阶段。

先介绍幼稚园阶段的美育。幼稚园是三周岁到六周岁的学龄前儿童的美育园地,是家庭教育与学校教育的过渡机关。处在这个年龄阶段的儿童,他们的美感,"不但被动的领受,并且自动的表示了"。因此美育的内容和形式也要相应地发生变化,"舞蹈、唱歌、手工都是美育的专课。就是叫他计算、说话,也要从排列上、音调上迎合他们的美感,不可用枯燥的算法与语法"⑥。

再介绍普通教育阶段的美育。蔡元培说:"儿童满了六岁,就进小学校,此后

---

① 高平叔编:《蔡元培美育论集》,长沙:湖南教育出版社 1987 年版,第 160 页。
② 高平叔编:《蔡元培美育论集》,长沙:湖南教育出版社 1987 年版,第 160 页。
③ 高平叔编:《蔡元培全集》第六卷,北京:中华书局 1988 年版,第 486 页。
④ 高平叔编:《蔡元培美育论集》,长沙:湖南教育出版社 1987 年版,第 229 页。
⑤ 高平叔编:《蔡元培美育论集》,长沙:湖南教育出版社 1987 年版,第 209 页。
⑥ 高平叔编:《蔡元培美育论集》,长沙:湖南教育出版社 1987 年版,第 160 页。

十一二年，都是普通教育时期。”蔡元培认为，随着学生年龄的增加和自主性的加强，美育的内容也可不断丰富，“到中学时代，他们自主力渐强，表现个性的冲动渐渐发展；选取的文学美术，可用复杂一点，悲壮、滑稽的著作，都可应用了”①。从他所做的规定来看，很明显，中学阶段的美育与以前几个阶段的美育有了很大的不同，那就是在内容的选择方面可以用悲剧、滑稽等这样一些刺激性较强的作品了，而不仅仅局限在优美一类了。他在《普通教育与职业教育》一文中，特别强调了普通美育要根据学生的兴趣、爱好，“以己意取材”，喜欢图画的，就教他图画，喜欢雕刻的，就教他雕刻，因为只有这样才能“引起他美的兴趣”，才能培养他们的创造精神。并且他认为，在教育的方法上要结合自己的民族特色和民族习惯，不必事事都模仿西方的那一套。在他看来，“必要事事模仿人家，终不免带着机械性质，于美育上，就不可算是真美”②。对于普通教育阶段的美育教材，他认为除了音乐、图画、运动、文学等专属美育的课程外，其他各种科目都包含着美育的因素，要注意充分利用这些因素，对学生进行美感的教育。他还举出了一大堆具体的例子来证明自己的观点。例如，数学仿佛是枯燥不过的了，但是美术上的比例、节奏，全是数、法、人关系，截金术是最显著的例子。数学的游戏，也可引起滑稽的美感。理化学似乎机械了，但是声学与音乐，光学与色彩，密切得很。雄壮的美，全是力的表示。其他如磁电的吸距，化学的实验，原子电子的排列法，星月的光辉，矿物的结晶，植物的花叶，地理学上云霞风雪的变态，山岳河海的名胜，文学家、美学家的遗绩，历史上文学、美术的进化，文学家、美学家的轶事，都既可作各门学科研究的对象，又可作美育的资料。因此，他强调在对学生进行美育的过程中，要充分利用这些资料，要把美育课和专业课结合起来，使学生既能在学习知识的过程中受到美感教育，又能在美育中学到专门知识。

最后谈专业教育阶段的美育。他说：“由普通教育转到专门教育，从此关乎美育的学科，都成为单纯的进行了。”③每个人这时可以根据自己的兴趣、爱好、特长的不同选择进音乐学校，或进美术学校，或进戏剧学校，或进大学文科，或进其他别的专科学校，进行专门学习。中国之所以开始有音乐、美术等专门学校，蔡元培

① 高平叔编：《蔡元培美育论集》，长沙：湖南教育出版社 1987 年版，第 160 页。
② 高平叔编：《蔡元培全集》第三卷，北京：中华书局 1984 年版，第 476—477 页。
③ 高平叔编：《蔡元培美育论集》，长沙：湖南教育出版社 1987 年版，第 161 页。

可以说是立了很大的功劳。为保证专门教育的顺利实施,他还特别强调要重视校园的环境、校园的陈设。他说:“为达到美育实施之艺术教育,除适当课程外,尤应注意学校的环境,以引起学者清醇之兴趣,高尚之精神。”①“每个学校的建筑式、陈列品,都要合乎美育的条件;可以时时举行辩论会、音乐会、成绩展览会、各种纪念会等,都可以利用他来进行普及的美育。”②

3. 社会美育

学校美育是基础,但在人的一生中,不可能一直都待在学校里,还有很多人根本就没有机会上学,更谈不上接受学校美育了,所以蔡元培除了强调学校美育外,对社会美育也极为关注。正如他说:“学生不是常在学校的,又有许多已离开学校的人,不能不给他们一种美育的机会,所以又要有社会的美育。”③对社会美育的实施问题,蔡元培根据国外美育建设的经验,提出了从“专设机关”和“地方美化”两个途径来解决的想法。

专设的美育机关,他列举了美术馆、美术展览会、音乐会、剧院、影戏院、历史博物馆、古生学陈列所、人类学博物馆、博物学陈列所与植物园、动物园等九项。对每一项,他都按照他的美育标准,进行详细的设计和规划,从而希望使之达到最好的美育效果。下面试举一例,以见一斑。比如,在对美术馆的规划中,他说:“美术馆,搜罗各种美术品,分类陈列。于一类中,又可以时代为次。以原本为主,但别处所藏的图画,最著名的,也用名手的摹本;别处所藏的雕刻,也可用摹造品。须有精印的目录,插入最重要品的摄影。每日定时开馆,能不收入门券费最善;必不得已,每星期日或节日必须免费。”④可以看出,他的规划设计是极为详细的,他的安排布置,都是费了一番心思的,从这样一个小小的侧面也反映了他对祖国美育事业的热忱。

地方的美化,他认为主要包括以下几个方面。第一是道路。他认为每条道路都应该宽平,每个地方各条道路,都要有一点匀称的分配。道路交叉的地方,留一些空场,置喷泉、花畦、雕刻品等。第二是建筑。他认为,现在各国都在搞“花园

---

① 高平叔编:《蔡元培美育论集》,长沙:湖南教育出版社 1987 年版,第 184 页。
② 高平叔编:《蔡元培美育论集》,长沙:湖南教育出版社 1987 年版,第 161 页。
③ 高平叔编:《蔡元培美育论集》,长沙:湖南教育出版社 1987 年版,第 161 页。
④ 高平叔编:《蔡元培美育论集》,长沙:湖南教育出版社 1987 年版,第 161—162 页。

城”的运动,我们在进行城市建筑和城市改革的时候,也应该注意“花园城”的运动。第三是公园。他主张除了设置有围墙、有门、封闭的公园外,还应该建一些无限制、无封闭的公园,游人可以自由出入。第四是名胜的布置。他认为我们应该学习瑞士或美国的做法,要注意名胜地的交通和名胜地的保护。第五是古迹的保存。他认为对古迹的保存,以不改动为原则。但有些非加以修理不可的,也要不显痕迹,且要保持好原状的摄影,记下修理的情形与时间,以备后人鉴别。第六是公坟的布置。他先是对中国人做坟的方式进行了批评:“我们中国人的做坟,可算是混乱极了。贫的是随地权厝,或随地作一个土堆子。富的是为了一个死人,占许多土地。石工墓木,也是‘千篇一律’,一点没有美意。……我们南方各省,满山是坟,不但太不经济,也是破坏自然美的一端。”在此基础上,他提出我们应该学习西方的做法,“一是土葬的……墓旁有花草,墓上的石碣有花纹,有铭词,各具意匠,也可见一时代美术的风尚。还有种是火葬……坟园的布置,也很华美。这些办法都比我们的随地乱葬好,我们不妨先采用”①。

社会美育的途径,除了上述两个方面之外,蔡元培在《美化的都市》一文中,还强调了了服饰的美化。他说:“我们以为衣服的作用是夏遇[御]热,冬遇[御]寒,其实含有美术的作用。你看衣服式样流行不息,一时宽衣博带,一时窄袖短袴,外人以巴黎为时髦衣服发动中心点,中国以上海为中心,一件衣服,可改变许多样子,这不是为美吗?器具的形状和修饬[饰],也因时不同,无非是美的进化。”②

在对美育实施的总体设计中,蔡元培对社会美育的论述可以说是最为详细的,因为在他看来,“美育之道,不达到市乡悉为美化,则虽学校、家庭尽力推行,而其所受环境之恶影响,终为阻力,故不可不以美化市乡为最重要之工作也”③。但我们并不能因此而认为他对其他两方面的作用有所看轻,实际上,他认为家庭美育、学校美育、社会美育是互为补充、不可分割的,并且认为只有三者共同作用于人的一生,人生才能更加美化,人们的生活才会更加美好。

蔡元培不仅在理论上为其“舍宗教”而倡美育的主张进行宣传说明,而且还积极地将它付诸实践。

---

① 高平叔编:《蔡元培美育论集》,长沙:湖南教育出版社1987年版,第164页。
② 高平叔编:《蔡元培美育论集》,长沙:湖南教育出版社1987年版,第112页。
③ 高平叔编:《蔡元培美育论集》,长沙:湖南教育出版社1987年版,第212页。

一方面，蔡元培积极地倡导美育，进行美育实践，这主要表现以下几个方面。第一，开设美育课。在北大校长任上，他倡导开设了美学和美术史课程。比如1918年文科的国文门和英国文学门二年级、哲学门三年级等，都开设有美学课。他甚至因为没有教员教授美学课而亲自授课。蔡元培曾回忆道：“我本来很注意于美育的，北大有美学及美术史教课，除中国美术史由叶浩吾君教授外，没有人肯讲美学。十年，我讲了十余次，因足疾进医院停止。”①这里所说的时间是1921年10月，他当时不仅在北大讲授美学课程，同时还兼任国立北京高等师范学校教育研究科教授，讲授美学课程，为此他还撰写了美学讲稿。美学这门课也是蔡元培在任北大校长期间唯一亲自讲授的一门课。“他讲起课来，极其活泼有趣，大家上他的课都觉得乐此不疲。”当年听过他讲授的一位学生回忆说：“他教的是美学，声浪不是很高，可是很清晰。讲到外国美术的时候，还带图画给我们看，所以我们听的很有味，把第一院的第二教室完全挤满了。第一院只有第二教室大，可坐一二百人，因为那个时候北大讲课，除了选这课的人上课之外，任何人都可以去听，校外去听的人就不少，真同巴黎大学一样。第二教室挤的连讲台上都占满了人，于是没有法子，搬到第二院的大讲堂。这是从前公主府的银安殿，在第二院不专为理学院用的时候，做合班上课用的。”②

第二，支持、创办各类美育艺术团体。在北大任校长期间，蔡元培还积极发动学生，相继创办了文学、新闻、音乐会、书法等美育研究团体。他希望通过这些美育团体的活动，能培养学生们的美育兴趣，丰富学生们的精神生活。而且他还认为通过音乐、美术等的熏陶和影响，有助于养成学生间团结互助、彼此亲爱的良好品德。1918年，蔡元培发起成立了音乐会，并亲自为音乐会代拟章程，确定其宗旨为“敦重乐教，提倡美育”，其研究内容为音乐学、音乐史、乐器和戏曲。为了扩大其影响，吸引更多的人参与，章程中还明确规定：“本会隶属于北京大学，校内外人均得入会。”③1920年，蔡元培聘请名乐师萧友梅为北大讲师，担任音乐会导师，教授音乐史和声乐课程。在萧友梅的指导下，音乐会在我国首次演奏了贝多芬的交

① 文艺美学丛书编辑委员会编：《蔡元培美学文选》，北京：北京大学出版社1983年版，第206页。

② 蒋复璁：《悼念蔡先生》，《蔡元培纪念集》，杭州：浙江教育出版社1998年版，第167页。

③ 高平叔编：《蔡元培美育论集》，长沙：湖南教育出版社1987年版，第50页。

响曲。1920年4月,音乐会以它举办的音乐演奏会所得收入,出版了《音乐杂志》,蔡元培还特意为它的创刊号写了发刊词。1922年8月,学校评议会第八次会议决议,将音乐会改为正式的教学机构,作为附设在北大的音乐传习所,对外招收学生。蔡元培自己兼任所长,萧友梅为教务主任。不仅如此,蔡元培还于1918年2月发起创立画法研究会,并亲自撰写《北大画法研究会旨趣书》,指出本会成立的缘由:“科学、美术同为新教育之要纲,而大学设科,偏重学理,势不能编入具体之技术,以侵专门美术学校之范围。然使性之所近,而无实际练习之机会,则甚违提倡美育之本意。于是由教员与学生各以所嗜特别组织之,为文学会、音乐会、书法研究会等,既次第成立矣。而画法研究会,因亦继是而发起。”①由此可见,蔡元培之所以畅心于支持、创办各种艺术团体,最终的目的还是为了提倡美育,他只不过是把对美育事业的关心与倡导融入对各种艺术团体的关心和支持而已。

第三,创办上海国立音乐院和杭州国立艺术学院。1927年4月18日,南京国民政府成立。同年10月,专设大学院,由蔡元培出任大学院院长。在任大学院院长期间,蔡元培除关注大学区、教育宗旨、学制系统等的定制外,还特别关注美育和艺术教育设施的创设,在大学院之下专门设立了“艺术教育委员会”来负责此事。1927年11月,在友人萧友梅博士的协助下,蔡元培在上海成立了“国立音乐院”(今上海音乐学院)。当时的上海《申报》中有这样一段记载:“中华民国大学院成立,组织确定以后,其国立学术机关,首先创立一音乐院。为教材便利,及观感丰富起见,设立交通方便之上海。顷已择定前教育委员会地址陶尔菲司路56号为院舍。先办预科,另招选科生,以养成专门人才。院长一人,仍推大学院长蔡元培氏兼任。”②在成立典礼上,蔡元培做了“开幕词”演说,在简要概括中国古代音乐发展的脉络和西方音乐所取得的一些成绩的基础上,他对中国音乐未来的发展提出了希望:“吾人如果勇猛精进,日新不已,则不难大有创作,而回向以供给贡献于欧美,以绝非不可能。”③同年11月,蔡元培又提出筹备国立艺术大学案,并委

① 高平叔编:《蔡元培美育论集》,长沙:湖南教育出版社1987年版,第49页。

② 林华、洛秦:《纪念蔡元培——上海音乐学院的创始人、中国美育之父》,载《音乐艺术》2002年第1期。

③ 林华、洛秦:《纪念蔡元培——上海音乐学院的创始人、中国美育之父》,载《音乐艺术》2002年第1期。

任林风眠具体负责该校的筹办事宜。对创办艺术大学的目的,蔡元培在《创办国立艺术大学之提案》中进行了详细论述:“美育为近代教育之骨干。美育之实施,直以艺术为教育,培养美的创造及鉴赏的知识,而普及于社会。是故欧西各国,莫不有国立美术专门学校、音乐院、国立剧场等之设施,以养成高深艺术人才,以谋美育之实施与普及,此各国政府提倡美育之大概情形也。中国鼎革以来,各种学校日渐扩充,惟国立艺术学校,仅为民国七年在北京设立一校,然几经官僚支持,军阀之摧残,已不成其为艺术学校矣;况经费困难,根本组织即不完善耶!我国民政府,为厉行革命教育方针,尤不可不注意富有革命性之艺术教育,急谋所以振兴之。”①1928 年 4 月 16 日,杭州国立艺术院正式举行开学式(实际上是补行开学式,之前于 3 月 26 日国立艺术院已经开办),蔡元培亲自到会并发表演说。

第四,扶持国内各类艺术院校的建设和发展。在蔡元培的美育实施方案中,学校美育是非常重要的一块,用他自己的话说,就是“美育的基础,立在学校”②。因此,除了他自己亲自发起创建艺术院校之外,对他人所创建的艺术院校也都持支持与扶植的态度,从其对上海美术专门学校的扶掖中就可管窥一斑。上海美术专门学校成立于 1912 年 11 月,原名为上海图画美术院,由武进人刘海粟创设。1917 年秋,创设人刘海粟在《新青年》上看到蔡元培的文章《以美育代宗教说》,被他的观点打动,对他的“舍宗教而易以纯粹之美育”③的宏论尤其赞同,于是怀着敬仰之情给蔡元培写信,希望他能对美专(上海美术专门学校的简称,以下同)给予支持,令刘海粟感到意外的是他很快得到了蔡元培的亲笔回信。1917 年 12 月,美专建立校董会,蔡元培欣然出任校董会主席,并且提名聘任关心美术事业的梁启超、袁希涛、沈恩孚、黄炎培为校董。因他远在北京,联系不便,于是便请黄炎培为驻沪代表,同时对美专重要事务亲自过问,认真不苟。1918 年 4 月,蔡元培专书匾额“闳约深美”赠上海美专,表达他对美专学子的殷切期望。④ 1919 年,美专创办学报《美术》,蔡元培为之题写了刊名。1931 年,蔡元培又为美专撰写了校歌,以后还进行了修订。1932 年,上海美专举行创校二十周年纪念大会,蔡元培还到

① 高平叔编:《蔡元培美育论集》,长沙:湖南教育出版社 1987 年版,第 184 页。
② 高平叔编:《蔡元培美育论集》,长沙:湖南教育出版社 1987 年版,第 229 页。
③ 高平叔编:《蔡元培美育论集》,长沙:湖南教育出版社 1987 年版,第 46 页。
④ 刘海粟:《回忆蔡元培》,见《海粟黄山谈艺录》,福州:福建人民出版社 1984 年版,第 50 页。

会上发言。至于其他当时在上海、北京等地陆续创办的各种艺术专科学校，可以说都得到过蔡元培的支持和扶植。

另一方面，蔡元培也不遗余力地通过各种方式批判宗教，反对以任何宗教形式对人们思想进行束缚。比如，在 20 世纪 20 年代的时候，全国曾发起了轰轰烈烈的非宗教运动，蔡元培就积极地参与其中，以实际行动践行他的非宗教主张。当时非宗教运动爆发的最直接原因就是“世界基督教学生同盟”决定于 1922 年 4 月 4 日在北京清华大学召开第 11 届大会。世界基督教学生同盟是由美国人穆德、英国人魏良逊和德国人赛尼生等人于 1895 年 8 月发起成立的一个国际性的基督教学生团体，穆德任主席。该同盟成立的重要宗旨之一就是“引导学生接受基督的信仰，承认圣父圣子圣灵而为耶稣的忠实门徒”。[①] 第 11 次大会之所以选择在中国北京召开，从中国方面来看，“系过去九年间由我国基督教青年学生之热心希望，派人赴上次大会欢迎而来”。而从主席穆德那里来看，则是由于他“认清那时中国是反基督教运动斗争的重要地点”[②]。为了配合这次会议的召开，中国基督教青年会主办的《青年进步》以及世界基督教学生同盟刊物《学生世界》等刊物都登载了一系列有关世界基督教学生同盟及其在中国活动的文章，为召开大会造势宣传。这一切无疑激怒了中国的知识界，上海的学生率先行动起来，成立了“非基督教学生同盟”，发表《宣言》，并向北京清华学校及全国各地学校学生发出通电，号召他们行动起来，共同抵制在清华校园内召开世界基督教学生同盟大会。紧接着，北京大学的一批青年学生也积极行动起来，成立“非宗教大同盟”，发表《宣言》，并向“全国各报馆、各学校、各团体、各界同胞、各国同志”发出通电，号召各界人士“依良心之知觉”，“本科学之精神”，抵制世界基督教学生同盟第 11 次大会在清华召开。北京非宗教大同盟的宣言及通电发表之后，各学校团体纷纷来电响应，加入非宗教大同盟。蔡元培与一些“学界名流”也积极参与到该组织当中，并被推举为同盟干事，负责相关活动工作。1922 年 4 月 9 日，非宗教大同盟在北大举行第一次大会，蔡元培应邀出席，并发表了题为《非宗教运动》的演说。他在演讲中指出：“现今各种宗教，都是拘泥着陈腐主义，用诡诞的仪式、夸张的宣传，引起无知识人盲从的信仰，来维持传教人的生活。这完全是用力来侵入个人的精

---

① 杨天宏：《基督教与近代中国》，成都：四川人民出版社 1994 年版，第 116 页。

② 杨天宏：《中国非基督教运动（1922—1927）》，载《历史研究》1993 年第 6 期。

神界,可算是侵犯人权的。"他还说:"我所尤反对的,是那些教会的学校同青年会,用种种暗示,来诱惑未成年的学生,去信仰他们的基督教。"他在演说中重申了他在《教育独立议》中提出的三条主张,并明确说:"我的意思,是绝对的不愿以宗教参与教育的。"他还对清华大学承办这次会议表达了批评的意见:"今年忽然一个世界基督教学生同盟要在中国的清华学校开会,为什么这些学生愿意带上一个基督教的头衔?为什么清华学校愿给一个宗教同盟做会场?真是大可不解。"最后他还用幽默的比喻驳斥了那种把非宗教同盟运动看作是妨害"信仰自由"的错误观点,如是说:"凡事都是相对待的,有了引人喝酒的铺子与广告,就可以引出戒酒会;有了引人吸烟的公司与广告,就可以引出不吸纸烟会;有了宗教同盟的运动,一定要引出非宗教同盟的运动,这是自然而然的。有人疑惑以为这种非宗教同盟的运动,是妨害'信仰自由',我不以为然。信教是自由,不信教也是自由,若是非宗教同盟的运动,是妨害'信仰自由',他们宗教同盟的运动,倒不妨害'信仰自由'么?我们既然有着'非宗教'的信仰,又遇着这种'非宗教'运动的必要,我们就自由作我们的运动。用不着什么顾忌呵!"①1923 年 5 月,非宗教同盟出版了《非宗教论》一书,其中收入了马克思"宗教是人群的鸦片"的名言,并收集了蔡元培、陈独秀、李大钊等人的文章。蔡元培积极参与的这次非宗教运动不仅沉重打击了帝国主义的文化侵略活动,而且还宣传了唯物主义的无神论思想,在社会上引起了很大的反响。

第三节 倡导以哲学代"宗教信仰"

在蔡元培看来,美育所替代的只是狭义之宗教或者说是形式之宗教,而广义之宗教或者说宗教信仰,则必为哲学所替代。

一、美育所代"宗教"之说明

前面已经说过,蔡元培曾从狭义和广义两个方面对宗教做过界定。他说:"宗

① 高平叔编:《蔡元培全集》第四卷,北京:中华书局 1984 年版,第 179—180 页。

教之定义,自其狭义者言之,自多神教以外,可指数者,惟回、耶、佛三种。皆于科学、哲学发展以后,无存在之必要(佛经中自有哲理,当分别观之)。自其广义者言之,则不过一种之信仰心,随各人哲学思想之程度为进退,即人各一教,亦无妨碍。此鄙人对于宗教之观念也。”①如果按照蔡元培上述对宗教的理解,再结合他自己的说明——“孑民对于宗教,既主张极端之信仰自由,故以为无传教之必要。或以为宗教之仪式及信条,可以涵养德性,孑民反对之,以为此不过自欺欺人之举。若为涵养德性,则莫如提倡美育。盖人类之恶,率起于自私自利。美术有超越性,置一身利害于度外。又有普遍性,独乐乐不如人乐乐,与寡乐乐不如与众乐乐,是也。故提出以美育代宗教说”②,他要用美育所替代的很显然是狭义之宗教,或者说是形式之宗教。在对蔡元培的“以美育代宗教”思想进行解读的过程中,罗家伦明显也坚持同样的观点:“蔡元培所谓可代之宗教,即指近日形式之宗教而言。”③再具体点说,这个宗教更主要是指基督教。当然蔡元培对其他形式宗教比如回教、佛教也都有批评、反对之意,但在这其中对基督教的批判、反对之声更为强烈。他在论述其“以美育代宗教”的写作原因时就曾明确指出,他之所以提出这个问题就是由于“留学外国之学生,见彼国社会之进化,而误听教士之言,一切归功于宗教,遂欲与基督教劝导国人,而一部分之沿习旧思想者,则承前说而稍变之,以孔子为国之基督,遂欲组织孔教,奔走呼号”④。对于基督教,蔡元培甚至有一种生怕沾其边的心理。比如他在为沈嗣庄所著侧重介绍“基督教与社会主义之关系”的《社会主义新史》作序时,生怕别人说他帮助宣传基督教,故做专门说明:“沈先生此书,绝非以宣传基督教为目的,而实在表彰社会主义运动全部之事实,使不致有偏枯之感焉。”⑤然而对于佛教,蔡元培的态度却迥然不同。尽管他也批判佛教对于经书的株守,说佛教徒“对于经论,一字一句,皆视为神圣不可侵犯”,“与其他宗教家无异”。⑥ 但他始终没有像对基督教那样,对佛教的弊端做系统的剖析。与此相反,他不仅亲自为《佛法与科学比较之研究》一书作序,甚至还希望人们对

① 高平叔编:《蔡元培全集》第三卷,北京:中华书局 1984 年版,第 55 页。
② 高平叔编:《蔡元培全集》第三卷,北京:中华书局 1984 年版,第 333 页。
③ 姚全兴:《五四时期关于以美育代宗教说的论争》,载《美与时代》(下半月)2008 年第 8 期。
④ 高平叔编:《蔡元培美育论集》,长沙:湖南教育出版社 1987 年版,第 43 页。
⑤ 高平叔编:《蔡元培全集》第六卷,北京:中华书局 1988 年版,第 474 页。
⑥ 高平叔编:《蔡元培全集》第六卷,北京:中华书局 1988 年版,第 207 页。

佛法“应用科学方法作积极的证明”，以“减少学者的怀疑而引起其信仰”。[1] 这一切都说明，尽管蔡元培对形式宗教都有反对，但其反对、批判更激烈的则是基督教，那么他最想代替的毫无疑问也是基督教，学者阎建国也持相同的观点，他曾明确指出：“蔡元培所言宗教，主要是指基督教。”[2]

由上述分析可知，蔡元培要用美育所替代的是狭义之宗教或者说是形式之宗教，那么广义之宗教，或者说人的信仰心问题怎么解决呢？美育能替代吗？很显然不能，因为美育仅仅是现象世界到实体世界的“津梁”而已，而宗教信仰则是要摆脱现实幸福，属于“实体世界之事”。既然美育不能替代，那么谁能替代呢？蔡元培认为哲学可以：“宗教不过哲学的初阶，哲学发展起来以后，宗教实在没有存在的价值。”[3]“我个人对于宗教的意见，曾于十年前出版的《哲学要领》中详细说过，至今我的见解，还是未尝变更，始终认为宗教上的信仰，必为哲学主义所替代。”[4]“将来的人类，当然没有拘牵仪式，倚赖鬼神的宗教。替代他的，当为哲学上各种主义的信仰。”[5]

二、以哲学代“宗教信仰”

对于宗教信仰之所以能被哲学所代替的原因，蔡元培主要从以下几个方面进行了论证。首先是由于“哲学、宗教同源之故”[6]。蔡元培曾说：“哲学者，惊骇之所生也。”[7]也就是说哲学产生于对自然界无限神秘之解释，正是由于对自然界无限神秘之惊骇，于是想方设法推求它、反省它，于是哲学就产生了。而宗教的产生，与此相同，也是由于对自然界无限神秘之敬畏而产生。所以，从产生根源上讲，二者是完全一样的。其次从研究范围上讲，二者也是相同的。蔡元培说：“自兄弟观之，宗教之原始，不外因吾人精神作用而构成。吾人精神上作用，普通分为

---

① 高平叔编：《蔡元培全集》第六卷，北京：中华书局 1988 年版，第 160—161 页。

② 阎建国：《“以美育代宗教”与“审美救赎论”的现实启示》，载《求实》2006 年第 4 期。

③ 高平叔编：《蔡元培全集》第四卷，北京：中华书局 1984 年版，第 461 页。

④ 高平叔编：《蔡元培全集》第四卷，北京：中华书局 1984 年版，第 70—71 页。

⑤ 高平叔编：《蔡元培全集》第四卷，北京：中华书局 1984 年版，第 70 页。

⑥ 高平叔编：《蔡元培全集》第一卷，北京：中华书局 1984 年版，第 176 页。

⑦ 高平叔编：《蔡元培全集》第一卷，北京：中华书局 1984 年版，第 182 页。

三种:一曰知识;二曰意志;三曰情感。最早之宗教,常兼其三作用而有之。”①也就是说,早期之宗教,包含了精神方面的知、情、意三方面。而哲学呢,在蔡元培看来,也“统有知情意三方面,自成系统,不假外求”②。再次,从本质上讲,宗教就是一种哲学,“宗教者,无意识之哲学也”③。“宗教学者,据乱世之哲学”④也。所谓宗教,从根本上来讲就是一种对哲学的信仰。“任取一哲学家所假定之一说而信仰之,是谓宗教。”⑤只不过“最早的哲学,寄托在神话里面”而已,后来有些人要“借神话的力量来约束人”⑥,于是就创立了宗教,使哲学成了宗教的附庸。然而,“科学发达以后,一切知识道德问题,皆得由科学证明,与宗教无涉。惟科学所不能解答之问题,如宙之无涯,宇之无终始,宇宙之最小分子果为何物,宇宙之全体果为何状等是”⑦,也得由哲学解决,与宗教无涉。

蔡元培不仅认为哲学能代替宗教信仰,而且认为哲学与宗教信仰相比,还有许多优点。第一,“哲学自疑入,而宗教自信入。”⑧也就是说哲学与宗教的起始点不同,哲学的产生是从对宗教的怀疑开始的,正是这种怀疑性使它能放弃对先贤圣人的成见,从而采取科学的、探求的态度;与此相反,宗教一开始就采取盲目信仰的态度,“把自然现象及人类行为,都加以武断的说明,只许信仰,不许怀疑”⑨。这种做法必然会窒息人类的探求精神,从而导致非科学性的产生。第二,“哲学主进化,而宗教主保守”⑩。这是从理论本质的角度对哲学与宗教做比较。哲学主张进化,允许发展,可以说正是这种做法促使了哲学的繁荣;而宗教“所凭为信仰的传说,不但不许人反对,而且不许人质问”⑪。这样一种做法必然会导致宗教理论的死气沉沉。第三,“哲学主自动,而宗教主受动。”⑫这实际上是从信仰自由的

---

① 高平叔编:《蔡元培全集》第三卷,北京:中华书局 1984 年版,第 30—31 页。
② 高平叔编:《蔡元培全集》第四卷,北京:中华书局 1984 年版,第 462 页。
③ 高平叔编:《蔡元培全集》第一卷,北京:中华书局 1984 年版,第 182 页。
④ 高平叔编:《蔡元培全集》第一卷,北京:中华书局 1984 年版,第 145 页。
⑤ 高平叔编:《蔡元培全集》第三卷,北京:中华书局 1984 年版,第 23 页。
⑥ 高平叔编:《蔡元培全集》第四卷,北京:中华书局 1984 年版,第 392 页。
⑦ 高平叔编:《蔡元培全集》第三卷,北京:中华书局 1984 年版,第 23 页。
⑧ 高平叔编:《蔡元培全集》第四卷,北京:中华书局 1984 年版,第 462 页。
⑨ 高平叔编:《蔡元培全集》第六卷,北京:中华书局 1988 年版,第 509 页。
⑩ 高平叔编:《蔡元培全集》第四卷,北京:中华书局 1984 年版,第 462 页。
⑪ 高平叔编:《蔡元培全集》第四卷,北京:中华书局 1984 年版,第 392—393 页。
⑫ 高平叔编:《蔡元培全集》第四卷,北京:中华书局 1984 年版,第 462 页。

角度对宗教所做的批评。在蔡元培看来，信仰完全可以自由选择、自由改变，因为"这全是个人精神上的自由，段不容外界的干涉"①。哲学信仰就可以做到这样，但宗教不行，它不但不允许人们自由信仰，甚至还用诡诞的仪式、夸张的宣传等"外力侵入个人的精神界，"②让人被动接受。第四，"哲学上的信仰，是研究的结果，而又永留有批评的机会；宗教上的信仰，是不许有研究与批评的态度"③。这实际上是从对待信仰的角度对哲学和宗教做比较。对哲学上的信仰，可以随着研究结果的变化而变化，即使有了一定的研究成果，也不会就此而不许别人再研究，永远给人留有批评、怀疑的机会；而宗教上的信仰，一旦确定，就不许再研究和批评，只能接受和盲从。

正是由于哲学不仅能够取代宗教信仰，而且与宗教相比，还有诸多优点，所以蔡元培最后得出结论说："宗教不过哲学的初阶，哲学发展起来以后，宗教实在没有存在的价值。"④"将来的人类，当然没有拘牵仪式，倚赖鬼神的宗教。替代他的，当为哲学上各种主义的信仰。"⑤

---

① 高平叔编：《蔡元培全集》第四卷，北京：中华书局 1984 年版，第 179 页。
② 高平叔编：《蔡元培全集》第四卷，北京：中华书局 1984 年版，第 179 页。
③ 高平叔编：《蔡元培全集》第四卷，北京：中华书局 1984 年版，第 462 页。
④ 高平叔编：《蔡元培全集》第四卷，北京：中华书局 1984 年版，第 461 页。
⑤ 高平叔编：《蔡元培全集》第四卷，北京：中华书局 1984 年版，第 70 页。

第四章 “以美育代宗教”的精神实质

从表面上看，蔡元培提出“以美育代宗教”主要是为了反对当时“宗教救赎论”的泛滥、孔教运动的猖獗以及教会教育势力的扩张，实质上是为了拯救国家危亡和重建社会信仰，而实现教育独立和养成健全人格则是完成上述目的所需的重要条件。因此我们可以综合说，“以美育代宗教”的精神实质就是为了拯救国家危亡、重建社会信仰、实现教育独立、养成健全人格。

第一节 拯救国家危亡

蔡元培时代的知识分子所面对的一个突出难题就是如何拯救国家危亡，“以美育代宗教”很显然是他为拯救国家危亡提出的一个理想方案。在这方案之中，“美育救国”毫无疑问是重点。但如果我们考察他的人生经历，就会发现，他的“美育救国”“以美育代宗教”与其“教育救国”思想是密不可分的，因此我们要想深入研究他的“美育救国”“以美育代宗教”思想，就不得不首先研究他的“教育救国”思想。

一、教育救国

蔡元培“教育救国”思想的形成，是在戊戌变法失败之后。他总结了这次改良失败的原因，认为：“康党所以失败，由于不先培养革新之人才，而欲以少数人戈取政权,排斥顽旧,不能不情见势绌。"①因此,要想真正拯救国家于危亡之中,就必须走教育救国之路。蔡元培说:"凡一种社会,必先有良好的小部分,然后能集成良好的大团体。所以要有良好的社会,必先有良好的个人,要有良好的个人,就要先有良好的教育。"②"吾人苟切实从教育着手,未尝不可使吾国转危为安。"③

从教育入手来改变社会现状、拯救国家危亡是蔡元培的志向,但是通过教育来救国并不是他的独创,而是当时一股重要的社会思潮。近代著名的启蒙思想家严复就曾说,要想救国,必须从三个方面入手:"一曰鼓民力,二曰开民智,三曰新民德。"④实际上也就是要重视教育在救国中的重要作用。梁启超在戊戌变法失败后就明确指出,要想兴"新国",就必先兴"新民"。他在《新民说》中指出:"苟有新民,何患无新制度,无新政府,无新国家;非尔者,虽则今日变一法,明日易一人,东涂西抹,学步效颦,吾未能见其能济也。"而要兴"新民",同样需要依靠教育,所以他明确提出:"重教育为主脑,以政治为附从。"⑤对当时的这股思潮,蔡元培是有着清醒的认识的,所以他在1919年回顾近代中国自强的历程时就说:"我国输入欧化,六十年矣,始而造兵,继而练军,继而变法,最后乃始知教育之必要。"⑥从这里可以看出,蔡元培的"教育救国"思想也是他在总结前人经验、教训基础上提出的一个理论主张。

那么教育为什么能救国呢?对这个问题,蔡元培主要从教育的特殊功用以及它的当代价值两个方面对此做了阐述。首先,他认为教育的特殊功用就是立人,人立则国强。他认为以前各种救亡措施之所以失败,根本原因就在于没有从教育入手,没有从培养人才入手做长期的打算,而企图短时间内依靠"器具"的改革、政治的改良来获得成功,这明显有些急于求成,急功近利。那怎样才能获得成功呢?在他看来,只能依靠教育。他说:"人类所最需要者,即在克尽其种种责任之能力无可疑。由是教育家之任务,即在为受教育者,养成此种能力,使能尽完全责任,

---

① 高平叔编:《蔡元培全集》第三卷,北京:中华书局1984年版,第320页。
② 高平叔编:《蔡元培全集》第四卷,北京:中华书局1984年版,第12页。
③ 中国蔡元培研究会编:《蔡元培全集》第十卷,杭州:浙江教育出版社1997年版,第295页。
④ 王拭编:《严复集》,北京:中华书局1986年版,第15页。
⑤ 梁柱:《蔡元培教育思想论析》,北京:高等教育出版社2006年版,第28页。
⑥ 高平叔编:《蔡元培全集》第三卷,北京:中华书局1984年版,第312页。

亦无可疑也。”[①]也就是说，只有依靠教育，才能培养出具有各种能力的人才，更好地为国家服务，这样国家才有可能发展、强大。当然，蔡元培在这里所讲的“能力”，既包括为国家为社会“克尽义务”的献身精神、奉献精神，又包括服务社会、创造价值的各项本领技能，而前者尤为重要。所以，他在讲要培养公民抵抗侵略、保家卫国、振兴实业的本领和技能时，强调“必先养其道德”。总之，“教育者非为已往，非为现在，而专为将来。从前言人才教育者，尚有‘十年树木，百年树人’之说，可见教育家必有百世不迁之主义，如‘公民道德’是。其他因时势之需要，而亦不能不采用，用‘实利主义’及‘军国民主义’是也”[②]。“盖尝思人类事业，最普遍最悠久者，莫过于教育。”[③]

其次，从革命斗争的当前需要和民主共和事业的发展来看，也都离不开教育。蔡元培曾经对维新派的行为做过“太轻率”这样的评价。他说：“中国这样大，积弊这样深，不在根本上从培养人才着手，他们要想靠下几道上谕来从事改革，把这全部腐败的局面转变过来，是不可能的。”[④]也就是说，在蔡元培看来，要想获得改革的成功，革命的成功，仅靠少数人是不行的，必须要有大量的能够肩负此重任的人才，这就要“切实从教育入手”。蔡元培是这么说的，也是这么做的。他诀别仕途，投身教育后所创办的学校几乎都“含有革命性质”。他创立中国教育会、爱国学社、爱国女学等都是为救国、革命而培养人才。他曾说创办爱国学社是为了培养“暴动的种子”，创办爱国女学是为了培养“暗杀的种子”。正是由于这些努力，辛亥革命时多数学生都参加了南京之役，“不可谓非教育之成效也”。所以他得出结论说：“革命精神之所在，无论其为男为女，均应提倡，而以教育为根本。”[⑤]辛亥革命胜利后，他认为“改革目的已达”，已不再需要革命精神，因此教育“务顺应时势，养成共和国民健全人格”。[⑥] 对于这种与当前革命政治形势需要相结合的教育救国思想，蔡元培曾于1917年《在爱国女学校之演说》中做了比较全面的论述。他说：“当满清政府未推倒时，自以革命为精神。然于普通之课程，仍力求完备。此

① 中国蔡元培研究会编：《蔡元培全集》第十卷，杭州：浙江教育出版社1997年版，第179页。
② 高平叔编：《蔡元培全集》第二卷，北京：中华书局1984年版，第264页。
③ 高平叔编：《蔡元培全集》第二卷，北京：中华书局1984年版，第414页。
④ 罗家伦：《逝者如斯集》，台北：传记文学出版社1967年版，第81页。
⑤ 高平叔编：《蔡元培全集》第三卷，北京：中华书局1984年版，第7页。
⑥ 梁柱：《蔡元培教育思想论析》，北京：高等教育出版社2006年版，第30页。

犹家人一面为病者求医,一面于日常家事,仍不能不顾也。至民国成立,改革之目的已达,如病已痊愈,不再有死亡之忧。则欲副爱国之名称,其精神不在提倡革命,而在养成完全之人格。盖国民而无完全人格,欲国家之隆盛,非但不可得,且有衰亡之虑焉。造成完全人格,使国家隆盛而不衰亡,真可谓爱国矣。”①

那么怎样才能更好地实现教育的救国价值呢?为此他寄希望于青年学生一代。他曾经感慨地说:“我们中国的社会是一个很老的社会,一切组织形式及风俗习惯,大都陈旧不堪,违反现代精神而应当改良。这也要学生们努力实行的。因为一般年纪大一点的旧人物,有时纵然看得出,想得到,而以濡染太久的缘故,很少能彻底改革的。”所以“就中国现时所处的可怜地位和可悲的命运而论,我们几乎可以说:凡是可摆脱这种地位,挽回这种命运的事情和责任,直接或间接都是要落在学生们的双肩上”②。为此,学生必须对自己严格要求,培养自己的下列能力:“狮子样的体力”“猴子样的敏捷”“骆驼样的精神”以及“崇好美术的素养”和“自爱、爱人的美德”。③

总之,在蔡元培看来,在外有强敌环伺,内有政府卖国的危急情况下,只有通过教育培养革新人才,才真正有可能实现国家的救亡和民族的复兴,正是由于有这样的想法,所以他几乎把一生都奉献给了近代中国的教育事业。尽管蔡元培的“教育救国”思想并没有在实践中获得成功④,但他对“教育救国”的至诚愿望以及在此愿望指导下所进行的诸多教育实践,为中国的教育文化事业还是做出了很大贡献,值得我们赞颂、敬仰和学习。

二、美育救国

从前面的分析可以看出,蔡元培是主张“教育救国”的,那他为什么又提出了“美育救国”,“以美育代宗教”的主张呢?笔者认为,他之所以又有新的提法与以下三个方面的因素有关:一是他的教育哲学;二是他对第一次世界大战的反思;三

---

① 高平叔编:《蔡元培全集》第三卷,北京:中华书局1984年版,第7页。

② 高平叔编:《蔡元培全集》第五卷,北京:中华书局1988年版,第479—480页。

③ 高平叔编:《蔡元培全集》第五卷,北京:中华书局1988年版,第475—480页。

④ 没有获得成功的原因很多,但对教育作用的过度夸大毫无疑问是其中重要的一条,他自己在《告北大学生暨全国学生书》中就曾提出“教育万能”的说法,但很显然教育不是万能的,见高平叔编《蔡元培全集》第三卷,北京:中华书局1984年版,第312页。

是他对当前现实问题的思考,尤其是宗教问题的思考。

首先与他的教育哲学有关。通过前面的分析,我们了解蔡元培的“教育救国”思想大概形成于戊戌变法失败之后的一段时期,在当时他还没有真正完全地了解美学与美育,因此也就不可能提出“美育救国”“以美育代宗教”的主张。但这一切在他留学德国之后发生了改变,他在《自写年谱》中曾写道:“我于讲堂上既常听美学、美术史、文学史的讲演,于环境上又常受音乐、美术的熏习,不知不觉的渐集中心力于美学方面。尤因冯德讲哲学史时,提出康德关于美学的见解,最注重于美的超越性与普遍性,就康德原书,详细研读,益见美学关系的重要。”①正是由于认识到美学、美育的重要,所以他在归国后的《对于新教育之意见》一文中着重强调了美育在教育中的重要作用,主张进行美感教育。在这篇文章中,他依据康德的现象与实体二分的二元论思想,把教育也区分为“隶属于政治”的教育和“超轶于政治”的教育两大类。“专制时代(兼立宪而含专制性质者言之),教育家循政府之方针以标准教育,常为纯粹之隶属政治者。共和时代,教育家得立于人民之地位以定标准,乃得有超轶政治之教育。”②“军国民主义,实利主义,德育主义三者,为隶属于政治之教育。(吾国古代之道德教育,则间有兼涉世界观者,当分别论之。)世界观,美育主义二者,为超轶政治之教育。”③隶属于政治之教育在当时的社会状况下毫无疑问是必要的,也是不得不采取的,但它毕竟只是以现实幸福为目的,缺乏超越性和终极关怀性。蔡元培以一个哲学家的终极情怀提出了这样的问题:“现实之幸福,临死而消灭。人而仅仅以临死消灭之幸福为鹄的,则所谓人生者有何等价值乎?”“且人既无一死生破利害之观念,则必无冒险之精神,无远大之计画,见小利,急近功,则又能保其不为失节堕行身败名裂之人呼?谚曰当局者迷,旁观者清。非有出世间之思想者,不能善处世间事。吾人即仅仅以现实幸福为鹄的,犹不可无超轶现世之观念,况鹄的不止于此者乎?”④正因为如此,蔡元培认为,教育家与政治家不同,政治家可“以现实幸福为鹄的”,而教育家则否。教育者,应该是“立于现象世界,而有事于实体世界也。故以实体世界之观念为究竟

① 高平叔编:《蔡元培全集》第七卷,北京:中华书局 1989 年版,第 302 页。
② 高平叔编:《蔡元培美育论集》,长沙:湖南教育出版社 1987 年版,第 1 页。
③ 高平叔编:《蔡元培美育论集》,长沙:湖南教育出版社 1987 年版,第 5 页。
④ 高平叔编:《蔡元培美育论集》,长沙:湖南教育出版社 1987 年版,第 3 页。

之大目的,而以现象世界之幸福为达于实体观念之作用"①。那么教育者通过什么样的方式才可以达到上述目的呢?通过宗教的方式可以吗?毕竟"实体世界之事为宗教"②。蔡元培认为绝对不可以,因为宗教视"现象世界之文明为罪恶之源,而一切排斥之者",而他则认为,"现象实体,仅一世界之两方面,非截然为互相冲突之两世界"③。在蔡元培看来,只有通过美育才能真正达到上述超轶现象世界,而达至实体世界之目的,因为"美感者,合美丽与尊严而言之,介乎现象世界与实体世界之间,而为津梁"。"故教育家欲由现象世界而引以到达于实体世界之观念,不可不用美感之教育。"④

其次是与他对第一次世界大战的反思有关。第一次世界大战爆发于1914年,而蔡元培在法国留学时也正是对立双方交战最激烈的时刻,因此他对当时的情况有所了解,这也就有了后来他对"一战"反思的演说《我之欧战观》。在他看来,在这场战争中,战争最激烈者,属德、法、俄三国,而尤以德、法之战持续时间最长,根本原因就在于这两个国家科学、美术发达。科学发达为德、法两国提供了坚强的物质基础,因此两国能持久作战,互有胜负。除了科学发达之外,蔡元培认为,德、法两国之所以能持久作战,与其国民之道德也密切相关,因为"战争以军人为主体。军备虽完善,交通虽便利,苟军人无舍身为国之公德,亦自无效"⑤。那么这两个国家的国民道德是由什么支撑的呢?是不是与宗教有关呢?蔡元培说:"其实不然。以此三国比较之,俄国最重宗教,莫斯科一市,即有教堂千余所。……可见信仰宗教,实以俄人程度最高。……而德人对于宗教,并不极端信仰。即如星期日,各教堂虽均有教师演讲,而普通人不皆往听。……法国人对于宗教,较之德人尤为浅薄,即如圣诞日,德国尚停市数日,饰树缀灯;法国则开市入常,并无何等点缀。……俄人宗教上之信仰,较德、法人为高,而战争中之国民道德,乃远不如德、法,可见宗教与道德无大关系矣。"⑥在蔡元培看来,德、法两国的国民道德之所以高于俄国,主要是由于美术的作用:"然则法、德两国不甚信仰宗教,而

① 高平叔编:《蔡元培美育论集》,长沙:湖南教育出版社1987年版,第3页。
② 高平叔编:《蔡元培美育论集》,长沙:湖南教育出版社1987年版,第3页。
③ 高平叔编:《蔡元培美育论集》,长沙:湖南教育出版社1987年版,第4页。
④ 高平叔编:《蔡元培美育论集》,长沙:湖南教育出版社1987年版,第4页。
⑤ 高平叔编:《蔡元培全集》第三卷,北京:中华书局1984年版,第2页。
⑥ 高平叔编:《蔡元培全集》第三卷,北京:中华书局1984年版,第2—3页。

一般人民何以有道德心？此即美术之作用。”①由此他提出结论说：“大凡生物之行动，无不由于意志。意志不能离开知识与情感而单独进行。凡道德之关系功利者，伴乎知识，恃有科学之作用；而道德之超越功利者，伴乎情感，恃有美术之作用。”②在此反思当中，他还从美（即优美）与高（即崇高）两个方面探讨了德、法两国的民族性与其美术之间的关系，认为美术与国民性密切相关。

再次是与他对现实问题，尤其是宗教问题的思考有关。康德的有关美的超越性思想使他认识到美育在教育中的重要地位，而对“一战”的反思则使他认识到美育不仅与教育有关，而且与国民性也有着莫大的关系，而道德的养成并不依赖于宗教，而与美术有关，上述思想的形成表示他的“以美育代宗教”说已初具雏形。而事实上，在介绍意大利文艺复兴时期的著名画家赖菲尔时，蔡元培就已经表达了“教力既穷，则以美术代之”③的观念，传达的就是以美育代宗教的意思。

1917 年 4 月 8 日，在北京神州学会进行的演说中，蔡元培正式提出了他的“以美育代宗教”思想，表达了美育救国的主张。他提出这一主张的背景是当时有人认为中国之所以落后，是由于没有宗教，“于是或信从基督教，或以中国不可无宗教，而又不愿自附于耶教，因欲崇孔子为教主”④。在中国近现代思想史上，这是一股很有势力的思想潮流。对此，蔡元培坚决反对。在他看来，宗教根本无法承担救国的重任，原因至少有三：第一，宗教是人类未开化时代之产物，没有永存的本性，人类发展到一定阶段，是没有宗教存在的余地的；第二，宗教本身有众多弊端和缺陷，通过它来救国只会带来更多的问题；第三，中国历史上自古就没有宗教的传统，用宗教救国不符合中国国情。而美育则不一样，首先，它具有进步性，符合人类历史的进化；其次，它与宗教相比，具有更多优点和长处；再次，它符合中国历史传统。因此，可以用美育来替代宗教，通过美育来救国。蔡元培的上述思想，在不同的场合，通过不同的文章表达出来，但不管词语怎样变化，他坚持“以美育

---

① 高平叔编：《蔡元培全集》第三卷，北京：中华书局 1984 年版，第 3 页。
② 高平叔编：《蔡元培全集》第三卷，北京：中华书局 1984 年版，第 3 页。
③ 中国蔡元培研究会编：《蔡元培全集》第二卷，杭州：浙江教育出版社 1997 年版，第 454 页。
④ 中国蔡元培研究会编：《蔡元培全集》第二卷，杭州：浙江教育出版社 1997 年版，第 51 页。

代宗教”的主张始终未变[①]，直至逝世前，他还在因为没有以“以美育代宗教”为题写成一本专著而感到遗憾。

蔡元培主张“以美育代宗教”，在现实层面上看是为了反对各种宗教救国的论调，而在最终的意义上还是为了救亡，为了改变社会现状、拯救国家危亡。对此，学者刘小枫曾有过分析：“蔡元培提出‘以美育代宗教’的出发点是在政治文化层面反宗教，其思想质料源于欧洲近代理性主义。‘美育代宗教’的审美主义意蕴因而主要不是关乎人生论，而是关乎社会变革论的。‘美育’所要取代的‘宗教’指的是什么？稍加分析就可以看出，其‘宗教’的语义不是哲学的，而是社会政治的。”[②]这一分析并不一定全对，但它至少从一定程度上强调了“以美育代宗教”的救亡内蕴，这是值得肯定的。1940 年 3 月 5 日，蔡元培与世长辞。在临终的遗言当中，他还念念不忘“科学救国”“美育救国”。[③] 由此可见，通过美育来救国是蔡元培的终身理想，这也从一定程度上再次证明了“以美育代宗教”蕴含着救亡的内涵。

第二节　重建精神信仰[④]

如何消除信仰危机、重建人类健康的精神家园，毫无疑问也是蔡元培时代所面临的重要问题之一。蔡元培之所以始终坚持“以美育代宗教”主张不变，除了因为美育能替代宗教起到救国的作用之外，还因为它能替代宗教构建人类健康的精神家园。由此分析，“以美育代宗教”实际上也蕴含着蔡元培为重建社会精神信仰所做出的努力，他希望构建一种比宗教更为健康的精神家园，从而改变当时人们

---

① 他对“以美育代宗教”的始终坚持表现在一系列文章当中，包括《以美育代宗教说》（1917 年）、《关于宗教问题的谈话》（1921 年）、《以美育代宗教》（1930 年）、《以美育代宗教——在上海中华基督教青年会的演说》、《美育代宗教》（1932 年）、《＜居友学说评论＞序》（1938 年）、《居友社社友题名录小引》（1938 年）、《蔡元培全集》（第三、四、六、八卷），浙江教育出版社 1997 年版。

② 刘小枫：《现代性社会理论绪论》，上海：上海三联书店 1998 年版，第 311—312 页。

③ 王世儒：《蔡元培先生年谱（下）》，北京：北京大学出版社 1998 年版，第 938 页。

④ 本部分内容修改后以《美育与人类健康精神家园的建构——以美育代宗教思想的当代价值探析》为题发表于《社会科学家》2011 年第 10 期。

精神生活的混乱和信仰迷失的状态。

一、对宗教精神生活的批判

在存在论的意义上,精神生活是人在精神层面上创造、表征、确证并享受自身存在本质与价值的生命活动。① 精神生活之所以为精神生活,就在于它是相对于物质生活而言的,是人之为人的根据,是人生存的主观基础,为人提供着精神支柱和精神家园之作用。蔡元培曾说:“人生是不免于忧患的,心有所寄,则忧患消除。”②这种说法实际上也正表明了他对精神寄托作用的看重。但蔡元培坚决反对不健康的精神生活、不正当的精神娱乐,他认为这样的精神生活不但不能给人带来希望,反而会使人沉陷其中,萎靡不振。他对当时学生中玩麻雀、扑克或阅恶劣小说等不正当消遣行为的极力反对,对当时新闻宣传中包含有不健康内容的小说、广告的激烈批判实际上都体现了这种价值取向。比如,他说,“新闻自有品格也。吾国新闻,于正张中无不提倡道德,而广告中则诲淫之药品与小说,触目皆是;或且附印小报,特辟花国新闻等栏;且广收妓寮之广告。此不特新闻家自毁其品格,而其贻害于社会之罪,尤不可恕”③。

蔡元培之所以极力反对宗教信仰,积极倡导“以美育代宗教”,从根本上讲也是受上述价值观作用的结果,因为他反对宗教信仰的主要原因也是在于宗教精神生活的非健康性,即宗教本身的欺骗性和非科学性。宗教的欺骗性就体现在它给人类情感所带来的安慰和寄托是虚假的,因为它所做的只不过是“利用音乐和其他一切的美术,使人们被引到别一方面去,到另外一个世界去,而把具体世界忘掉”④而已,实际上并不能帮助人类消除真正的疾病和苦难。所以蔡元培批判说,“宗教说好人死后不吃亏,但现在科学发达,人家都不相信。宗教又说,人死后有灵魂,做好人可以受福,否则要在地狱里受灾难,但究竟如何,还没有人拿出实在的证据来”⑤。

---

① 庞立生、王艳华:《精神生活的物化与精神家园的当代建构》,载《现代哲学》2009 年第 3 期。

② 高平叔编:《蔡元培美育论集》,长沙:湖南教育出版社 1987 年版,第 110 页。

③ 高平叔编:《蔡元培全集》第三卷,北京:中华书局 1984 年版,第 199 页。

④ 高平叔编:《蔡元培美育论集》,长沙:湖南教育出版社 1987 年版,第 276 页。

⑤ 高平叔编:《蔡元培美育论集》,长沙:湖南教育出版社 1987 年版,第 278—279 页。

宗教精神生活的非科学性则首先体现在它的产生和发展上。蔡元培认为,宗教的产生从根本上源于古时人类的愚昧无知与情感之需要。"上古之世,草昧初开,其民智识浅陋,所见惊奇疑异之事,皆以为出于神意"①,"初民时代没有科学,一切人类不易知道的事,全赖宗教去代为解释"②。也即是说,在人类刚诞生的时候,由于智力低下,科学缺乏,一切惊奇疑异之事无法得到合理的解释,而情感上又需要得到一种满足和安慰,于是宗教就应运而生了。"既有宗教,而天地间一切疑难勿可解决之问题,皆得借教义以解答之。"推之于人的感情和行为方面,"人类疾病死亡痛苦一切不能满足之心虑,皆得于良心上有所慰藉,与之新生之希望";神的"福善祸淫,使人人有天堂之歆羡与地狱之恐怖,以去恶而从善"③。西方人之所以在两千多年来一直把宗教当作他们可依赖的精神支柱和精神家园,可以说与宗教的产生极大地满足了他们的精神之需要不无关系。但在蔡元培看来,"宗教只是人类进程中一时的产物,并没有永存的本性"④,因为科学发达以后,宇宙间的万事万物,都能由科学给予合理解释,宗教也就逐渐丧失了其存在的价值和理由,从而不被人信仰了。"其后人智日开,科学发达,以星云说明天地之始,以进化论说明人类的由来,以引力说原子论明自然界之秩序,而上帝创造世界之说破;以归纳法组织伦理学、社会学等,而上帝监理人类行为之说破。于是旧宗教之主义不足以博信仰。"⑤既然宗教没有永存的本性,人类社会发展到一定阶段"是没有宗教存在的余地的"⑥,那么当然也就不能用它来重构国人的精神家园了,这是蔡元培由上述分析得出的一个必然结论。

其次还体现在它本身具有众多的弊端和缺陷。第一,宗教具有强制性。在蔡元培看来,精神生活应该由人自主决定,因此"决不能指定一说以强人信仰,故信仰当绝对自由"⑦。而实际情况却是"现今各种宗教,都拘泥着陈腐主义,用诡诞的仪式,夸张的宣传,引起无知识人盲从的信仰,来维持传教人的生活。这完全是

---

① 高平叔编:《蔡元培全集》第二卷,北京:中华书局 1984 年版,第 490 页。

② 高平叔编:《蔡元培美育论集》,长沙:湖南教育出版社 1987 年版,第 274 页。

③ 高平叔编:《蔡元培全集》第二卷,北京:中华书局 1984 年版,第 490 页。

④ 高平叔编:《蔡元培全集》第四卷,北京:中华书局 1984 年版,第 70 页。

⑤ 高平叔编:《蔡元培全集》第二卷,北京:中华书局 1984 年版,第 490—491 页。

⑥ 高平叔编:《蔡元培全集》第四卷,北京:中华书局 1984 年版,第 70 页。

⑦ 高平叔编:《蔡元培全集》第三卷,北京:中华书局 1984 年版,第 23 页。

用外力侵入个人的精神界,可算是侵犯人权的”①。第二,宗教还具有保守性。蔡元培曾举例说:“譬如象现在的美国,思想总算很自由,但在大学里还不许教进化论,到现在宗教还保守着上帝七天造人之说,而不信科学。”“譬如圣经上说有人打你的右颊,你把左颊也让他打,有人剥你的外衣,你把里衣也脱了给他。”这种说法至少是千余年以前的圣贤所定,但相信宗教的人,要绝对服从这些教义。“无论音乐、工艺美术品,都是时时进步的,但宗教却绝对的保守。譬如一部圣经,那一个人敢修改?”②第三,宗教还有激刺感情之弊端。“盖无论何等宗教,无不有扩张己教攻击异教之条件。回教之穆罕默德,左手持《可兰经》而右手持剑,不从其教者杀之。基督教与回教冲突,而有十字军之战,几及百年。基督教中又有新旧教之战,亦亘数十年之久。至佛教之圆通,非他教所能及。而学佛者苟有拘牢教义之成见,则崇拜舍利受持经忏之陋习,虽通人亦肯为之。甚至为护法起见,不惜于共和时代,符合专制。宗教之为累,一至于此,皆激刺感情之作用为之也。”③

除了宗教精神生活的非健康性之外,中国传统文化中的非宗教精神也是蔡元培反对宗教信仰救赎的一个重要原因。关于中国传统文化中的非宗教精神,梁漱溟先生曾做过精确的说明:“世界上宗教最微弱的地方就是中国,最淡于宗教的人是中国人,而此时宗教最式微,此时人最淡于宗教。”④钱穆先生也认为:“中国自身文化传统之大体系中无宗教。”⑤当然也有人认为,中国人的日常生活中并不缺少宗教行为,比如家家户户逢年过节基本上都要祭拜祖先,逢十过五都要进庙上香,平常则是见佛辄拜,遇仙则求。对此情况我们并不否认,但当我们透视中国人大量的宗教行为时,我们就会发现,中国的先民们似乎缺乏对某一主神的确认和崇拜意识,对神也缺少虔诚与敬畏,中国人尊神拜佛更多时候是出于一种实用主义、功利主义的考虑,比如读书人对文昌帝君的敬拜,生意人对财神的敬拜,都是出于这种目的。这样的一种目的就导致中国人对宗教感情很淡,没谁将其奉为至上。也正是这种淡漠的宗教色彩,中国人可以不需要任何神祇而泰然自若地处理

① 高平叔编:《蔡元培全集》第四卷,北京:中华书局 1984 年版,第 179 页。

② 高平叔编:《蔡元培美育论集》,长沙:湖南教育出版社 1987 年版,第 277—278 页。

③ 高平叔编:《蔡元培美育论集》,长沙:湖南教育出版社 1987 年版,第 45—46 页。

④ 梁漱溟:《东西文化及其哲学》(修订版),北京:商务印书馆 1999 年版,第 200 页。

⑤ 钱穆:《现代中国学术论衡》,长沙:岳麓书社 1986 年版,第 17 页。

生活中的一切事宜,可以不需要任何教规教义却依然视死如归地超越现实,这就是中国传统文化的一个特别之处。蔡元培对中国传统文化中的这种非宗教精神认识非常深刻,正是这种认识,导致他强烈地反对宗教在中国的发展。他在《关于宗教问题的谈话》一文中就明确指出:“中国自来在历史上便于宗教没有什么深切的关系,也未尝感非有宗教不可的必要。将来的中国,当然是向新的和完美的方向进行,各人有一种哲学主义的信仰。在这个时候,与宗教的关系,当然更薄弱,或竟至无宗教的存在。所以将来的中国,也是同将来的人类一样,是没有宗教存在的余地的。”①

正是由于上述原因的存在,所以蔡元培坚决反对通过宗教来改变社会现状,重建国人的精神家园。

二、对美育所建构健康精神生活的向往

既然不能通过宗教的方式来重建国人的精神家园,那么国人的精神需求应该怎样解决呢?蔡元培认为完全可以通过美育来解决,“美育者,应用美学之理论于教育,以陶养感情为目的也”②。

蔡元培之所以认定美育能代替宗教,从而发挥其情感慰藉、心灵寄托作用,在很大程度上是基于他对美育和宗教以下三点共同性的了解。第一,美育和宗教具有相同的感情基础。换句话说,美育与宗教都与人的感情有密切的联系。离开了人的感情基础,无论美育还是宗教,都无法发挥其应有的作用。蔡元培对这一点看得非常清楚,说的也非常明白,“美术与宗教同立于感情的基础之上”③。(这里的美术与美育同义)第二,从心理学的职能来看,美育和宗教有相同的“慰情作用”,即以积极的心态和感受,消除郁结在心头的消极情绪,从而使人的情绪得到“安慰”。对此,蔡元培也有论述:“因为宗教注意教人,要人对于一切不满意的事能找到安慰,使一切辛苦和不舒服统统去掉。但是用什么方法呢?宗教不能用很严重的话或很具体的话去劝慰人,它只能利用音乐和其它一切的美术,使人们被引到一方面去,到另外一个世界上去,而把具体世界忘掉。这样,一切困苦便可以

① 高平叔编:《蔡元培全集》第四卷,北京:中华书局1984年版,第70页。
② 高平叔编:《蔡元培美育论集》,长沙:湖南教育出版社1987年版,第208页。
③ 高平叔编:《蔡元培美育论集》,长沙:湖南教育出版社1987年版,第110页。

暂时去掉,这是宗教最大的作用。”①第三,美育和宗教的最高义相同。蔡元培说:“就是照主义上说,宗教的最高义,在乎于有穷世界接触无穷世界;而前述色林之美的观念说,所谓无穷的完全进入有穷的,有穷的完全充满着无穷的;乃正是这种作用。”②

蔡元培之所以花费极大的心血来宣传、实践“以美育代宗教”,不仅仅是由于美育能代替宗教发挥其情感慰藉作用,更重要的是由于他看到了美育相对于宗教在建构国人精神家园方面的优点和长处。首先,相对于宗教的欺骗性或虚假性来说,美育具有实在性。蔡元培说:“宗教是靠人心信仰而存在的,但是宗教是空空渺渺的,不能使人相信,永久维持着他的势力,故必须藉着优美的山林,才能在无形之中引诱一般人来信他的。”“宗教是靠着自然美而维持着它们的势力所在。现在要以纯粹的美来唤醒人的心,就是以艺术来代宗教。”③也就是说,宗教的虚假性决定了它必须借助于各种实在的山林等美育对象来引诱人们信仰,既然实在的山林能满足人的精神需要,那为什么还需要宗教呢?因此,蔡元培得出结论说:“与其寄于幽眇的宗教,不如寄于当前的美术……此与宗教信仰〈相比〉,更纯更洁,更为合理。”④其次,相对于宗教的暂存本性来讲,美育是人类社会进化的产物,能够随着社会的发展而发展,而绝不像宗教一样,会被社会的进化所淘汰。在具体论述这一观点时,蔡元培曾明确指出:“美育是整个的,一时代有一时代的美育。油画以前是没有的,现在才有。照相也是如此。唱戏也经过了许多时期。无论音乐、工艺美术品,都是时时进步的。”⑤再次,相对于宗教的种种弊端而言,美育更具有优势。第一,相对于宗教的强制性而言,美育是绝对的自由,无任何限制。不论是山川、河流、花鸟虫鱼,还是人的一言一行、一举一动,只要能够陶冶人的情感、培养人的善行,都可以采用。在陶冶人感情的过程中,它也绝不采取强制的方式,而是任人自由地徜徉于美育所建构的精神家园之中,潜移默化地影响人的感情,改变人的感受。正因为美具有自由的特性,所以康德说,人只有通过审美

---

① 高平叔编:《蔡元培美育论集》,长沙:湖南教育出版社 1987 年版,第 276 页。
② 高平叔编:《蔡元培全集》第四卷,北京:中华书局 1984 年版,第 462 页。
③ 高平叔编:《蔡元培美育论集》,长沙:湖南教育出版社 1987 年版,第 194 页。
④ 高平叔编:《蔡元培美育论集》,长沙:湖南教育出版社 1987 年版,第 110 页。
⑤ 高平叔编:《蔡元培美育论集》,长沙:湖南教育出版社 1987 年版,第 278 页。

才能到达最终的道德自由,从而实现人类从自然王国到自由王国的过渡。席勒也声称,人们要获得自由即精神上的解放和人格的完善,必须通过美,"因为正是通过美,人们才可以走向自由"①。第二,相对于宗教的保守性而言,美育具有进步性,能够随着时代的进化而发展。第三,相对于宗教精神生活的激刺感情之弊而言,美育精神生活却能陶养人的感情,"使有高尚纯洁之习惯,而使人我之见,利己损人之思念,以渐消沮者也"②。"我提倡美育,便是使人类能在音乐、雕刻、图画、文学里又找到他们遗失了的情感。我们每每在听了一支歌,看了一张画、一件雕刻,或者读了一首诗、一篇文章以后,常会有一种说不出的感觉;四周的空气会变得更温柔,眼前的对象会变得更甜蜜,似乎觉到自身在这个世界上有一种伟大的使命。这种使命不仅仅是要使人人有饭吃,有衣装穿,有房子住,他同时还要使人人能在保持生存以外,还能去享受人生。知道了享受人生的乐趣,同时也便知道了人生的可爱,人与人的感情便不期然而然地更加浓厚起来。那么,虽然不能说战争可以完全消失,至少可以毁除不少起衅的秧苗了。"③正是由于上述原因的存在,所以蔡元培说:"吾人急应提倡美育,使人生美化,使人的性灵寄托于美,而将忧患忘却。于学校中可实现者,如音乐、图画、旅行、游戏、演剧等均可去做,以之代替不好的消遣。但切不要拘泥,只随人意兴所到,适情便可。如音乐一项,笛子胡琴都可。大家看看文学书,唱唱诗歌,也可以悦性怡情。单独没有兴会,总要有几个人以上共同享乐,学校中要常有此种娱乐的组织。有此种组织,感情可以调和,同学间不好的意见和争执,也要少些了。"④"吾人沉睡于美的世界之中,直感当前,所觉唯美,生老病死,顿屏去于意识之中,此与宗教之信仰〈相比〉,更纯更洁,更为合理。"⑤蔡元培的上述分析论证也正说明了其"以美育代宗教"的实质之一就是通过美育来消除宗教对人们产生的不良影响,建构人类美好、健康的精神家园。

---

① 〔德〕席勒:《审美教育书简》,上海:上海人民出版社 2003 年版,第 4 页。
② 高平叔编:《蔡元培美育论集》,长沙:湖南教育出版社 1987 年版,第 46 页。
③ 高平叔编:《蔡元培美育论集》,长沙:湖南教育出版社 1987 年版,第 215 页。
④ 高平叔编:《蔡元培全集》第四卷,北京:中华书局 1984 年版,第 39—40 页。
⑤ 高平叔编:《蔡元培美育论集》,长沙:湖南教育出版社 1987 年版,第 110 页。

第三节 实现教育独立

主张教育独立,即教育不仅要独立于政党政治,而且还要独立于宗教(教会),这不仅是蔡元培教育思想中的一个重要组成部分,也是其“以美育代宗教”在教育思想中的具体体现。在中国近代教育史上的教育独立思潮中,蔡元培的教育独立思想影响最大,诚如著名学者舒新城所说:“十一二年间教育思想正盛之时,有从理论上主张教育应脱离政党与宗教而独立者,以蔡元培最为彻底。”①

一、教育独立思想概述

作为一种教育思潮,要求教育独立的主张在1915年以后就在我国出现了。它最初的出现,与教育经费的紧张密切相关。辛亥革命失败之后,各派军阀为了争权夺利,无不竞相发动战争,这样的结果就导致国家经费大部分被用于军事开支,致使教育经费奇缺。据有关资料显示,1919年北京政府国家预算军费占二分之一以上,而教育经费则只占1.33%。此外,即便是预算内的经费,也“往往任意拖延,多不按期核放,稍有事故,藉口停发,至办理多年之学校,无法维持,甚至停缀”②。这样的做法,引起了教育界的严重不满。而“五四”“六三”等爱国运动的爆发,肇端于教育界,这就使得军阀政府对教育经费的克扣有了更多的借口,教育界和政府之间的矛盾愈来愈尖锐,冲突也日益增多。在此种背景下,为了图生存,教育界就群起谋求教育经费独立,掀起了教育经费独立运动。

教育经费独立运动最初是由北京教育界提倡,之后各省教育界相声附和。1920年10月,全国教育会联合会第六届年会在上海召开,会议通过了《教育经费独立案》,其具体要求是:“由中央现行划清教育经费,并令行各省区长官督饬财政教育主管机关妥筹办法。统计每年该省区教育经费共需若干,于最短期内妥为区处,专款存储,按时发放。无论遇何紧要事件发生,均不准挪用,以示限制。”③1920

① 舒新城:《近代中国教育思想史》,上海:中华书局1932年版,第268页。
② 金林祥:《蔡元培教育思想研究》,沈阳:辽宁教育出版社1994年版,第219页。
③ 郃爽秋:《教育参考资料选辑》第二辑,上海:教育编译馆1934年版,第6页。

年12月至1921年2月，北京政府积欠包括北大、北高师在内的八所北京国立专门以上学校经费达四十余万元，甚至连教职工的薪资也不能按时发放。在这样的背景下，北京各高校教职员相继罢课，向政府施加压力。在此期间，他们还联合起来成立“北京国立专门以上各校教职员会代表联席会议”，讨论决定以“指定确实款项作为教育经费”及“清还积欠”①为目的，与政府展开谈判。但是对于他们的正当要求，北京政府不理不睬。各校教职员在无奈的情况下由罢课发展到一律辞职，并与学生一起向反动政府请愿。1921年6月3日，北京国立八校校长和各校教职员学生齐集新华门向政府请愿。反动政府不但不予接见，而且还指示军警大打出手，北大代理校长蒋梦麟，教授马叙伦、沈士远，法专校长王家驹以及学生数十人当场被重伤，轻伤者不下百人。这一事件引起了社会各界的强烈不满，教育独立的思潮亦自此勃发而不可遏制。

随着教育独立运动的进一步发展，教育界人士认识到仅仅要求教育经费独立是远远不够的，于是他们于1922年2月12日在北高师成立的“全国教育独立运动会”上提出了内容更广的教育独立主张，即不仅要求教育经费独立，而且还要求教育基金独立和教育制度的独立。其中教育制度独立的主张已经突破了教育经费独立的框架，这说明当时的教育界已经意识到教育还应该独立于政治。差不多在同一时候，《教育杂志》主编李石岑发表了《教育独立建议》一文，也认为“教育经费独立，固属要务；但徒经费独立，教育机关隶属政府管辖之下，结果仍等于零”②。因此，他在教育经费独立的主张之外，又提出了教育立法、教育行政独立的主张。

作为教育界人士和北大校长，蔡元培对教育经费紧张问题有着切身的感受。1921年7月，他在美国旧金山华侨欢迎会上，就对当时国内教育界教育经费紧张的原因和现状进行了分析。他说：“国家金钱，不用以兴利举废，而为兵所消耗，武人拥兵自雄，杀人盈野，以吾人脂膏，尽充军饷，全不想国家若危，已焉能安。”③“顾中国歹人耗费国家金钱，好事反无力举办。国立大学只有四个。其中，天津之北洋大学，只有法、工两科。山西大学虽有四科，惟因交通不便，学生亦仅几百人。

① 舒新城：《近代中国教育史料》第三册，上海：中华书局1928年版，第148页。

② 金林祥：《蔡元培教育思想研究》，沈阳：辽宁教育出版社1994年版，第221页。

③ 高平叔编：《蔡元培全集》第四卷，北京：中华书局1984年版，第55页。

东南大学新办预科,其幼稚可以想见。美国私立大学很多,共有几百个。中国之私立大学,亦寥若晨星,北京则有中国、民国,上海则有大同、复旦,且经费均感困难。”①“北大因经费不足,每年只招三百人,而与考者每多至千余人,势不能全数接纳。”②因此,他希望各位海外同胞能热心帮助,捐献钱款,以解决教育经费紧张问题。1922 年 4 月,蔡元培在向教职员工报告教育经费的筹划情况时,曾沉痛地说:“一次一次的来报告,简直是绝望了。我不敢对诸位先生敷衍、搪塞,所以据实报告。但是诸位先生所受经济的痛苦,已经达到极点,我任校长的,还不过这么一种绝望的报告。我个人对于诸位先生的歉仄、惭愧,真非言语所能形容了。”③1922 年 8 月,由于教育经费紧张问题,导致“各校招生之举,业已停顿,数千来京应试之学生,顿起恐慌。即各校旧生,亦以开学无期,非常失望。”④在这样的情况下,包括蔡元培在内的北京国立八校校长及部分教职员代表一起到教育部,要求发放积欠的经费(经费积欠已达五个月之久,而此次恳请在开学之前,可以先发放三个月经费),以解燃眉之急。即使这一合理要求也被拒绝,并遭到无端侮辱。八校校长愤而提出辞呈,并向全国各界发出通电:“教育经费,积欠五个月以上。北京国立八校校长暨教职员代表二十一人,根据阁议,并经教育王总长预向交通高总长介绍,允于本日上午在交部接见。讵到部后,始则闭门不纳;继则谈话未终,突来部员多人咆哮怒骂;部长托词赴院,一去不回;宪兵巡警盘诘监视;自朝至暮,毫无结果。似此蹂躏,万难忍受。”⑤由于对教育经费的缺乏有着最切身的认识,所以当他读到李石岑的《教育独立建议》一文时,给予了非常高的评价。他在《致李石岑函》中曾说道:“承寄大著《教育独立建议》,已详细读过,周密之至。第一时竟无可以贡疑处。”⑥在此后的岁月里,他还多次为教育经费的独立问题而多方面努力。比如,在 1927 年 12 月召开的国民政府委员会第十六次会议上,他同孙科一起提议《教育经费独立案》,要求“所有各省学校专款,及各种教育附税,暨一切教育收入,永远悉数拨归教育机关保管,实行教育会计独立制度,不准丝毫拖欠,亦不

① 高平叔编:《蔡元培全集》第四卷,北京:中华书局 1984 年版,第 57 页。
② 高平叔编:《蔡元培全集》第四卷,北京:中华书局 1984 年版,第 58 页。
③ 高平叔编:《蔡元培全集》第四卷,北京:中华书局 1984 年版,第 193 页。
④ 高平叔编:《蔡元培全集》第四卷,北京:中华书局 1984 年版,第 243 页。
⑤ 高平叔编:《蔡元培全集》第四卷,北京:中华书局 1984 年版,第 243 页。
⑥ 高平叔编:《蔡元培全集》第四卷,北京:中华书局 1984 年版,第 161 页。

准擅自截留挪用,一律解存职院,听候拨发"。[①] 在 1928 年 5 月 15 日召开的全国教育会议开会词中,他又强调说:"增高教育经费,并保障其独立,此为总理所定之政纲,决不能以财政统一之口号打破之者也。"[②]由此可见,对于主张教育经费独立,蔡元培是一贯支持赞同的。不过,由于他在教育界的特殊经历,他曾任过民国的教育总长,又曾因袁世凯的独裁统治,愤而辞去教育总长之职。在北大校长任上,他也饱受教育受政府控制而不能自主的痛苦。官僚办理教育的弊端,军阀政府对教育的控制,曾迫使他发出"我绝对不能再作那政府任命的校长"[③]的愤怒呼声。几度的出洋留学,又使他充分认识到教育独立于政党和教会的长处,比如在 1916 年 3 月华法教育会发起会上的演说中,他就明确指出障碍教育发展的两大因素:"一曰君主,二曰教会。"盛赞法国教育在这方面所取得的成功:"法国自革命成功,共和确定,教育界已一洗君政之遗毒。自一八八六年、一九零一年、一九一二年三次定律,又一扫教会之霉菌,固吾侪所公认者。"认为"现今世界之教育,能完全脱离君政及教会障碍者,以法国为最"[④]。这一切使得他对教育独立的要求主张明显高于同时代人。他并不满足于教育界只要求教育经费独立的主张,于 1922 年 3 月,在《新教育》杂志上发表《教育独立议》一文,提出了他自己对教育独立的看法。他在文章中指出:"教育是帮助被教育的人,给他能发展自己的能力,完成他的人格,于人类文化上能尽一分子的责任;不是把被教育的人,造成一种特别器具,给抱有他种目的的人去应用的。"因此,他主张"教育事业当完全交与教育家,保有独立的资格,毫不受各派政党或各派教会的影响"[⑤]。

蔡元培关于教育独立于政党和宗教(教会)的主张,在一定程度上反映了教育界的愿望,同时它反对的又是军阀的黑暗政治统治和帝国主义的宗教文化侵略,因此在当时具有进步意义,也得到了北大和整个教育界的支持和赞同,在社会上引起了积极的反响。

---

① 高平叔编:《蔡元培全集》第五卷,北京:中华书局 1988 年版,第 178—179 页。
② 高平叔编:《蔡元培全集》第五卷,北京:中华书局 1988 年版,第 229 页。
③ 高平叔编:《蔡元培全集》第三卷,北京:中华书局 1984 年版,第 297 页。
④ 高平叔编:《蔡元培全集》第二卷,北京:中华书局 1984 年版,第 414 页。
⑤ 高平叔编:《蔡元培全集》第四卷,北京:中华书局 1984 年版,第 177 页。

二、“以美育代宗教”在教育独立思想中的具体体现

蔡元培教育独立思想的两大主张就是要求教育独立于政党、教育独立于宗教(教会)。要求教育独立于宗教(教会)正是其“以美育代宗教”在教育独立思想中的具体体现。主张教育脱离宗教而独立,是蔡元培一贯的主张。在对宗教教育的批判中,他既反对任何形式的宗教浸入教育之中,影响学生,也反对复古派把孔教定为国教,把孔孟学说作为国民教育的主要内容。他在批判中国的旧式教育时曾说:“学校之中,苟有教会之人为教员,则往往诱导学生使之归依宗教。守旧学者,又欲定孔教为国家,以规定于学校教科之中。”①因此,他主张教育既要独立于教会,也要与孔教分离。

(一)教育独立于教会

蔡元培主张教育独立于教会,主要是因为:第一,“教育是进步的:凡有学术,总是后胜于前”②。因为后人总是凭借着前人的成绩基础而发展的,自然会更进一步。“教会是保守的:无论什么样尊重科学,一到《圣经》的成语,便绝对不许批评,便是加了一个限制。”③第二,教育是共同的。英国的学生可以读阿拉伯人所做的文学著作,印度的学生当然也可以用德国人所造的仪器,这都没有什么问题;而教会的差别却很大,不但基督教与回教不同,回教与佛教不同。即使在基督教里面,又有天主教与耶稣教的区别。在耶稣教里面,又有长老会、浸礼会、美以美会等各种派别,彼此“孰真孰伪”,永无定论。所以各国宪法中,都有“信仰自由”的条文。“若是把教育权交于教会,便恐不能绝对自由。”④第三,教会学校不仅有扩展的趋势,而且所宣传的内容与中国的传统教育也相抵触。蔡元培指出:“据最近统计,在浸礼会所办学校中入学的学生总数,目前已接近三十万。受到天主教教会学校培养的学生人数,约有二十万五千余人。现在有迹象表明,在这类学校中的学生人数有明显增长的趋势。”⑤对这种情况,蔡元培非常担心。他说:“我们

① 高平叔编:《蔡元培全集》第三卷,北京:中华书局 1984 年版,第 284 页。
② 高平叔编:《蔡元培全集》第四卷,北京:中华书局 1984 年版,第 177 页。
③ 高平叔编:《蔡元培全集》第四卷,北京:中华书局 1984 年版,第 177 页。
④ 高平叔编:《蔡元培全集》第四卷,北京:中华书局 1984 年版,第 178 页。
⑤ 中国蔡元培研究会编:《蔡元培全集》第五卷,杭州:浙江教育出版社 1997 年版,第 348 页。

看到,一有教会学校开办,就要宣扬某种宗教教义,就产生新的效果,造成新的影响,从而与我国传统教育相抵触。中国的教会忽视了中国的历史、文学其它重要的学科,正自行建立另一套与中国国家教育制度相并行的教育制度。”这种教育制度毫无疑问“是为中国的国家教育制度所不能相容的”。“我们的孩子们的生活环境和传统习惯是非宗教性的,如果我们尊重他们的权利,我们就应该采用这样一种方法来教育他们,即给他们以养成独立思考所必须的知识与智力”①,而不是要求他们必需接受宗教教育。第四,教育与宗教相分离是教育发达国家普遍采取的做法。他以法国为例说:“自一八八六年至一九九二年,法国厉行教育与宗教分离制政策。凡国立学校中,关系宗教之分子,一律排除。现在从小学至大学,任事者并无教会之人。”②此外,为了保证上述政策能够得以贯彻落实,“法国在 1912 年,即制定宗教不介于教育的法律,大战以后,瑞士教育家也有同样建议”③。正因为上述原因,所以蔡元培明确主张,“教育事业不可不超然于各派教会以外”④。

为了保证上述思想能贯彻落实,蔡元培还提出了具体措施:“大学中不必设神学科”,“各学校中,均不得有宣传教义的课程,不得举行祈祷式”;“以传教为业的人,不必参与教育事业”。表明他“绝对的不愿以宗教参与教育”⑤的观点。

(二)教育与孔教分离

蔡元培不仅主张教育要独立于教会,同时也主张教育与孔教相分离。蔡元培之所以主张教育与孔教相分离,最主要原因是他认为孔教是落后、专制、保守的象征。在中国两千多年的封建社会里,中国人的思想一直极不自由,根本原因就在于以孔子为代表的儒家文化的强制与专断。儒家文化自孔子提出之后,在人们思想中一直占据着非常重要的地位,尤其是后来经过汉代董仲舒的倡导和皇权的强力支持之后,它的地位更加巩固。两千多年来,以儒家为代表的文化专制主义思想就像紧箍咒一样禁锢着中国人的头脑,控制着中国人的神经。在此期间,即使有少许异端的言行,诸如庄子的逍遥,王充的“疾虚妄”,嵇康的“越名教而任自

① 高平叔编:《蔡元培全集》第五卷,北京:中华书局 1988 年版,第 32 页。
② 高平叔编:《蔡元培全集》第三卷,北京:中华书局 1984 年版,第 24 页。
③ 高平叔编:《蔡元培全集》第三卷,北京:中华书局 1984 年版,第 337 页。
④ 高平叔编:《蔡元培全集》第四卷,北京:中华书局 1984 年版,第 178 页。
⑤ 高平叔编:《蔡元培全集》第四卷,北京:中华书局 1984 年版,第 178 页。

然”李贽的离经叛道等,但终究抵不过文化专制主义所构成的思想牢笼,最后还是以失败而告终。辛亥革命的胜利,新兴资产阶级共和国的建立,不仅推翻了在中国存在了两千多年的封建君主专制制度,而且也打破了以儒家伦理纲常为核心的文化专制主义思想,人们长期受限制的思想也终于得到了自由和解放。但以康有为为代表的文化保守主义者并不甘心自己的失败,他们希望通过对孔子的重新包装宣传来获得社会的认可,进而重新恢复以儒家为代表的传统文化思想,孔教的提出实际上就是这种想法的产物。但孔教在刚提出之际,并没有得到多少人的支持和赞同,然而伴随着辛亥革命失败后袁世凯的上台执政,这种形势得到了大幅度的改变。在康有为等人的大力宣传及袁世凯当局的支持下,孔教会的活动盛极一时,尊孔复古的浪潮也一波高过一波。

对孔教论者的种种做法,蔡元培极为不满,因此他在不同的场合,通过不同的言论对之进行了驳斥和批判。在对孔教进行批判的过程中,他明确指出:“宗教是宗教,孔子是孔子,国家是国家,各有范围,不能并作一谈。”[①]至于孔教论者所提倡的忠君、尊孔思想,蔡元培则认为更是不合时宜,因为“忠君与共和政体不合,尊孔与信教自由相违”[②]。随后在全国临时教育会议上,他又明确提出了“学校不应拜孔子案”,列举了学校不应拜孔的理由:“前清学堂管理通则有拜孔子仪式,施行以来,窒息殊多。孔子并非宗教家,尊之自有其道,今乃以宗教仪式崇奉于学校之中,名为尊孔,实不合理。此学校不应拜孔子之理由一。教育与宗教各有目的,不宜强合为一。今以似是而非之宗教仪式行于学校,既悖尊孔之义,尤乖教育目的。此学校不应拜孔之理由二。宪法公例,信仰自由为三大自由之一。今以学校拜孔之故,致令他教之子弟,因信仰不同,不肯入学,既背宪法公例,尤于教育普及大生障碍,此学校不应拜孔之理由三。有此三理由,故学校之中,宜将此项礼仪删去。”[③]蔡元培之所以这么主张,是因为他清醒地认识到,中国两千多年来推行的文化专制主义制度,持一孔之论,守一家之言,给社会政治生活和文化教育事业造成了无穷的祸害,“吾国承秦始皇、汉武帝以来之习惯,于相对世界持绝对主义,执

---

① 高平叔编:《蔡元培全集》第二卷,北京:中华书局 1984 年版,第 490 页。

② 高平叔编:《蔡元培美育论集》,长沙:湖南教育出版社 1987 年版,第 7 页。

③ 梁柱:《蔡元培是怎样看待尊孔读经的》,载《中华魂》2008 年第 10 期。

一而排其他，凡政治之纷争，社会百业之停滞，无不由此"[①]。在民主共和时代，蔡元培强烈反对把孔子及其儒家学说定为一尊，从而实行专制统治，他所主张的是思想自由，各家学说一律平等。"无论为何种学派，苟其言之成理，持之有故，尚不达自然淘汰之运命者，虽彼此相反，而悉听其自由发展。"[②]在他任教育总长期间，经他的倡导和努力，前清教育宗旨中的"忠君"和"尊孔"条文被废止，小学废止读经，大学取消了经科。

蔡元培提倡"以美育代宗教"，主张教育独立于宗教，其根本目的就是希望教育能摆脱宗教的强制与依附关系，从而确立其自身的主体地位，这对实现思想自由、发挥教育的内在品质具有非常大的促进作用，因而得到不少教育界同仁的认可。如余家菊在国家主义的教育中也说："文化之进步，全赖理智活动之敏锐，故教育以启发理智为一大目的；宗教之结果，即理智归于麻木，其与教育不能两立，就无待多言。"胡适也曾表示，给人"自由思想的机会，他若从经验中感觉宗教的需要，从经验里体会得基督教的意义，那种信徒才是真信徒"[③]。

第四节 养成健全人格[④]

蔡元培之所以主张"以美育代宗教"，坚持教育独立于宗教，其最终的目的就是希望能养成健全的人格，从而实现其救亡的目的。他认为，近代中国之所以饱受外敌侵略和欺凌，根本原因就在于旧式教育所造就的寡廉鲜耻之徒的存在，他们追求袭取之术，揣摩、钻营无所不至；徇利禄，更不知礼义廉耻为何物，"此我中国所以以四万万之众，而亟见侮于外国，以酿成亡国亡种之祸者也"[⑤]。因此，要想真正实现救亡，并最终达到国富民强，就必须改造旧式教育，养成健全人格。蔡

① 高平叔编：《蔡元培全集》第三卷，北京：中华书局1984年版，第248页。

② 高平叔编：《蔡元培全集》第三卷，北京：中华书局1984年版，第271页。

③ 蔡尚思：《蔡元培学术思想传记——蔡元培与中国学术思想界》，台北：蒲公英出版社1986年版，第369—370页。

④ 本部分内容改写后以《近代中国人格之重建——蔡元培健全人格教育思想探析》为题发表于《长江师范学院学报》2010年第6期。

⑤ 中国蔡元培研究会编：《蔡元培全集》第一卷，杭州：浙江教育出版社1997年版，第15页。

元培说,教育“欲副爱国之名称,其精神不在提倡革命,而在养成完全之人格。盖国民而无完全人格,欲国家之隆盛,非但不可得,且有衰亡之虑焉。造成完全人格,使国家隆盛而不衰亡,真所谓爱国矣”①。

一、健全人格教育思想的提出及内涵

1912 年 2 月,蔡元培在《对于新教育之意见》一文中提出了包括军国民教育、实利主义教育、公民道德教育、世界观教育和美感教育在内的五育并举的教育思想,有了其培养健全人格思想的初步思考。1912 年 5 月,他在参议院发表政见演说时指出:“在普通教育,务顺应时势,养成共和国民健全之人格,在专门教育,务养成学问神圣之风习。”②正式提出了其培养健全人格的教育宗旨。1915 年,蔡元培在巴拿马参加万国教育会议时提交了《一九〇〇年以来教育之进步》一文,在文中他再次提出:“教育者,养成人格之事业也。”“小学教育既以遵循天性,养成人格为本义,则于身心两方面决不可偏废,而且不可不使为一致调和。”③1917 年 1 月,蔡元培在爱国女学校进行演说时又一次指出,在民国成立之后,教育“欲副爱国之名,其精神不在提倡革命,而在养成完全之人格。盖国民而无完全人格,欲国家之隆盛,非但不可得,且有衰亡之虑焉。造成完全人格,使国家隆盛而不衰亡,真所谓爱国矣”④。并明确说明,完全人格首在体育,次在智育,德育为完全人格之本。1919 年 2 月,蔡元培在《教育之对待发展》一文中指出:“盖群性与个性的发展,相反而适以相成,是今日完全人格,亦即新教育之标准也。”⑤1920 年 12 月,蔡元培在新加坡南洋华侨中学演讲时指出:“所谓健全的人格,内分为四育,即:(一)体育,(二)智育,(三)德育,(四)美育。”“以上四育,都宜时时试验演进,要一无偏枯,才可教练得儿童有健全的人格。”⑥至此,蔡元培已经明确表达了他的健全人格教育思想。尽管蔡元培的健全人格教育思想在不同的时期有不同的表达,但其基本的内涵是一致的,即:以受教育者为目的与本体,注重受教育者身心的协调、

---

① 高平叔编:《蔡元培教育名篇》,北京:教育科学出版社 2007 年版,第 47 页。
② 高平叔编:《蔡元培全集》第二卷,北京:中华书局 1984 年版,第 164 页。
③ 高平叔编:《蔡元培全集》第二卷,北京:中华书局 1984 年版,第 412 页。
④ 高平叔编:《蔡元培全集》第三卷,北京:中华书局 1984 年版,第 7—8 页。
⑤ 高平叔编:《蔡元培全集》第三卷,北京:中华书局 1984 年版,第 261 页。
⑥ 高平叔编:《蔡元培全集》第三卷,北京:中华书局 1984 年,第 474—477 页。

知情意的统一,追求个性和群性的一致,努力使受教育者在德育、智育、体育、美育和世界观教育五方面和谐发展。① 具体来讲,所谓健全人格,就是具有以下特征的人格。

(一)健全的人格在于生理与心理的协调

在《一九〇〇年以来教育之进步》中,蔡元培明确指出,健全的人格在于生理与心理之协调,然"中古时代之教育,偏于一部分之心理,而不及生理一方面,诚为偏隘。今也,偏重生理一方面,而于心理一方面均漠视之,不亦矫枉而过其正乎?健全之精神,必宿于健全之身体,衣食足而后知荣辱,生理之影响于心理也有然;科学知识,美术思想为发达工艺之要素,利用后生之事业,非有合群之道德心,常不足以举之,心理之影响于生理不亦有然乎!"②因此,他认为健全的人格必须是生理和心理两方面协调发展的人格,二者绝不可有偏废。

(二)健全的人格在于知、情、意的统一

蔡元培指出:"我们的心理上,可以分三方面看:一面是意志,一面是知识,一面是情感。意志的表现是行为,属于伦理学,知识属于各科学,感情是属于美术的。我们是做人,自然行为是主体,但要行为,断不能撇掉知识与感情。"③这三方面是相互联系,不可分割的。也只有这三方面相互统一、和谐发展,才能养成健全人格。"快乐说者,以达其情为鹄者也;克己说者,以达其智为鹄者也。人之性,既包智、情、意而有之,乃舍其二而取其一,揭以为人生之鹄,不亦偏乎?必也举智、情、意三者而悉达之,尽现基本性之能力于实在,而完成之,如是者,始可以为人生之鹄。"④在蔡元培的健全人格教育思想当中,知、情、意三方面的协调统一是必不可少的,他在《对于新教育之意见》一文中,还用上述观点对之所提的五育进行了归类:"以心理学各方面衡之,军国民主义毗于意志;实利主义毗于知识,德育兼意志情感二方面;美育毗于情感;而世界观则统三者而一之。"⑤由此可见,蔡元培始终把知、情、意三方面的统一看作是健全人格必不可少的一部分。

---

① 蔡元培研究会编:《论蔡元培》,北京:旅游教育出版社 1989 年版,第 39 页。

② 高平叔编:《蔡元培全集》第二卷,北京:中华书局 1984 年版,第 412 页。

③ 高平叔编:《蔡元培美育论集》,长沙:湖南教育出版社 1987 年版,第 105 页。

④ 高平叔编:《蔡元培全集》第二卷,北京:中华书局 1984 年版,第 248 页。

⑤ 高平叔编:《蔡元培全集》第二卷,北京:中华书局 1984 年版,第 135 页。

（三）健全的人格在于个性与群性的一致

在《教育之对待的发展》一文中，蔡元培对健全的人格从个性与群性的角度再次做了论述。他指出：“盖群性与个性的发展，相反而适以相成，是今日完全之人格，以及新教育之标准也。持个人的无政府主义者，不顾群性；持极端的社会主义者，不顾个性；是为偏畸之说，言教育者其慎之。”①在蔡元培看来，只有个性与群性二者同时具备，这样的个体才算得上是具有健全人格的个体，才是国家所需要之才，“故此后教育家之任务，在发现一种方法，能使国民内包的个性发达，同时使外延的社会与国家之共同性发达而已矣。盖惟此二性具备者，方得谓此后国家所需要之完全国民也”②。

（四）健全的人格在于德、智、体、美、世界观五方面的和谐

1912 年 2 月，蔡元培在《对于新教育之意见》一文中提出了“军国民主义、实利主义、德育主义、世界观和美育主义”五育并举的教育思想。对提出这一思想的原因，他在 1919 年的自述传略中进行了说明：“教育界所提倡之军国民主义及实利主义，因为救时之必要，而不可不以公民道德教育为中坚。欲养成公民道德，不可不使有一种哲学上之世界观与人生观，而涵养此等观念，不可不注重美育。”③在蔡元培的教育思想当中，五育分别具有不可替代的独特作用，并且是一个相互联系、不可分割的整体。对此，他以人的身体做比较来进行说明：“譬之人身，军国民主义者，筋骨也，用以自卫；实利主义者，胃肠也，用以营养，公民道德者，呼吸循环机也，周贯全体；美育者，神经系也，所以传导；世界观者，心理作用也，附丽于神经系而无迹象之可求。此即五者不可偏废之理也。”④

在蔡元培看来，健全的人格注重的是受教育者身心的协调、知情意的统一以及个性和群性的一致，要想达到这一要求，就必须德、智、体、美全面发展。因此，他在介绍说明养成健全人格的教育时就明确指出：“所谓健全人格，分为四育，即：（一）体育，（二）智育，（三）德育，（四）美育四项。”并且强调说“这四育是一样重

① 高平叔编：《蔡元培全集》第三卷，北京：中华书局 1984 年版，第 261 页。
② 高平叔编：《蔡元培全集》第三卷，北京：中华书局 1984 年版，第 261 页。
③ 高平叔编：《蔡元培全集》第三卷，北京：中华书局 1984 年版，第 328 页。
④ 高平叔编：《蔡元培全集》第二卷，北京：中华书局 1984 年版，第 135 页。

要,不可放松一项的”①,只有这四项一无偏枯,才有可能养得健全的人格。

二、取宗教而代之的美育在健全人格养成中的作用

蔡元培所要培养的是健全的人格、全面发展的人格,而宗教所要培养的则是为自己的教义、为自己所属的教派而服务的人员,因此蔡元培坚决反对宗教参与教育,主张教育独立于宗教。那么,取宗教而代之的美育在健全人格的养成中起着什么样的作用呢?实际上我们在前面已经讲过,蔡元培认为,健全的人格在于知、情、意的统一,美育属于情感,因此它在健全人格的养成中所起的作用就是陶冶人的情感,从而使受教育者产生伟大而高尚的行为,完善受教育者的人格。“美育者,应用美学之理论于教育,以陶养感情为目的者也。”②“人人都有感情,而并非都有伟大而高尚的行为,这由于感情推动力的薄弱。要转弱而为强,转薄而为厚,有待于陶养。陶养的工具,为美的对象,陶养的作用,叫做美育。”③

美育不仅有助于陶冶人的情感,而且还能培养人的超越精神,这也是健全的人格所必需的。蔡元培认为,人不能仅仅局限于现象世界的幸福,还应有一种超越现象世界的追求,即对实体世界的追求,这样人才能达到完美的境界,因为“人既无一死生破利害之观念,则必无冒险之精神,无远大之计画”,“非有出世间之思想者,不能善处世间事”。所以教育应满足和引导人的这一精神需求,应“立于现象世界,而有事于实体世界也”,应“以实体世界之观念为究竟之大目的,而以现象世界之幸福为其达于实体观念之作用”④。也就是说在教育过程中,除了具体的知识传授、技能培养之外,还应该注重学生理想精神、超越精神的培育。“教育者,养成人格之事业也。使仅仅为灌注知识、练习技能之作用,而不贯之以理想,则是机械之教育,非所以施于人类也。”⑤而美育恰恰就是培养人的这种超越精神所必需的,“美感者,合美丽与尊严而言之,介乎现象世界与实体世界之间,而为津梁”⑥。而这座津梁的架设之所以可能,就在于“在现象世界,凡人皆有爱恶惊惧

① 高平叔编:《蔡元培全集》第三卷,北京:中华书局1984年版,第474页。
② 高平叔编:《蔡元培美育论集》,长沙:湖南教育出版社1987年版,第208页。
③ 高平叔编:《蔡元培美育论集》,长沙:湖南教育出版社1987年版,第266页。
④ 高平叔编:《蔡元培全集》第二卷,北京:中华书局1984年版,第133页。
⑤ 高平叔编:《蔡元培教育名篇》,北京:教育科学出版社2007年版,第29页。
⑥ 高平叔编:《蔡元培全集》第二卷,北京:中华书局1984年版,第134页。

喜怒悲乐之情,随离合生死祸福利害之现象而流转。至美术,则即以此等现象为资料,而能使对之者,自美感以外,一无杂念。例如采莲煮豆,饮食之事也,而一入诗歌,则别成兴趣。火山赤舌,大风破舟,可骇可怖之景也,而一入图画,则转堪展玩。是则对于现象世界,无厌弃而亦无执著也。人既脱离一切现象世界相对之感情,而为浑然之美感,则即所谓与造物为友,而已接触于实体世界之观念矣"。"故教育家欲由现象世界而引以到达于实体世界之观念,不可不用美感之教育。"①

蔡元培在健全人格的养成中之所以如此推崇美育,是因为它不仅有助于陶冶人的感情,培养人的超越精神,而且还有助于德育、智育、体育的实施和完善。

(一)美育对德育的助力

在蔡元培的健全人格教育思想当中,德育是完全人格之本。他曾说:"若无德,则虽体魄智力发达,适足助其为恶,无益也。"②而美育,则非常有助于德育的实施。关于美育对德育的助力作用,蔡元培曾在不同的场合,通过不同的文字对之进行了说明。1917 年,在《以美育代宗教说》一文中,蔡元培曾明确指出,美育可以替代宗教,陶养人的感情,从而培养个体高尚之道德,如是说:"鉴激刺感情之弊,而专尚陶养感情之术,则莫如舍宗教而易以纯粹之美育。纯粹之美育,所以陶养吾人之感情,使有高尚纯洁之习惯,而使人我之见、利己损人之思念,以渐消沮者也。"③在同年的《致<新青年>记者函》一文中,蔡元培用清晰的文字再次表达了美育对德育的助力作用。"不信宗教之国民,何以有道德心,全恃美术之作用。盖道德属于意志,近世哲学家谓人类不外乎意志。不惟人类,即其他一切生物及无生物,亦不外乎意志。婴儿之吸乳,植物之吸收养料,矿物之重量,皆意志也。然心理有三方面,意志不能离知识与情感而单独进行。凡道德之关系功利者,伴乎知识,恃有科学之作用。而道德之超越功利者,伴乎情感,恃有美术之作用。"④1919 年,蔡元培在口述《传略》中解释自己为什么在《对于新教育之意见》一文中特别强调美育时,他给出的答案就是美育有助于公民道德的养成,如是说:"欲养成公民道德,不可不使有一种哲学上之世界观与人生观,而涵养此等观念,不可不

---

① 高平叔编:《蔡元培全集》第二卷,北京:中华书局 1984 年版,第 134 页。
② 高平叔编:《蔡元培全集》第三卷,北京:中华书局 1984 年版,第 8 页。
③ 高平叔编:《蔡元培美育论集》,长沙:湖南教育出版社 1987 年版,第 46 页。
④ 高平叔编:《蔡元培全集》第三卷,北京:中华书局 1984 年版,第 25 页。

注重美育。"[①]1930年,蔡元培在为商务印书馆编印的《教育大辞书》撰写美育条目时,又一次说明了美育对德育的助力作用:"人生不外乎意志;人与人互相关系,莫大于行为;故教育之目的,在使人人有适当之行为,即以德育为中心是也。顾欲行为之适当,必有两方面之准备:一方面,计较利害考察因果,以冷静之头脑判定之;凡保身卫国之德,属于此类,赖智育之助也。又一方面,不顾祸福,不计生死,以热烈感情奔赴之;凡与人同乐,舍己为群之德,属于此类,赖美育之助者也。所以美育者,与智育相辅而行,以图德育之完成者也。"[②]那么美育为什么具有这种特殊的作用呢?在蔡元培看来,这完全与美育的两大特征——普遍性与超脱性有关。他说:"既有普遍性以打破人我的成见,又有超脱性以透出利害的关系;所以当着重要关头,有'富贵不能淫,贫贱不能移,威武不能屈'的气概;甚至有'杀身以成仁'而不'求生以害人'的勇敢;这种是完全不由于知识的计较,而由于感情的陶养,就是不源于智育,而源于美育。"[③]"纯粹之美育,所以陶养吾人之感情,使有高尚纯洁之习惯,而使人我之见、利己损人之思念,以渐消沮者也。"[④]

(二)美育对智育的作用

在蔡元培看来,智育为完全人格之基本。他说:"身体壮佼,仪容伟岸,可以为贤乎?未也;居室崇闳,被服锦绣,可以为美乎?未也;人而无知识,则不能有为,虽矜饰其表,而鄙陋龌龊之状,宁可掩乎?""道德之名尚矣,要其归,则不外避恶而扬善。苟无知识以辨善恶,则何以知恶之不当为,而善之当行乎?"所以,蔡元培说:"知识者,人事之基本也。"[⑤]在当时高扬民主与科学的时代,科学也就是智育的代名词,因此蔡元培在论述美育对智育的作用时也主要通过美育对科学的作用来说明。在蔡元培看来,美育对科学的作用主要表现在以下三个方面。

第一,美育有助于科学知识的学习与传播。

蔡元培在为《美术生活》儿童专号题词时曾说:"科学基于概念,美术偏于直观。成人生活,关系复杂,拼缀种种概念以应付之,积久而感疲劳,则有资于直观

---

① 高平叔编:《蔡元培全集》第三卷,北京:中华书局1984年版,第328年。

② 高平叔编:《蔡元培美育论集》,长沙:湖南教育出版社1987年版,第208页。

③ 高平叔编:《蔡元培美育论集》,长沙:湖南教育出版社1987年版,第267页。

④ 高平叔编:《蔡元培美育论集》,长沙:湖南教育出版社1987年版,第46页。

⑤ 高平叔编:《蔡元培全集》第二卷,北京:中华书局1984年版,第183页。

之美,以为调剂;此《美术生活》之所为出版也。儿童时代,形成概念之力尚弱,则尤倾于直观。故无论开智陶情,均以利用美术为适宜。”①也即是说,要想开发智力,培养学生对科学知识的兴趣,完全可以通过美育的方式来进行。而且,美育本身也就存在于学校的种种课程之中,只要我们善于发现、引导利用就行。蔡元培说:“例如数学,仿佛是枯燥不过的了;但是美术上的比例、节奏,全是数的关系;截金术是最显的例证。数学的游戏,可以引起滑稽美感。几何的形式,是图案美术所应用的。理化学似乎机械了;但是声学与音乐,光学与色彩,密切得很。雄强的美,全是力的表示。美学中有‘感情移入’论,把美术品形式都用力来说明他。文学、音乐、图画,都有冷热的异感,可以从热学上引起联想。磁电的吸距,就是人的爱憎。有许多美术工艺,是用电力制成的。化学实验,常见美丽的光焰;元子电子的排列法,可以助图案变化。图画所用的颜料,有许多的化学品。星月的光辉,在天文学上不过映照距离的关系,在文学、图画上便有绝大的魔力。矿物的结晶,闪光与显色,在科学上不过自然的结果;在装饰品便作重要的材料。植物的花叶,在科学上作为保护生命的作用,或雌雄淘汰的结果;在美术、文学上都为美观的材料。地理学上云霞风雪的变态,山岳河海的名胜,文学家、美学家的遗迹;历史上文学、美术的进化,文学家、美术家的轶事;也都是美育的资料。”②

第二,美育有助于培养科学的创造精神。

蔡元培曾说过,“美术所以为高尚的消遣,就是能提起创造精神”,“因为美术一方面有超脱利害的性质;一方面有发展个性的自由。所以沉浸其中,能把占有的冲动逐渐减少,创造的冲动逐渐扩展”。③ 而这完全是科学所需要的,“人类有两种欲望:一是占有欲,一是创造欲。占有欲属于物质生活,为科学之事。创造欲为纯然无私的,归之于艺术。人人充满占有欲,社会必战争不已,紊乱不堪,故必有创作欲,艺术以为调剂,才能和平。艺术纯以创作为主,无现实上的一切占有欲而起的束缚,艺术家不要名誉、财产,不迎合社会,因此中外的艺术家,每每一生很苦。中国古话说:文人贫而后工。并不是贫而后工,是去掉了一切个人的、现实的私欲,而能纯以创造为主才工。大学院设立艺术院,纯粹为提倡此种无私的、美的

① 高平叔编:《蔡元培美育论集》,长沙:湖南教育出版社 1987 年版,第 290 页。
② 高平叔编:《蔡元培美育论集》,长沙:湖南教育出版社 1987 年版,第 160—161 页。
③ 高平叔编:《蔡元培全集》第四卷,北京:中华书局 1984 年版,第 43 页。

创造精神"①。

第三,美育有助于克服科学上的厌世主义。

蔡元培说:"常常看见专治科学、不涉美术的人,难免有萧索无聊的状态。无聊不过于生存上强迫的职务以外,俗的是借低劣的娱乐作消遣,高的是渐渐的成了厌世的神经病。"②"在欧西科学发达之国,甚且演成自杀者,亦不少也。"③为什么会发生这样的情形呢?蔡元培认为这是因为"单重智识不及情感之故,纯注意科学之流弊也。欲求〔救〕斯弊,厥惟美术,有美术,斯生美感。美德,不仅手工、图画、诗歌有之,无论何地何时,或何种科学,苟吾人具情感,皆可生美感。如见动物之一鸟一兽,植物之一草一木,以情感的观察,无一不觉有美感也。但偏重美术,沉溺于美感,亦所不取,盖恐有谢绝世故、不讲人情之弊耳。故科学与美术……求学者不可以不知也"④。

正是由于认识到美育对科学的发展有着重要的价值,美育与科学相辅相成,所以蔡元培多次强调"文化史上,科学与美术,总是同时发展。美术家得科学家的助力,技术愈能进步;科学家得美术的助力,研究愈增兴趣"⑤。"文化进步的国民,既然实施科学教育,尤要普及美术教育。""要透彻复杂的真相,应研究科学;要鼓励实行的兴会,应利用美术。"⑥

(三)美育对体育的价值

在健全人格的养成中,体育被蔡元培看作是完全人格之首。蔡元培说:"在西洋有一句成语,叫做健全的精神,宿于健全的身体。"⑦没有健全之身体,是不可能有健全之精神的,所以蔡元培才说:"夫完全人格,首在体育。"⑧然而体育的锻炼,则是需要兴趣的,如果没有兴趣则很难吸引人参加,即使参加也难以持久。要培养人们对体育的兴趣,则完全可以利用美育,因为它具有生动、形象、直观的特点,

---

① 高平叔编:《蔡元培全集》第五卷,北京:中华书局 1988 年版,第 220 页。
② 高平叔编:《蔡元培全集》第四卷,北京:中华书局 1984 年版,第 33 页。
③ 高平叔编:《蔡元培全集》第二卷,北京:中华书局 1984 年版,第 484 页。
④ 高平叔编:《蔡元培全集》第二卷,北京:中华书局 1984 年版,第 484 页。
⑤ 高平叔编:《蔡元培全集》第四卷,北京:中华书局 1984 年版,第 483 页。
⑥ 高平叔编:《蔡元培全集》第三卷,北京:中华书局 1984 年版,第 361 页。
⑦ 高平叔编:《蔡元培全集》第三卷,北京:中华书局 1984 年版,第 474 页。
⑧ 高平叔编:《蔡元培全集》第三卷,北京:中华书局 1984 年版,第 8 页。

如果在体育锻炼中能充分发挥美育的作用,比如通过游戏的方式来调动人们锻炼的激情,通过健美操、健美赛之类的比赛来增加人们对体育的欣赏,那么人们对体育的兴趣也必然会在不知不觉间形成,所以蔡元培说:“要鼓励实行的兴会,应利用美术。”①

① 高平叔编:《蔡元培全集》第三卷,北京:中华书局 1984 年版,第 361 页。

第五章 “以美育代宗教”的理性评析

蔡元培的“以美育代宗教”思想,既包含有其独特的思想特色,在当时特定的社会历史背景下也起到了积极的影响,但由于其理论认识和逻辑论证上的不足,以及在实践中缺乏充分的支持,这一切导致其最终以失败而告终,这不能不说是历史的悲哀,蔡老先生的悲哀。

第一节 “以美育代宗教”的思想特色

蔡元培“以美育代宗教”的思想特色主要体现为以下几个方面:重视现代性与传统性的融合;主张功利主义与超功利主义的统一;崇尚批判性与重建性的同步;强调理论性与实践性的一致。

一、重视现代性与传统性的融合

重视中西思想的汇通、重视现代性与传统性的融合是蔡元培一贯的主张,其“以美育代宗教”的提出,同样体现了这一特色。

蔡元培“以美育代宗教”思想的提出,首先是其重视西方现代性思想的产物。他站在西方现代性的立场上认为,与美育所代表的自由、进步、普及相比,宗教的强制、保守和有界体现的完全是一种前现代性,它必将随着科学技术和方法论在人类文化各领域的运用而最终走向衰落。蔡元培对宗教的这种态度,很明显是受到了西方现代科学理性主义思想的影响,特别是深受法国反宗教的唯物主义启蒙逻辑的影响。对此，刘小枫曾做过分析，他认为，“在蔡元培的审美主义论点中，西方近代科学理性主义乃是支撑其政治文化论争力的思想资源”①。我们发现，“以美育代宗教”的思想逻辑还借鉴了风靡当时的孔德社会进化论的线性进化思路。孔德认为，人类智力的发展和社会的发展，都必须经历这样三个阶段：“一、神学阶段；二、形而上学阶段，又名抽象阶段；三、科学阶段，又明实证阶段。”②在孔德看来，“在最终的实证阶段，思维已经抛弃了对于绝对观念、宇宙的起源和终结及现象的原因的徒劳思索，而专心致志于它们的定律，即它们的不变的连续和相似关系的研究”③。因此断言，实证阶段的社会制度是“最适合人类本性的形态，在那里，一切繁荣社会的手段都符合人自己最完善的发展并得到最直接的享用”④。孔德的由宗教时代到哲学时代再到科学时代的社会进化路线为蔡元培描述的宗教解体路径提供了学理支持。此外，“以美育代宗教”的提出，也是西方审美现代性思想——审美救赎理论影响的产物。前文已经述及，席勒通过审美的方式来拯救社会现实，恢复人性完整的思想给蔡元培以极大的启示，“以美育代宗教”思想在一定程度上可以说就是席勒的审美救赎思想在中国的现实改造应用。当然与席勒的更重视主体意识自我的革命，即通过非现实的感觉、知觉方式的革命，来解决现实问题的方式不同，蔡元培的美育包含的现实底蕴更强，但即使如此，他还是片面夸大了美育的价值与作用，这也是他的“以美育代宗教”失败的原因之一。

如果仔细分析蔡元培的“以美育代宗教”思想，我们就会发现，它不仅体现了其重视西方现代科学主义与审美主义的特点，而且还潜藏着一种中国传统主义的文化立场。

首先，就美育的价值内涵而言，蔡元培认为，美育的真正作用就在于“陶养吾人之感情，使有高尚纯洁之习惯，而使人我之见、利己损人之思念，以渐消沮者也”⑤。蔡元培对美育价值作用的这种规定很明显与儒家人文传统所要培养的理想道德人格是相一致的。他还说：“既有普遍性以打破人我的成见，又有超脱性以

---

① 刘小枫：《现代性社会理论绪论》，上海：上海三联书店 1998 年版，第 312 页。

② 洪谦：《西方现代资产阶级哲学论著选辑》，北京：商务印书馆 1964 年版，第 26 页。

③ 孙世哲：《蔡元培鲁迅的美育思想》，沈阳：辽宁教育出版社 1990 年版，第 156 页。

④ 欧力同：《孔德及其实证主义》，上海：上海社会科学院出版社 1987 年版，第 123 页。

⑤ 高平叔编：《蔡元培美育论集》，长沙：湖南教育出版社 1987 年版，第 46 页。

透出利害的关系;所以当着重要关头,有'富贵不能淫,贫贱不能移,威武不能屈'的气概;甚至有'杀身以成仁'而不'求生以害人'的勇敢;这种是完全不由于知识的计较,而由于感情的陶养,就是不源于智育,而源于美育。"①这里所谓的"气概"和"勇敢",很显然就属于儒家理想道德人格的内涵。在艰难的抗日战争时期,他更是不无理想化地把美育看作是抗日救亡的工具。他说:"当此全民抗战期间,有些人以为无赏鉴美术之余地,而鄙人则以为美术乃抗战时期必需品。"为什么呢?"因为抗战时期所最需要的,是人人有宁静的头脑,又有强毅的意志",而"推广美育,也是养成这种精神之一法"②。从培养个人的道德人格,到拯救国家的危亡,蔡元培对美育价值的这种规定,很显然是受中国传统文化影响的结果,是与儒家的经世传统"修身、齐家、治国、平天下"完全一致的。

其次,就宗教的可替代性而言,如果说西方的科学理性使蔡元培认识到宗教不可挽回的失败命运,那么中国传统文化中的非宗教精神则坚定了蔡元培"以美育代宗教"的信心。蔡元培深以为豪的便是"中国自来在历史上便与宗教没有甚么深切的关系,也未尝感非有宗教不可的必要"③。中国不仅有非宗教的精神,而且还具有美育的传统。对此,蔡元培通过《论孔子之精神生活》进行了揭示。他认为孔子的精神生活除了智、仁、勇三点以外,还有两个重要特点:"一是毫无宗教的迷信;二是利用美术的陶养。"④这就从传统文化中为"以美育代宗教"找到了本土资源。

由上述分析可知,蔡元培的"以美育代宗教"思想不仅受到了西方现代思想的影响,而且也受到中国传统文化的熏陶,因此可以说,"以美育代宗教"就是西方现代性与中国传统性相融合的产物,重视现代性与传统性的融合构成了"以美育代宗教"的一个重要特色。

二、主张功利主义与超功利主义的统一

功利主义美育观认为,审美与艺术具有功利性,是受社会政治和道德的制约,

① 高平叔编:《蔡元培美育论集》,长沙:湖南教育出版社 1987 年版,第 267 页。
② 高平叔编:《蔡元培美育论集》,长沙:湖南教育出版社 1987 年版,第 313 页。
③ 高平叔编:《蔡元培全集》第四卷,北京:中华书局 1984 年版,第 70 页。
④ 高平叔编:《蔡元培全集》第七卷,北京:中华书局 1989 年版,第 107—108 页。

为社会政治和道德而服务,自身没有独立存在的价值和地位。在中国古代美育思想史上,这种观点一直占据着主导地位,从“不学礼,无以立;不学诗,无以言”“兴、观、群、怨”,到“文以载道”“兴国之大业,不朽之盛事”等,可以说贯穿着一条鲜明的功利主义的线索。只是到近代,随着新文化运动的开展,超功利主义的美育观才引入中国。在西方思想史上,功利主义美育观也有着悠久的历史。古希腊的柏拉图就是西方功利主义美学的代表。他从功利主义出发而贬低艺术,认为艺术是模仿的模仿,影子的影子,既不能和理念相比拟,也没有实用品有价值,因此他要把艺人、诗人赶出他的“理想国”。在他之后相当长的历史时期,功利主义美育思想一直占据主导地位。到 18 世纪,法国启蒙运动的学者甚至将此推上极端。狄德罗认为,文艺要宣扬道德、进行道德教育;孟德斯鸠认为,文艺应当成为反对封建专制主义的武器;卢梭甚至做出了否定艺术的结论。

根据上述观点对蔡元培的“以美育代宗教”思想进行分析,我们就会发现,他所提倡的美育具有非常明确的目的性和功利性,那就是为了拯救国家危亡,重建社会健康信仰。他自己也曾说:“以为吾国之患,固在政府之腐败与政客军人之捣乱,而其根本,则在于大多数之人皆汲汲于近功近利而毫无高尚之思想,惟提倡美育足以药之。”①“美术与社会的关系,是无论何等时代,都是显著的了。从柏拉图提出美育主义后,多少教育家都认为美术是改进社会的工具。”②何以见得呢?他解释说:“我们试反躬自省,当读画吟诗、搜奇探幽之际,在心头每每感到一种莫可名言的怡适。即此境界,平日那种是非利害的念头,人我差别的执着,都一概泯灭了,心中只有一片光明,一片天机。这样我们还不怡性悦情么?心旷则神逸,心广则体宽,我们还不能养身么?人我之别、利害之念已泯灭,我们还不能进德么?人人如此,家家如此,还不能治国平天下么?”③在抗日战争时期,他还直接提出了美育是抗战救亡工具的说法。他说:“当此全民抗战期间,有些人以为无赏鉴美术之余地,而鄙人则以为美术乃抗战时期必需品。”为什么呢?“因为抗战时期所最需要的,是人人有宁静的头脑,又有强毅的意志。……这种宁静而强毅的精神,不但前方冲锋陷阵的将士,不可不有;就是在后方供给军需、救护伤兵、拯济难民及其

① 中国蔡元培研究会编:《蔡元培全集》第三卷,杭州:浙江教育出版社 1997 年版,第 630 页。
② 高平叔编:《蔡元培美育论集》,长沙:湖南教育出版社 1987 年版,第 80 页。
③ 高平叔编:《蔡元培美育论集》,长沙:湖南教育出版社 1987 年版,第 291 页。

他从事于不能停顿之学术或事业者,亦不可不有。有了这种精神,始能免于疏忽、错误、散漫等过失,始在全民抗战中担得起一份任务。”为养成这种宁静而坚毅的精神,蔡元培认为,“固然有特殊的机关,从事训练”,而“推广美育,也是养成这种精神之一法”①。

超功利主义美育观认为,审美与艺术是一种纯粹的精神活动、情感活动,具有超越性,能超越社会现实与个体官能欲望,从而居于一种独立的地位。在西方美育思想史上,超功利主义美育观有着重要的地位和作用。有西方学者说:“除非我们能理解‘无利害性’这个概念,否则我们就无法理解现代美学理论。假如有一种信念是现代思想的共同特质,它也就是:某种注意方式对美的事物的特殊的知觉方式来说,是不可缺少的。在康德、叔本华、克罗齐、柏格森那里都可遇到这种情况。”②根据美国美学家斯托尔尼兹的介绍,我们知道“无利害性”的概念是由18世纪英国经验主义美学家夏夫兹博里发明的,它的意义具有“实践性”,是指一种排除了欲望的活动。“当一个人不为任何一种预期的后果去进行思索之时,那么他就是‘无利害性’的。夏夫兹博里继续去描述具有美德的人作为一个旁观者在自己的举止行为和美德上注重去‘观察和静观’美,那么‘无利害性’本来所具有的那种‘实践’的意义就在知觉中被完全排除了。这个术语在此时也就只是指‘观看和赞赏’的状况。这是破天荒第一次给‘审美’一词以词源上的意义。其最贴切的说法也就是‘审美无利害性’。”③康德在《判断力批判》一书中借用了英国美学家的基本论题,把“审美无利害性”作为审美判断的首要条件,并以此为中心构建了他的美学理论体系,产生了巨大的影响,继他之后的黑格尔、叔本华、尼采等都属于超功利主义美育学的一派,并且成为西方近代美育学的主流。

根据上述观点对蔡元培的“以美育代宗教”思想进行分析,我们则会发现,他之所以选择美育来替代宗教,重建社会健康信仰,根本原因也正在于美育的超功利性。在蔡元培看来,现实中的人之所以有争斗、有冲突、有苦恼、有疑问,根本原因就在于缺乏超越精神:“人既无一死生破利害之观念,则必无冒险之精神,无远大之计画,见小利,急近功,则又能保其不为失节堕行身败名裂之人乎?谚曰当局

① 高平叔编:《蔡元培美育论集》,长沙:湖南教育出版社1987年版,第312页。

② 杨平:《康德与中国现代美学思想》,北京:东方出版社2002年版,第30页。

③ 杨平:《康德与中国现代美学思想》,北京:东方出版社2002年版,第31页。

者迷，旁观者清。非有出世间之思想者，不能善处世间事，吾人即仅仅以现世幸福为鹄的，犹不可无超逸现世之观念，况鹄的不止于此者乎？”①但一旦现实中的人与美术相接触，有了美育的熏陶，必可超越现实世界中的各种利害纠纷，从而进入无厌弃无执著的理想世界。蔡元培说：“在现象世界，凡人皆有爱恶惊惧喜怒悲乐之情，随离合生死利害之现象而流转。至美术，则即以此等现象为资料，而能使对之者，自美感之外，一无杂念。例如采莲煮豆，饮食之事也，而一入诗歌，则别成兴趣。火山赤舌，大风破舟，可骇可怖之景也，而一入图画，则转堪展玩。是则对于现象世界，无厌弃而亦无执著也。人既脱离一切现象世界相对之感情，而为浑然之美感，则即所谓与造物为友，而已接触于实体世界之观念矣。故教育家欲由现象世界而引以到达实体世界之观念，不可不用美感之教育。”②美育为什么会有这么大的功效呢？根本原因就在于美有普遍性和超脱性的特征，美的普遍性可以帮助人们摆脱现实的人我之见，从而实现人人共享而不妨碍他人；而美的超脱性则可以帮助人们超越现实的利害冲突，从而实现不为物役。正是由于美育具有超功利性的特点，所以蔡元培说：“我主张以美术来代替宗教，希望人人都有一种自然而然的善意。因为人类所以有不应为而为的事情，大抵起于自私自利的习惯。有时候迫于贪生怕死的成见，那就无所不为了。惟有美术的修养，能使人忘了小己，超然于生死利害之外，若人能有此陶冶，尤论何等境遇，均不失其当为而为，不当为而不为之气概。”③

由上述分析可知，蔡元培的“以美育代宗教”既包含有功利主义的美育观，也体现了超功利主义的美育观，那么它们之间会不会相互冲突呢？当然不会，因为审美的功利性与超功利性之间并不是绝对对立的，而是既对立又统一的。对此，我国学者聂振斌等人曾做过详细分析：“功利主义与超功利主义的矛盾，是美学思想发展的内在动力，因为，美学研究的对象是审美活动与文学艺术，而审美活动和文学艺术属于精神领域和观念形态，但它又不同于一般的观念形态。它是以具体形象或曰感性形式存在于现实当中，而实质又超越现实世界而属于精神世界。康德认为审美与纹样是联系现象世界（现实存在）与实体世界（观念、精神）的桥梁，

① 高平叔编：《蔡元培美育论集》，长沙：湖南教育出版社1987年版，第3页。
② 高平叔编：《蔡元培美育论集》，长沙：湖南教育出版社1987年版，第5页。
③ 高平叔编：《蔡元培全集》第七卷，北京：中华书局1989年版，第84页。

是有道理的。既然立于现实世界就应该有功用,既然超越现实世界就该无功用;无功用不等于无用,而是'无用之用',既有功用又'无用之用'两个方面,才能全面地说明审美活动和文学艺术的根本性质。功利主义审美观与超功利主义审美观,是围绕审美根本性质而产生的两面观,二者既是对立的,又是统一的;既是片面的,又是互补的。二者不断地互相批评、互相揭短,又以自己之所长弥补了对方之所短,制约着对方,使其避免走向死胡同,从而推动着美学思想不断地深入发展,这才是美学思想发展的基本线索。二者的矛盾成为美学思想发展的内在动力。只有把二者调和起来,使之相互制约、相互补充,而不是非此即彼,才能真正把握审美活动和文学艺术发展的基本规律。"①蔡元培"以美育代宗教"思想的提出,说明他不仅实现了对传统功利主义美学观和超功利主义美学观的超越,而且还实现了对审美"无用之用"功能的真正把握,这完全说明了蔡元培思想的先进性与眼光的独到之处。

三、崇尚批判性与重建性的同步

对宗教的批判,毫无疑问是"以美育代宗教"成立的基础。正因为如此,所以蔡元培对宗教的批判毫无动摇,一直贯穿于其"以美育代宗教"思想的始终,不论是在对"宗教救赎论者"言论的分析上,还是对宗教本身的解读上,处处可见他对宗教的否定与批判。但蔡元培对宗教的态度并不是以简单的批判、否定了事,而是在批判的同时,找到了重建的途径,那就是"以美育代宗教"。可以说,蔡元培"以美育代宗教"思想就是在批判中重建,在重建中批判,是批判性和重建性的同步。

在对"宗教救赎论者"的言论进行分析的过程中,蔡元培批判说,我国人之所以"信从基督教",或"欲崇孔子为教主","不明因果之言也"。"彼俗化之美,仍由于教育普及,科学发达,法律完备。人人于因果律知之甚明,何者行之而有利,何者行之而有害,辨别之甚析,故多数人率循正轨耳。于宗教何与?至于社会上一部分之黑暗,何国蔑有,不可以观察未周而为悬断也。质言之,道德与宗教,渺不

① 聂振斌、章建刚、王柯平等:《思辨的想象——20世纪中国美学主题史》,昆明:云南大学出版社2003年版,第17—18页。

相涉。”①“于宗教何与?”“渺不相涉”等言论把作者对宗教价值的否定表现得淋漓尽致。

在对宗教本身的解读中,蔡元培的否定和批判精神显得更为明显。在谈到宗教的根源时,蔡元培说:“上古之世,草昧初开,其民智识浅陋,所见惊奇疑异之事,皆以为出于神意。”②“初民时代没有科学,一切人类不易知道的事,全赖宗教代为解释。”③“盖以吾人未开化时代,脑力简单,视吾人一身与世界万物,均为一种不可思议之事。……于是有宗教家勉强解答之。”④上述这一切分析都说明,宗教的产生,只不过是人类智力低下、落后的产物,是人类无奈之举,并非人类的必需,这也从一个侧面表达了蔡元培对宗教价值的否定。在谈到宗教的未来时,蔡元培说:“宗教只是人类进程中间一时的产物,并没有永存的本性。”⑤“其后人智日开,科学发达,以星云说明天地之始,以进化论明人类的由来,以引力说原子论明自然界之秩序,而上帝创造世界之说破;以归纳法组织伦理学、社会学等,而上帝监理人类行为之说破。于是旧宗教之主义不足以博信仰。”⑥“没有永存的本性”,“旧宗教之主义不足以博信仰”等明显表现了他在现今进化、科学时代对宗教的否定与批判。在谈到宗教的本质时,蔡元培说:“我曾经把复杂的宗教分析过,求得他最后的原素,不过是一种信仰心,就是各人对一种哲学主义的信仰心。各人的哲学程度不同,信仰当然不一样,一个人的哲学思想有进步,信仰当然可以改变,这全是个人精神上的自由,断不容受外界的干涉。我愿意称他为哲学的信仰,不愿意叫作宗教的信仰。因为现今各种宗教,都是拘泥着陈腐主义,用诡诞的仪式,夸张的宣传,引起无知识人盲从的信仰,来维持传教人的生活。这完全是用外力侵入个人的精神界,可算是侵犯人权的。我所尤反对的,是那些教会的学校同青年会,用种种暗示,来诱惑未成年的学生,去信仰他们的基督教。”⑦“侵犯人权”可以说是蔡元培对宗教界种种行为的一个概括,也清晰地说明了他反对宗教的原因和

---

① 高平叔编:《蔡元培全集》第三卷,北京:中华书局 1984 年版,第 28 页。

② 高平叔编:《蔡元培全集》第二卷,北京:中华书局 1984 年版,第 490 页。

③ 高平叔编:《蔡元培美育论集》,长沙:湖南教育出版社 1987 年版,第 274 页。

④ 高平叔编:《蔡元培美育论集》,长沙:湖南教育出版社 1987 年版,第 43 页。

⑤ 高平叔编:《蔡元培全集》第四卷,北京:中华书局 1984 年版,第 70 页。

⑥ 高平叔编:《蔡元培全集》第二卷,北京:中华书局 1984 年版,第 490—491 页。

⑦ 高平叔编:《蔡元培全集》第四卷,北京:中华书局 1984 年版,第 179 页。

理由。也许有人会说,宗教不是还能够给人带来一定程度的心理安慰吗?这种作用难道也得否定?对宗教的"慰情"作用,蔡元培并没有否认,因为他曾说过:"宗教注意教人,要人对于一切不满意的事能找到安慰,使一切辛苦和不舒服能统统去掉。"①有了宗教,"人类疾病死亡痛苦一切不能满足之心虑,皆得于良心上有所慰藉,与之新生之希望"②。有了宗教,"一切困苦便可以暂时去掉,这是宗教最大的作用"。但我们应该注意,蔡元培在说明宗教的"慰情"作用时所用的一个词"暂时",也就是说宗教给人提供的只不过是暂时的心理安慰,只不过是尽力"使人们被引到别一方面去,到另外一个世界去,而把具体世界忘掉"③而已,这种做法从本质上来说是解决不了任何现实问题的,说不好听的,就是一种精神欺骗。正因为如此,所以蔡元培对宗教家所宣扬的种种宗教观进行了诘问:"宗教说好人死后不吃亏,但现在科学发达,人家都不相信。宗教又说,人死后有灵魂,做好人可以受福,否则要在地狱里受灾难,但究竟如何,还没有人拿出实在证据来。"④

蔡元培对宗教的批判是坚决的、彻底的,但他并不是简单地以批判了事,而是在批判的同时,也在寻找重建的途径和方式,那就是"以美育代宗教"。"人生是不免于忧患的,心有所寄,则忧患消除。与其寄于幽眇的宗教,不如寄于当前的美术。查科学之起,和宗教相为关联,自科学的界域扩充,遂利[和]宗教脱离关系。美术其初亦与宗教相连,后来乃渐脱离了关系。吾人沉睡于美的世界之中,直感当前,所觉唯美,生老病死,顿屏去于意识之中,此与宗教之信仰〈相比〉,更纯更洁,更为合理。"⑤"有人以为宗教具有与美术、文学相同的慰情作用,对于困苦的人生,不无存在的价值。其实这种说法,反足以证实文学、美术可以替代宗教,及宗教之不能不日就衰亡。因为美术、文学乃人为的慰藉,随时代思潮而进化,并且种类杂多,可任人自由选择。其亲切活泼,实在远过于宗教之执着而强制。至有因美术、文学多采用宗教上的材料,因而疑宗教是不可废的,不知这是历史上一时的现象。因为当在宗教极盛的时候,无往而非宗教,美术、文学,自然也不免取材

① 高平叔编:《蔡元培美育论集》,长沙:湖南教育出版社1987年版,第276页。

② 高平叔编:《蔡元培全集》第二卷,北京:中华书局1984年版,第490页。

③ 高平叔编:《蔡元培美育论集》,长沙:湖南教育出版社1987年版,第276页。

④ 高平叔编:《蔡元培美育论集》,长沙:湖南教育出版社1987年版,第278—279页。

⑤ 高平叔编:《蔡元培美育论集》,长沙:湖南教育出版社1987年版,第110页。

于此。……自文艺中兴时代,用时代的人物及风俗写宗教的实际,宗教的兴味,已渐渐薄弱。后来采取历史风俗的材料渐多,大多数文学、美术与宗教毫无关系,而且反对宗教之作品,亦日出不穷,其慰藉吾人之作用,仍然存在。因此知道文学、美术与宗教的关系,也将如科学一样,与宗教无关,或竟代去宗教。我曾主张‘美育代宗教’便是此意。”①

批判性与重建性二者是同步的,蔡元培正是在对宗教种种缺点和局限进行批判的过程中找到了重建的途径——美育,在批判中重建,在重建中批判,二者结合在一起共同构成了蔡元培“以美育代宗教”思想的一个鲜明特色。

四、强调理论性与实践性的一致

对实践的重视,强调理论与实践的一致是蔡元培坚持的一个基本原则,这个原则贯穿于他的思想整体中,也反映在他的实际行动中。在“以美育代宗教”问题上也是如此。

蔡元培在“以美育代宗教”中所强调的理论性与实践性的一致首先表现在它是为应对现实问题、实践问题而提出的,而当时中国最现实的问题就是在国家面临危亡、人民丧失信仰背景下“宗教救赎论”的泛滥、孔教运动的猖獗,于是有的“欲以基督教劝导国人”,有的“以孔子为我国之基督教,遂欲组织孔教”。② 蔡元培“以美育代宗教”思想就是为应对这样的现实问题而提出的,可以说如果没有近代中国“宗教救赎论”的泛滥和孔教运动的猖獗,也许就不会有“以美育代宗教”思想的提出,更不要说对它的完善和发展,因此说“以美育代宗教”思想本身就是现实的产物、实践的产物。

其次表现在蔡元培不仅在理论上论证“以美育代宗教”的必要性和可能性,而且还在实践中极力倡导“以美育代宗教”。1916 年 12 月 11 日,蔡元培在江苏省教育会讲演《教育界之恐慌及救济办法》。在这篇演讲中,他在批判论者提倡宗教救济道德观点的基础上,初步阐述了他的“以美育代宗教”思想,即“今日科学发达,宗教亦无所施其技,而美术实可代之”③。同年 12 月底,在出席北京政学会的欢迎

① 高平叔编:《蔡元培全集》第四卷,北京:中华书局 1984 年版,第 71 页。
② 高平叔编:《蔡元培美育论集》,长沙:湖南教育出版社 1987 年版,第 43 页。
③ 高平叔编:《蔡元培全集》第二卷,北京:中华书局 1984 年版,第 489 页。

会上,他发表了《我之欧战观》的演说,再次否定了宗教对道德的救济作用,并强调了美育在道德养成中的重要作用,"不信宗教之国民,何以有道德心,全恃美术之作用"[1]。1917 年 3 月 29 日,蔡元培到清华学校高等科进行演说。在这次演说中,他又一次批判了当前社会中存在的基督教救赎或者孔教救赎的观点。1917 年 4 月 8 日,北京神州学会在虎坊桥湖广会馆举行讲演大会,蔡元培到会,正式提出要倡导"以美育代宗教"。在此后的 20 世纪 30 年代,蔡元培还连续撰文倡导他的这一主张。1930 年 12 月,在《现代学生》杂志第 1 卷第 3 期,蔡元培发表了同名文章《以美育代宗教》;1932 年,仅有一字之差,我们又看到了他的题为《美育代宗教》的文章。一直到逝世的前两年,他还在《<居友学说评论>序》当中展示他准备以"以美育代宗教"为题写一本专著的内容,并表达了他因最终没能够用"以美育代宗教"为题写成一部专著而造成的遗憾:"……人事牵制,历二十年之久而尚未成书,真是憾事。"[2]

最后还表现在蔡元培在实践中的亲力亲为。这主要体现在以下几个方面:第一,制定美育方针,废除尊孔读经;第二,开设美育课,亲自上课;第三,亲自发起、创办美育团体;第四,亲自发起创办艺术院校,对当时其他艺术院校也都尽力给予支持、扶掖;第五,积极参与非宗教运动,极力批判孔教和尊孔活动,倡导"以美育代宗教"。(上述内容详见第三章第二节)

由上述分析可以看出,蔡元培在"以美育代宗教"的提出过程中,不仅强调它的理论分析,更强调它的宣传实践,尽管由于种种原因它最终还是以失败而告终,但是蔡元培在它上面所体现的追求理论和实践相一致的特色还是值得我们研究学习。

第二节 "以美育代宗教"的历史影响

蔡元培"以美育代宗教"思想的历史影响主要体现在它不仅推动了新文化运动向纵深方向发展,而且也促进了全社会对美育的重视和关注,同时还开启了近

① 高平叔编:《蔡元培全集》第三卷,北京:中华书局 1984 年版,第 25 页。

② 高平叔编:《蔡元培全集》第三卷,北京:中华书局 1984 年版,第 25 页。

代中国非宗教教育的历史，给帝国主义国家的宗教文化侵略施以沉重的打击。

一、推动了新文化运动向纵深方向发展

辛亥革命失败以后，袁世凯窃取了国权，为了抵制民主共和，复辟封建帝制，便大肆宣扬封建守旧思想，搞出了一出出尊孔复古的闹剧：1912 年 9 月，袁世凯发布《崇孔伦常文》；1913 年 6 月，袁世凯发布《尊孔祀孔令》；1914 年 1 月，袁世凯授意御用“政治会议”通过了《祀孔案》；1915 年 2 月，袁世凯颁布了《教育纲要》，通令全国“各学校均应崇奉古圣贤以为师法，以尊孔端其基，尚孟以致其用”①。与此同时，以康有为为代表的尊孔复古势力在执政当局的默许、支持下大搞尊孔复古宣传，成立了孔教会，并发起了定孔教为国教的请愿运动。一时之下，尊孔复古的浪潮一股高过一股。面对这股反动逆流，以陈独秀、李大钊等为代表的激进民主主义者不甘示弱，他们以《新青年》杂志为革命阵地，大张旗鼓地宣传民主与科学，反对封建与专制，在全国范围内掀起了一场轰轰烈烈的新文化运动。蔡元培“以美育代宗教”思想提出之时，正值新文化运动蓬勃发展之际，它的提出，无疑是对新文化运动“提倡民主，反对专制；提倡科学，反对愚昧”的回应，因此在社会引起了积极的反响，也推动了新文化运动进一步向纵深方向发展。这一思想对新文化运动的推动作用主要体现在以下几个方面。

第一，对科学理性的倡导与宣传。对科学理性的借重与利用，可以说构成了蔡元培“以美育代宗教”思想的一个重要特色。比如，在分析宗教产生的原因时，蔡元培就说：“上古之世，草昧初开，其民智识浅陋，所见惊奇疑异之事，皆以为出于神意。”②“初民时代没有科学，一切人类不易知道的事，全赖宗教去代为解释。”③也就是说在上古时候，由于科学不发达，人民愚昧，对自然的、社会的现象还不能正确地解释，就产生了原始宗教，所以从根本上说，宗教“不过是一种神道设教的托词，或是积思以后的幻相。……这全是因为没有科学发展的缘故”④。既然宗教的产生是没有科学发展的缘故，那么科学发展起来以后，宗教是不是也

① 舒新城：《中国近代教育史资料》第二册，北京：人民教育出版社 1981 年版，第 260 页。

② 高平叔编：《蔡元培全集》第二卷，北京：中华书局 1984 年版，第 490 页。

③ 高平叔编：《蔡元培美育论集》，长沙：湖南教育出版社 1987 年版，第 274 页。

④ 高平叔编：《蔡元培全集》第四卷，北京：中华书局 1984 年版，第 393 页。

就丧失了其存在的价值呢？蔡元培的回答是肯定的，他说：“其后人智日开，科学发达，以星云说明天地之始，以进化论说明人类的由来，以引力说原子论明自然界之秩序，而上帝创造世界之说破；以归纳法组织伦理学、社会学等，而上帝监理人类行为之说破。于是旧宗教之主义不足以博信仰。”①“旧宗教之主义不足以博信仰”，这完全是蔡元培借重与利用近代自然科学、社会科学所得出的观点，因此他倡导人们相信科学，不应相信宗教。蔡元培不仅借重科学的观点去分析宗教的产生和发展，而且还利用科学的观点去分析宗教的危害及其历史命运。在他看来，宗教与科学是完全不一样的，科学讲理，讲实验，而宗教是迷信信仰，“超乎经验之上的，不能以学理证明其是非”②，所以它必然会成为思想自由、“学问进步之障碍”③、“社会之流毒”④。蔡元培认为，科学的发展，必然会消除宗教的上述种种影响，从而使宗教没有存在的余地。他说，近代西方自然科学大发展已经说明，“一切政治、道德、教育、文学、无一不含着科学实证的精神。近来一元哲学、自然文学日渐发达，一切宗教的迷信，虚幻的理想，更是抛在九霄云外”⑤。由此可见，人类社会发展得到一定阶段，“是没有宗教存在的余地的”⑥，宗教也必将随着科学文化的普及而被人们所抛弃。因此，人们一定要相信科学，宣传科学，只有这样，才能真正“屏教宗之阑入”⑦。

第二，对宗教迷信的批判与反对。对宗教迷信的批判与反对，是蔡元培“以美育代宗教”思想的一个重要内容，是论证其“以美育代宗教”成立的一个重要理由，因此蔡元培对宗教的批判是全方位的、彻底的、不遗余力的。首先，从产生上说，它是人们愚昧无知的产物，因此不值得信服。“上古之世，草昧初开，其民智识浅陋，所见惊奇疑异之事，皆以为出于神意。”⑧其次，从特点上讲，它不仅是专制、保守的代表，而且还不屑实际、违反人性。它的专制性就体现在“现今各种宗教，都

① 高平叔编：《蔡元培全集》第二卷，北京：中华书局 1984 年版，第 490—491 页。
② 高平叔编：《蔡元培全集》第三卷，北京：中华书局 1984 年版，第 283 页。
③ 高平叔编：《蔡元培全集》第三卷，北京：中华书局 1984 年版，第 52 页。
④ 高平叔编：《蔡元培全集》第二卷，北京：中华书局 1984 年版，第 469 页。
⑤ 高平叔编：《蔡元培全集》第四卷，北京：中华书局 1984 年版，第 69 页。
⑥ 高平叔编：《蔡元培全集》第四卷，北京：中华书局 1984 年版，第 70 页。
⑦ 高平叔编：《蔡元培全集》第二卷，北京：中华书局 1984 年版，第 393 页。
⑧ 高平叔编：《蔡元培全集》第二卷，北京：中华书局 1984 年版，第 490 页。

拘泥着陈腐主义,用诡诞的仪式,夸张的宣传,引起无知识人盲从的信仰,来维持传教人的生活。这完全是用外力侵入个人的精神界,可算是侵犯人权的"①。它的保守性则体现在"譬如圣经上说有人打你的右颊,你把左颊也让他打,有人剥你的外衣,你把里衣也脱了给他"。这种说法至少是千余年以前圣贤所定的,但相信宗教的人,要绝对服从这些教义。"无论音乐、工艺美术品都是时时进步的,但宗教却绝对的保守。譬如一部圣经,哪一个人敢修改?"②至于它不屑实际、违反人性,则具体表现在"欲以《圣经》中最简单之理论,解释宇宙间一切事物,不屑实地观察。又求心灵于体魄之外,求天国于现世之外,故轻视自然界。并且排斥情思,设为种种违反人情的道德,使人类奄奄无生气"③。再次,从影响上讲,它还有激刺感情之弊端。"盖无论何等宗教,无不有扩张己教攻击异教之条件。回教之穆罕默德,左手持《可兰经》而右手持剑,不从其教者杀之。基督教与回教冲突,而有十字军之战,几及百年。基督教中又有新旧教之战,亦亘数十年之久。至佛教之圆通,非他教所能及。而学佛者苟有拘牢教义之成见,则崇拜舍利受持经忏之陋习,虽通人亦肯为之。甚至为护法起见,不惜于共和时代,符合专制。宗教之为累,一至于此,皆激刺感情之作用为之也。"④正是由于上述原因,所以蔡元培批判说:"宗教说好人死后不吃亏,但现在科学发达,人家都不相信。宗教又说,人死后有灵魂,做好人可以受福,否则要在地狱里受灾难,但究竟如何,还没有人拿出实在的证据来。"⑤

第三,对美育所代表的自由、进步的追求与向往。在蔡元培看来,美育与对宗教迷信所代表的专制、保守完全不一样,首先它是自由的象征,"人通过美,而且必须通过美,才能达到自由"⑥。其次,相对于宗教的保守性而言,它则具有进步性,能够随着时代的进步而进步,随着社会的发展而发展。在具体论述这一观点时,蔡元培曾明确指出:"美育是整个的,一时代有一时代的美育。油画以前是没有

---

① 高平叔编:《蔡元培全集》第四卷,北京:中华书局 1984 年版,第 179 页。
② 高平叔编:《蔡元培美育论集》,长沙:湖南教育出版社 1987 年版,第 277—278 页。
③ 高平叔编:《蔡元培全集》第四卷,北京:中华书局 1984 年版,第 61 页。
④ 高平叔编:《蔡元培美育论集》,长沙:湖南教育出版社 1987 年版,第 45—46 页。
⑤ 高平叔编:《蔡元培美育论集》,长沙:湖南教育出版社 1987 年版,第 278—279 页。
⑥ 〔日〕今道由信编:《美学的将来》,樊锦鑫等译,南宁:广西教育出版社 1997 年版,第 150 页。

的,现在才有。照相也是如此。唱戏也经过了许多时期。无论音乐、工艺美术品,都是时时进步的。”①此外,相对于宗教精神生活的激刺感情之弊而言,它还能陶养人的感情,“使有高尚纯洁之习惯,而使人我之见,利己损人之思念,以渐消沮者也”②。“我提倡美育,便是使人类能在音乐、雕刻、图画、文学里又找到他们遗失了的情感。我们每每在听了一支歌,看了一张画、一件雕刻,或者读了一首诗、一篇文章以后,常会有一种说不出的感觉;四周的空气会变得更温柔,眼前的对象会变得更甜蜜,似乎觉到自身在这个世界上有一种伟大的使命。这种使命不仅仅是要使人人有饭吃,有衣装穿,有房子住,他同时还要使人人能在保持生存以外,还能去享受人生。知道了享受人生的乐趣,同时也便知道了人生的可爱,人与人的感情便不期然而然地更加浓厚起来。那么,虽然不能说战争可以完全消失,至少可以毁除不少起衅的秧苗了。”③

第四,对陈独秀“以科学代宗教”思想的丰富与发展。“以科学代宗教”是陈独秀在新文化运动中为提倡科学、反对宗教愚昧而提出来的一个响亮口号。在陈独秀看来,所有的宗教都是一种骗人的偶像:“阿弥陀佛是骗人的;耶和华上帝也是骗人的;玉皇大帝也是骗人的;一切宗教家所尊重的崇拜的神佛仙鬼,都是无用的骗人的偶像,都应该破坏!”④因此他说,我们要解除人生的困惑,勘探人生的真义,就不能依靠假想的宗教,“真能决疑,厥惟科学。故余主张以科学代宗教,开拓吾人真实之信仰,虽缓终达”⑤。毫无疑问,陈独秀“以科学代宗教”的提出,在破除宗教迷信、提升科学理性方面起到了非常积极的作用,但在蔡元培看来,科学终究是替代不了宗教的。原因就在于科学属于认知,宗教涉及情感,这两者分别属于两个不同的领域。按蔡元培的划分法,科学属于现象世界,而宗教则属于超逸现象世界的实体世界,也即蔡元培所说的“感觉界以内之事,即哲学与科学之领域也。宗教则托始于超轶感觉之观念,而不以概念为根柢”⑥。由于两者处于两个不同的世界,谁也不能完全干涉谁,所以科学无法代替宗教。而美育则不一样,它

---

① 高平叔编:《蔡元培美育论集》,长沙:湖南教育出版社 1987 年版,第 278 页。
② 高平叔编:《蔡元培美育论集》,长沙:湖南教育出版社 1987 年版,第 46 页。
③ 高平叔编:《蔡元培美育论集》,长沙:湖南教育出版社 1987 年版,第 215 页。
④ 张志刚:《20 世纪宗教观研究》,北京:北京大学出版社 2007 年版,第 158 页。
⑤ 张志刚:《20 世纪宗教观研究》,北京:北京大学出版社 2007 年版,第 159 页。
⑥ 高平叔编:《蔡元培全集》第二卷,北京:中华书局 1984 年版,第 350 页。

不但与宗教有着相同的感情基础,都有强烈的感情,深切的感受,而且还与宗教的最高义相同,蔡元培说:“就是照主义上说,宗教的最高义,在乎于有穷世界接触无穷世界;而前述色林之美的观念说,所谓无穷的完全进入有穷的,有穷的完全充满着无穷的;乃正是这种作用。”①所以美育能代宗教。

蔡元培“以美育代宗教”对科学理性的提倡,对宗教迷信的批判,对美育所代表的自由、进步的向往,对“以科学代宗教”思想的丰富与发展,完全与新文化运动发展的方向与趋势相一致,因此在它提出之后,立即就得到了陈独秀等人的赞同与支持,在社会上也引起了巨大的反响,积极地推动了新文化向纵深方向发展。

二、促进了全社会对美育的重视与关注

蔡元培对美育的重视与关注开始于他在德国莱比锡大学留学期间。他在《自写年谱》中曾清晰写道:“我于讲堂上既常听美学、美术史、文学史的讲演,于环境上又常受音乐、美术的熏习,不知不觉的渐集中心力于美学方面。尤因冯德讲哲学史时,提出康德关于美学的见解,最注重于美的超越性与普遍性,就康德原书,详细研读,益见美学关系的重要。”②德国莱比锡大学的留学生涯开启了他的美学、美育之路,自此之后,他毕生提倡美学、美育,不遗余力。

蔡元培在回国后刚开始提倡美育时,受到的阻力是非常大的。蔡元培在就任中华民国临时政府教育总长后就立即制定了包括军国民主义、实利主义、公民道德教育、世界观教育与美感教育在内的美育方针,但随后不久,由于军阀内部的倾轧争权,他被迫辞职,美育方针也被迫废除。

美育影响在全社会的真正扩大开始于“五四”前后。据《新青年》第 3 卷第 1 号(1917 年 3 月 1 日)刊载,有人于 1917 年之初给《新青年》主编陈独秀写信说:“以美育代宗教之伟论,在吾国思想界,实得未曾有。……最好请蔡先生著论阐明斯理,登诸大志,以为迷信宗教者告,则造福青年界,岂浅鲜哉!”③在随后不久出版的《新青年》第 3 卷第 6 号上,果然出版了蔡元培的大作:《以美育代宗教说》。蔡元培“以美育代宗教”思想提出之后,立即在学术界引起了积极的响应和争论,

---

① 高平叔编:《蔡元培全集》第四卷,北京:中华书局 1984 年版,第 462 页。
② 高平叔编:《蔡元培全集》第七卷,北京:中华书局 1989 年版,第 302 页。
③ 孙世哲:《蔡元培鲁迅的美育思想》,沈阳:辽宁教育出版社 1990 年版,第 177 页。

众多学者纷纷撰文从不同的角度表达自己的观点与主张。对蔡元培的这一学术论断响应最积极的恐怕就是艺术家林风眠，他在《东西艺术之前途》中明确指出："宗教只能适合某时代，人类理性发达后，宗教自身实根本破产。某时代附属于宗教之艺术，起而替代宗教，实是自然的一种倾向。蔡元培先生所论以美育代宗教说，实是一种事实。"①著名画家潘天寿也发表见解说："艺术原为安慰人类精神的至剂，其程度愈高，其意义愈深，其效能愈宏大。艺术以最纯静的、至高、至深、至优美、至奥妙的美之情趣，引人入胜地引导人类之品性道德达到最高点，而入艺术极乐的王国。蔡孑民先生主张以美育代宗教，亦就是这个意思。"②

对"以美育代宗教"的主张，除了赞同的声音之外，反对的也不少。杨鸿烈在《驳以美育代宗教说》一文中就指出，蔡元培的文章"立论却有些疏忽的地方，既没有替美育定一个明了具体完全的界说，又没有指示出宗教与美区别的地方，只是说了些知识作用、意志作用和感情作用附丽于宗教，而美育的普遍无人我的感情之陶养，就足以代替宗教。因此一般人人附会盲从，甚至于把美育、美学、艺术都当作一样的意思，岂不令人好笑！"③赵紫宸也在《圣经在近世文化中的地位》一文中指出："宗教不是美艺，乃是完全的生命；圣经不是美术教科书，乃是完全的生命书。而美术只为生命的一部分，不是生命的全体，万无代替宗教之理。宗教若单是情感，美术或者可代也未可知；生命若单是美的情感，美术或者可以维持它也未可知。反而言之，美育若能创造新信仰，若能将人生一切希望价值融合统一在美术的范围里，若能固定人和无形境界的灵通，实现人格全体的交换与尊敬，使人得最常规的社会道德标准和行为，若能为人解决一切忧痛悲伤问题，度一切罪恶苦厄，若能把人生的元妙一切阐述打破，则美育就可以代替宗教了。"④他的结论是："文化中间，不可一日无美术，但美术不能一日代宗教；美术不能一日代宗教，世上再也没有一件文化的元素可以代替宗教了，没有一种势力可以把圣经束之高阁了。"⑤

---

① 李诤编：《林风眠画论》，郑州：河南人民出版社1999年版，第17—18页。

② 潘公凯：《潘天寿谈艺录》，杭州：浙江人民美术出版社1985年版，第3页。

③ 姚全兴：《五四时期关于以美育代宗教说的论争》，载《美与时代》（下半月）2008年第8期。

④ 姚全兴：《五四时期关于以美育代宗教说的论争》，载《美与时代》（下半月）2008年第8期。

⑤ 姚全兴：《五四时期关于以美育代宗教说的论争》，载《美与时代》（下半月）2008年第8期。

不管学术界对蔡元培“以美育代宗教”的主张是持赞同或反对的态度,但围绕“以美育代宗教”所产生的争论在社会上引起了积极的反响,美育也成了全民关注的焦点,为全社会所重视和关注,人们也由此知道了美学、审美与美育为何物,这也正是当代中国美学与美育建立的必要基础。在此后的岁月里,蔡元培连续撰文《以美育代宗教》《美育代宗教》等进一步表达他的思想和主张,这些对进一步促进全社会对美育的重视和关注都起了巨大的作用。由于蔡元培“以美育代宗教”对美育思想的宣传引起了广泛关注,以至于后来国民政府竟特设“孑民美育研究院筹备委员会”,可见其“以美育代宗教”对美育影响之巨大。“以美育代宗教”对美育思想的宣传也对艺术教育的促进和发展产生了积极的影响,也正是在蔡元培的支持与推动下,许多艺术学校纷纷建立,这些艺术院校大多为现在著名艺术院校的前身,为社会培养了大批人才,造成了不小的影响。在蔡元培所倡的美感教育思潮下,美学家、教育家、艺术家和艺术教师同台合奏一曲美育协奏曲,让 20 世纪前期的美育得以健康发展。许多学者对蔡元培的美育思想和美育实践做过高度评价,称他为“美育的首倡导”,是中国近代教育史上提倡美育的“唯一中坚人物”①,“只要讲起中国的美学,就不论理论与教育方面,均要首先提到先生”②。这些评价绝非过誉之词,它们只是真实客观地表现了蔡元培在中国美育事业上的影响与贡献而已。

三、开启了近代中国非宗教教育的历史

从一般意义上理解,所谓非宗教教育,就是反对宗教进入教育领域,反对宗教对学校教育权的控制和管理,从而使教育真正回归于民,为培养国家合格的人才而服务。蔡元培之所以提倡非宗教教育,提倡“以美育代宗教”,它的一个重要目的就是希望消除宗教教育对中国人民产生的负面影响,消除帝国主义国家对中国人民的宗教文化侵略。

在近代中国的历史上,教会学校的开办、宗教教育的开展,它们的直接目的“并不是想替中国建设一个学校系统”,而是把学校作为“传教的一种工具”,“坚

① 舒新城:《近代中国教育思想史》,上海:中华书局 1928 年版,第 157 期。

② 蔡尚思:《蔡元培学术思想传记》,上海:棠棣出版社 1950 年版,第 319 页。

心竭力谋导学生信奉基督","由个人的归化,而促成整个民族的归化"①,从而最终实现完全控制中国的目的。美国伊里诺大学校长詹姆斯曾在致总统的信件中写道:"哪一个国家能做到教育这一代的年轻中国人,哪一个国家就能由于这方面所支付的努力而在精神和商业的影响上,取回最大可能的收获。""为了扩张精神上的影响,而花一些钱,即使只从物质意义上说,也是能够比用别的方式收获的更多,商业追随精神上的支配,是比追随军旗更为可靠的。"②美国传教士穆德也谈道:"使这些人受着基督化而与基督教发生友谊的关系,实是目前最重要的工作。"③

在上述思想的指引下,西方帝国主义国家极力在中国扩张教会势力,增加教会学校,以加强其宗教文化侵略。据有关资料显示,到 1914 年为止,美国在中国开设的初等教会学校已近二千所,学生四万五千名,中高等学校共二百八十六,学生二万三千名;其次是英国,初等教会学校有一千四百余所,学生三万二千名,中高等学校共二百四十一所,学生七千八百名;德国最少,初等教会学校有一百六十四所,学生近五千名,中学十五所,学生五百多名。④ (以上所指的是基督教开设的教会学校。)至于天主教在中国开设的学校,到 1914 年共有八千零三十四所,学生总数共有十三万二千八百五十名,绝大部分为初等学校或教理学校。两者相加,1914 年共有一万二千余所教会学校,学生总数约二十五万名。当时中国官立学校共有五万七千二百六十所,学生共约一百六十三万名,与教会学校的比例是五比一,学生是六比一,可见当时教会学校势力之大了。⑤

帝国主义的宗教文化侵略和奴化教育,激起了中国人民的强烈反抗,他们纷纷起来通过各种形式与帝国主义侵略势力展开斗争,蔡元培的"以美育代宗教"思想可以说就是这时对敌斗争的产物。蔡尚思在《蔡元培学术思想传记》中曾对蔡元培的"以美育代宗教"思想进行过这样的评价:"(1917 年)八月,先生在《新青年》发表《以美育代宗教说》,极力攻击宗教,谓其侈言阴骘,攻击异教,无补人心,

① 李楚材:《帝国主义侵华教育史资料——教会教育》,北京:教育科学出版社 1987 年版,第 461 页。

② 人民日报评论员:《宗教侵华的历史》,载《人民日报》1951 年 4 月 14 日。

③ 国民政府实业部:《中国经济年鉴》,1943 年,第 266 页。

④ 顾长声:《传教士与近代中国》,上海:上海人民出版社 1981 年版,第 333 页。

⑤ 顾长声:《传教士与近代中国》,上海:上海人民出版社 1981 年版,第 334 页。

而主张无人我的纯粹美感代替之,实为正式倡言非宗教教育之始。”[①]也就是说,在他看来,蔡元培的“以美育代宗教”思想正式开启了非宗教教育的历史。而事实也正是这样,蔡元培的“以美育代宗教”思想不仅开启了近代中国非宗教教育的历史,而且还促使他自己进一步探索非宗教教育的实施,他的“教育独立论”思想的提出可以说就是这种探索的产物。1922 年 3 月,蔡元培发表《教育独立论》一文,明确地提出了教育应独立于各派教会的主张,并对如何实施提出了明确的意见,即“大学中不必设神学科,但于哲学科中设宗教史,比较宗教学等;各学校中,均不得有宣传教义的课程,不得举行祈祷式;以传教为业的人,不必参与教育事业”[②]。“以美育代宗教”对非宗教教育历史的开启,“教育独立论”对非宗教教育的发展,在国内迅速形成了一股反宗教的浪潮,极大地打击了帝国主义国家的宗教文化侵略。

面对中国轰轰烈烈的反宗教浪潮,帝国主义国家并没有因此而放弃奴化教育和宗教宣传,而是希望通过变换策略、在中国寻找代理人的方式继续加强和扩大教会学校的势力和影响。1922 年 4 月,他们决定在北京清华大学召开世界基督教学生同盟第 11 届大会,进一步扩大基督教的影响与宣传。

作为“以美育代宗教”的提倡者、非宗教教育的开启者,蔡元培对清华大学愿意为这次世界基督教大会提供场地极为不满,并批评说:“今年忽然有一个世界基督教学生同盟,要在中国的清华学校开会。为什么这些学生,愿意带上一个基督教的头衔?为什么清华学校愿给一个宗教同盟作会场?真是大不可解。”[③]世界基督教大会在中国的召开,也引起了其他进步人士和学生的不满,他们联合起来组织了“非宗教同盟”与之展开斗争,蔡元培也积极参与其中,并被推举为同盟干事。1922 年 4 月 9 日,非宗教同盟在北大召开第一次大会,蔡元培积极参与并发表了题为“非宗教运动”的演说。在演说中他重申在《教育独立论》中提出的反对教会干涉教育的三项主张,并强调说:“我的意识,是绝对的不愿以宗教参与教育的。”[④]在他看来,信教是自由,不信教也是自由,如果把教育权交与教会,学生便

① 蔡尚思:《蔡元培学术思想传记》,上海:棠棣出版社 1950 年版,第 65 页。
② 高平叔编:《蔡元培全集》第四卷,北京:中华书局 1984 年版,第 178 页。
③ 高平叔编:《蔡元培全集》第四卷,北京:中华书局 1984 年版,第 179—180 页。
④ 高平叔编:《蔡元培全集》第四卷,北京:中华书局 1984 年版,第 179—180 页。

绝不能自由，所以，教育事业不可不超然于各派教会之外。蔡元培的上述思想和主张毫无疑问是其“以美育代宗教”思想和非宗教教育思想的进一步丰富和发展，尽管也有瑕疵，正如他在回复陈衡哲信函中所说的那样：“此次‘非宗教’同盟发布各电，诚有不合论理之言”，“矫枉不免过正”。[①]

蔡元培的非宗教教育思想，即倡导教育与宗教相分离，反对教会干涉教育的思想很快发展成为非宗教运动的主题，各地非宗教同盟和教会学校师生强烈要求中国政府收回教会学校教育权。广州收回教育权委员会提出：“（一）所有外人在华所办之学校，须向中国政府注册与核准；（二）所有课程及编制，须受中国教育机关之支配及取缔；（三）凡外人在华所办之学校，不许其在课程上正式编入、正式教授及宣传宗教，同时也不许其强迫学生赴礼拜堂念圣经；（四）不许压迫学生、剥夺学生之集会、结社、言论、出版等自由”，并呼吁全国人民“一致力争”。[②] 杭州非基督教同盟也致函孙中山，要求“废除一切宗教，收回教育权，废止治安警察条例，庚子赔款应退回中国，充全国中小学及平民教育经费”[③]。湖南新化非基督教同盟也向基督教中华信义会提出，要求教会学校学生“不作祷告、礼拜”，“不读《圣经》”，“各种爱国运动学生一律参加”，“所教科目应与本国一致”。[④] 著名的教育团体教育改进社及各省市的教育会，也都纷纷上书，要求帝国主义国家在中国“所设学校及他项教育事业，应一律呈报（中国）政府注册”，“须一律受地方教育官厅之监督与指挥”。[⑤] 在外界群众的强大压力下，北洋政府教育部也不得不颁布《外人捐资设立学校请求认可办法》六条，规定外人在华所办学校“须依照教育部所颁关于请求认可之各项规则向教育行政官厅认可”，学校科目“不得以宗教科目列入必修课”。[⑥]

蔡元培的非宗教教育思想及其后发生的收回教会学校教育权的运动，总体上给了帝国主义国家的宗教文化侵略以极大的打击作用。

① 高平叔编：《蔡元培全集》第四卷，北京：中华书局1984年版，第226—227页。
② 夏瑰琦：《论我国1922—1927年间的基督教运动》，载《杭州大学学报》1988年第2期。
③ 夏瑰琦：《论我国1922—1927年间的基督教运动》，载《杭州大学学报》1988年第2期。
④ 夏瑰琦：《论我国1922—1927年间的基督教运动》，载《杭州大学学报》1988年第2期。
⑤ 夏瑰琦：《论我国1922—1927年间的基督教运动》，载《杭州大学学报》1988年第2期。
⑥ 夏瑰琦：《论我国1922—1927年间的基督教运动》，载《杭州大学学报》1988年第2期。

第三节 “以美育代宗教”的理性反思

蔡元培“以美育代宗教”思想提出之后尽管在社会上引起了巨大的反响,也起到了一定积极的历史作用,但由于其在理论认识和逻辑论证上的不足,同时在实践当中又缺乏全社会的大力支持,导致其最终不得不以失败告终。

一、理论认识上的反思

蔡元培对“以美育代宗教”的理论论证主要建立在他对宗教和美育的认识方面,下面我们就从这两个方面进行反思,探讨其失败的原因之所在。

(一)宗教认识方面

蔡元培对宗教的认识是深刻的,批判也是激烈的,但认识得深刻、批判得激烈,并不代表他在宗教认识上的全部观点都是正确的。事实上,他在宗教认识上的很多观点和看法都缺乏客观性和全面性,正是这种缺乏,导致它的“以美育代宗教”不得不建立在并不充分的理论根据之上,这不能不说是一种遗憾。

首先,没有充分认识到宗教存在的根源和消亡的条件。

在蔡元培看来,宗教的产生完全是由人们的愚昧无知和缺乏科学知识导致的,如是说:“上古之世,草昧初开,其民智识浅陋,所见惊奇疑异之事,皆以为出于神意。”①“初民时代没有科学,一切人类不易知道的事,全赖宗教去代为解释。”②如果说仅仅是从认识论和自然观的角度来探讨宗教的产生,蔡元培的上述观点毫无疑问是正确的,因为马克思和恩格斯在分析宗教产生的认识论根源和自然根源时也都曾说过与蔡元培相类似的话,“思维和存在、精神对自然界的关系问题,全部哲学的最高问题,像一切宗教一样,其根源在于蒙昧时代的狭隘而愚昧的观念”③。“宗教是在最原始的时代从人们关于他们本身和周围的外部自然界的错

---

① 高平叔编:《蔡元培全集》第二卷,北京:中华书局1984年版,第490页。

② 高平叔编:《蔡元培美育论集》,长沙:湖南教育出版社1987年版,第274页。

③ 《马克思恩格斯全集》第二十一卷,北京:人民出版社1965年版,第316页。

误的、最原始的观念中产生的。"[①]但宗教的产生绝不仅仅只有其认识论根源和自然根源,还有其心理根源和社会根源。关于宗教产生的心理根源问题,费尔巴哈在他的《宗教本质讲演录》中曾进行过详细的分析。他认为:"人的依赖感是宗教的基础",不论是野蛮人的宗教,还是文明民族的宗教,"除了依赖感或依赖意识之外,我们就不能发现其他更适当、更广包的宗教心理根源了"[②]。而关于宗教产生的社会根源问题,马克思在1843年写的《论犹太人问题》一文中就曾对其进行分析:"由于宗教的存在是一个缺陷的存在,那么这个缺陷的根源只应该到国家自身的本质中去寻找。在我们看来,宗教实际上已经不是世俗狭隘性的原因,而只是它的表现。因此,我们用自由公民的世俗桎梏来说明它们的宗教桎梏。""我们不能把世俗问题化为神学问题。我们要把神学问题化为世俗问题"[③],要从社会历史角度出发去说明宗教。在1844年他与恩格斯合写的《神圣家族》一文中,马克思再次强调了要从社会出发来揭示宗教根源的观点,提出"现代犹太人的生活不能以他们的宗教(好像宗教就是一种特殊的孤芳自赏的本质)来解释;相反地,犹太教的生命力只能用虚幻地反映在犹太教中的市民社会的实际基础来解释"[④]。随后的列宁也从社会根源的角度对宗教的产生进行了分析与论证:"在现代资本主义国家里,这种根源主要是社会的根源。劳动群众受到社会的压抑,在时时刻刻给普通劳动人民带来最可怕的灾难、最残酷的折磨(比战争、地震等任何非常事件厉害一千倍)的资本主义盲目势力面前,他们觉得似乎毫无办法——这就是目前宗教最深刻的根源了'恐惧创造神'。现代宗教的根源就是对资本盲目势力的恐惧,而这种势力确实是盲目的势力,因为人民群众不能预见到它,因为它使无产者和小业主在生活中随时随地都可能遭到,而且正在遭到'突如其来的'、'出人意料的'、'偶然发生的'破产和毁灭,使他们变成乞丐,变成穷光蛋,变成娼妓,甚至活活饿死。凡是不愿一直留在预备班的唯物主义者,都应当首先而且特别注意这种根源。"[⑤]

---

① 《马克思恩格斯全集》第二十一卷,北京:人民出版社1965年版,第248页。

② 《费尔巴哈哲学著作选集》下卷,北京:商务印书馆1984年版,第526—527页。

③ 《马克思恩格斯全集》第一卷,北京:人民出版社1956年版,第425页。

④ 《马克思恩格斯全集》第二卷,北京:人民出版社1957年版,第141页。

⑤ 《列宁选集》第二卷,北京:人民出版社1995年版,第378—379页。

由于对宗教产生的根源缺乏全面的认识和把握,导致蔡元培对宗教的消亡也做出了错误的判断和认识,即认为只要通过科学的发展,消除宗教产生的自然根源和认识根源,就可以“以美育代宗教”了。殊不知心理根源和社会根源也是导致宗教存在的重要因素,只要这些根源不能全部消除,宗教的消亡就只能是遥遥无期,可望而不可及的事情。如果我们不顾社会现实,不顾宗教存在和发展的实际,而是试图以任何人为的方式去取消它、替代它,那结果只能是一个字——失败。苏联曾搞了七十多年的社会主义革命,也多次宣布已经彻底埋葬了资本主义制度,消灭了宗教迷信。可是,这个世界上第一个社会主义国家却在20世纪90年代彻底宣告解体、失败了。那里的宗教不仅一直未曾消灭,而且大有重新燎原之势。这样的事实就说明,宗教的消亡不是可以在短时间内通过人为的方式而解决的,正因为如此,所以马克思才说,宗教的消亡是一个“长期的、痛苦的历史发展”①过程,江泽民同志才说:“宗教走向最终消亡也必然是一个漫长的历史过程,可能比阶级、国家的消亡还要久远。”②

其次,片面夸大了科学在取代宗教方面的价值和作用。

对科学价值的借重与依赖,可以说是蔡元培“以美育代宗教”思想的一个重要特色。在蔡元培看来,宗教之所以产生,其根本原因就在于人们缺乏科学知识,“初民时代没有科学,一切人类不易知道的事,全赖宗教去代为解释”③。因此科学一旦发展起来,宗教就会逐渐丧失其存在的理由,从而不被人信仰。“其后人智日开,科学发达,以星云说明天地之始,以进化论说明人类的由来,以引力说原子论明自然界之秩序,而上帝创造世界之说破;以归纳法组织伦理学、社会学等,而上帝监理人类行为之说破。于是旧宗教之主义不足以博信仰。”④事实是不是这样的呢?科学的发展是否能消除人类认识上的一切困惑,从而使宗教无存身之地呢?答案很显然是否定的。科学的发展的确能在很多方面消除人们的困惑,深化人们对宇宙和整个世界的了解,同时也推翻了过去许多由宗教做出的解释和说明,也正因为如此,科学成了近代社会普遍追求的信仰,宗教在科学的进攻之下也

① 《马克思恩格斯全集》第二十三卷,北京:人民出版社1972年版,第96—97页。

② 《江泽民文选》第三卷,北京:人民出版社2006年版,第150页。

③ 高平叔编:《蔡元培美育论集》,长沙:湖南教育出版社1987年版,第274页。

④ 高平叔编:《蔡元培全集》第二卷,北京:中华书局1984年版,第490—491页。

似乎有了被科学彻底取代之势。然而,20 世纪发展的历史并没有验证这一点,20 世纪不仅出现了对科学理性价值功能的普遍反思,同时还出现了世界性的宗教复兴运动,原有宗教势力不断扩张,新兴宗教势力快速发展。原因何在?根源就在于人类认知能力的有限性与认知对象的无限性。诚然,随着科学的发展,宗教会不断被驱逐出原有的领地,但是我们也应当看到,科学在扩大自己认知领域的同时,又会带来新的,甚至更多的未知领域。人类即使在现象领域能用科学解释整个世界的状态如何,但它也始终无法解释整个世界的状态为何如此。著名物理学家杨振宁 1987 年在回答科学与宗教关系问题的时候说了如下一段发人深思的话:"一个科学家做研究工作的时候,当他发现,有许多可以说是不可思议的美丽的自然的结构,我想,应该描述的方法是,他会有一个触及灵魂的震动,因为,当他认识到,自然的结构有这么多的不可思议的奥妙,这个时候的感觉,我想是和最真诚的宗教信仰很接近的。所以你问:相信不相信在不可知的宇宙中有造物主在创造一切?这个话,我想我很难正面回答是或者不是,我只能说,当我们越来越多地了解自然界一些美妙的不可思议的机构后,不管我们是正面回答这个问题还是不正面回答这个问题,都确实有你所问的这个问题存在。是不是有人或者是有神在那里主持着?我想,这也是一个永远不能有最后回答的问题。"①杨振宁这样的一种感受,在许多科学家当中都存在着。爱因斯坦也曾指出:"这个世界最令人不可理解的事情,就是,它是可以理解的。"②正是由于上述原因的存在,所以我们认为蔡元培对科学的宗教替代价值和作用做了夸大的说明。

再次,几乎全部否认了宗教存在的价值和作用

蔡元培之所以坚持要用美育替代宗教,一个重要的原因就在于他充分认识到了宗教相对于美育的弊端和缺陷:"一、美育是自由的,而宗教是强制的;二、美育是进步的,而宗教是保守的;三、美育是普及的,而宗教是有界的"③;"鉴激刺感情之弊,而专尚陶养感情之术,则莫如舍宗教而易之纯粹之美育"④。毫无疑问,蔡元培上述对宗教弊端和缺陷的认识是正确的,批判也是深刻的,但问题的关键是

① 钱时惕:《科学与宗教关系及其历史演变》,北京:人民出版社 2002 年版,第 139—140 页。

② 《纪念爱因斯坦译文集》,上海:上海科学技术出版社 1997 年版,第 97 页。

③ 高平叔编:《蔡元培美育论集》,长沙:湖南教育出版社 1987 年版,第 207 页。

④ 高平叔编:《蔡元培美育论集》,长沙:湖南教育出版社 1987 年版,第 46 页。

宗教是否就只有弊端,而没有其存在的价值和作用?事实上,作为人类文化史上一种独特的文化形式,宗教的诸多价值和作用是无法被否定和替代的。比如宗教的情感慰藉作用。按照马斯洛的理论,每一个人都有生理的需要、安全的需要、归属与爱的需要、自尊需要和自我实现的需要,当一个人不能实现这几种需要时,就会感到自己处于一种被剥夺的需要,在心理上会因此而产生一种相对剥夺的不平衡的心理现象,产生心灵上的痛苦,宗教则会为一部分人提供一种慰藉的作用。美国著名心理学家西尔瓦诺·阿瑞提指出:“宗教信仰意味着两个含义:不仅相信存在着神灵,而且对它也抱有希望或信赖。因此,宗教不单是一种对世界的解释。而且也是一种希望。”①美国学者菲力浦·劳顿、玛丽·路易斯·毕肖在其合著的《生存的哲学》中也说过:“对于信徒来说,上帝之所以重要并不在于他是一个概念,而是因为他是救世主或是精神安慰的源泉。”②对于宗教的这种情感慰藉功能,蔡元培基本上持的是一种否定的态度,他曾经说过:“宗教注意教人,要人对于一切不满意的事能找到安慰,使一切辛苦和不舒服能统统去掉。但是用什么方法呢?宗教不能用很严正的话或很具体的话去劝慰人,它只能利用音乐和其他一切的美术,使人们被引到别一方面去,到另外一个世界去,而把具体世界忘掉。这样,一切困苦便可以暂时去掉,这是宗教最大的作用。”③也就是说,宗教所谓的安慰人,只不过利用音乐和美术等使人暂时把现实世界的困苦忘记而已,实际上它解决不了任何实际问题。正因为如此,蔡元培才对其持否定态度,希望其被替代,“与其寄于幽渺的宗教,不如寄于当前的美术”④。宗教的这种情感慰藉功能是否因为它实际上解决不了任何问题就应该被抛弃、被替代呢?答案很显然是否定的,宗教尽管不能从根本上解决人们的种种问题,但它至少能在一定程度上缓解人们的痛苦,减轻人们的压力,不至于使人在精神上完全崩溃。现代心理学研究的成果也表明,一个经常受到精神折磨、心情苦闷的人,其生理的免疫功能会下降,这样的人得病率高、寿命短,死亡率当然也高。与此相反,一个心情愉快、心胸

① 〔美〕西尔瓦诺·阿瑞提:《创造的秘密》,钱岗南译,沈阳:辽宁人民出版社 1987 年版,第 314 页。

② 〔美〕菲力浦·劳顿、玛丽·路易斯:《生存的哲学》,胡建华,杨全德,等译,长沙:湖南人民出版社 1988 年版,第 203 页。

③ 高平叔编:《蔡元培美育论集》,长沙:湖南教育出版社 1987 年版,第 276 页。

④ 高平叔编:《蔡元培美育论集》,长沙:湖南教育出版社 1987 年版,第 110 页。

开阔的人，其生理的免疫功能也会随之提高，从而有助于身体健康。宗教的慰籍功能，就能起到这种作用，甚至有可能使本来患有严重疾病的人，因自愈病痛信念的强化而使体内免疫功能得到提高，并由此而减轻甚至消除原来的病痛之苦。当今，人类已迈进21世纪科学昌明的时代，但宗教依然十分兴盛，原因固然很多，社会根源、认识根源等可以列出多条，但就个体而言，所有原因都必然转化为信教者精神上安慰的需要。无论你是统治阶级，还是被统治阶级；无论你是达官贵人，还是平头百姓，在人与社会的复杂关系中，必然会有种种社会压力涌向你，这些压力的释放，有多种途径，而宗教就是其中重要的一种。它既可以帮你释放压力，也可以帮你减轻痛苦，尽管它不能从根本上解决你的问题。也正是在这个意义上，马克思说：“宗教里的苦难既是现实的苦难的表现，又是对这种现实苦难的抗议。宗教是被压迫生灵的叹息，是无情世界的感情，正像它是没有精神的制度的精神一样，宗教是人民的鸦片。”①宗教的这种情感慰藉作用是很难被消除和替代的，只要人类存在痛苦、压力，它就有存在的价值和意义。

就宗教在文化中的地位和作用来讲，它也是无法被替代的。从文化的起源来讲，宗教也许是人类文化之原型，因为人类其他一切文化样式，诸如科学、伦理、哲学、艺术、审美等，都可以从宗教中找到其发源的蛛丝马迹。在人类明晰的理性文化样式——哲学产生之前，宗教一直扮演着万学之学，人类文化老保姆的角色，不论是科学、伦理，还是哲学、艺术可以说都曾萌芽于此、孕育于此，以至有人说：“没有宗教观念的形成就没有人类文化的产生。”②从文化的发展上来讲，宗教也对之起了巨大的贡献和作用，纵观人类文化的发展史，几乎所有文化形态都与宗教有着密切的联系，不但那些直接标志着人类文明的哲学、科学、文学、艺术、书法、绘画、雕塑、建筑等无不打上宗教的印痕，就连作为各个时代上层建筑核心的政治、法律、思想和道德规范中也都投射着宗教的影响，以至在一定程度上也可以说，没有宗教的影响与渗透，人类文化就不会如此绚丽多彩。

此外，就宗教在民族中的地位和作用来讲，它也是无法被替代的。首先，从民族的形成来看，共同的宗教信仰是促成民族形成的基本因素之一。对某些民族的形成而言，宗教甚至起了关键性的作用。例如在我国回族的形成、发展和联为一

---

① 《马克思恩格斯全集》第一卷，北京：人民出版社1956年版，第453页。

② 黄海德、张禹东编：《宗教与文化的关系》，北京：社会科学文献出版社2005年版，第16页。

体的历史过程中，伊斯兰教就具有决定性的意义。其次，从民族的发展来看，许多宗教不仅在其相关民族的政治、经济生活中扮演着重要角色，而且在其相关民族的文化、习俗中也起着决定性的影响。就拿伊斯兰教来说，它向来不仅被认为是一种宗教信仰、意识形态，而且还被认为是一种社会制度和生活方式。可以说，在伊斯兰世界，它的影响渗透于各民族穆斯林生活的各个领域，包括政治的、经济的、法律的、伦理的……至于日常的饮食起居、婚姻丧葬等风俗习惯也都包括在内。宗教对民族形成和发展的影响不可低估，试图以人为的方式来消灭宗教、替代宗教，很显然既是不现实的，也是不可能的。

从上述分析我们可以看出，宗教不仅有其弊端，也有其优点和长处，我们如果只看到其缺点和消极作用，就认为其应该被代替，应该被消除，很显然既是不客观的，也是不全面的。

（二）美育认识方面

蔡元培对美育的提倡是全心全力、终身不懈的，正如他自己所说：“我说美育，一直从未生之前，说到既死以后。”①蔡元培对美育的热忱是让人感动的，但这并不代表他在美育方面的认识就全部正确。事实上，他对美育的情感慰藉功能之宣传，对美育的“无杂念”“超功利”价值之说明，都有夸大之嫌，这种夸大也导致了他的“以美育代宗教”缺乏充足的理论根据，从而引起诸多的批评和争议。

1. 片面夸大了美育的情感慰藉功能②

在蔡元培看来，美育之所以能替代宗教，一个重要的原因就在于美育与宗教有相似之处，都能慰藉人的感情，缓解人的压力，从而给人带来精神上的愉快和情感上的安慰。但这种相似也仅仅是相似，而实质上，美育的情感慰藉功能和宗教的慰藉功能，无论是在精神内涵，还是在心理效果方面，都是不能完全等同的，二者分属两种不同的精神性活动，因此不能完全替代。

美的世界无疑是一个令人愉悦、令人向往的世界，但它给人提供的并不是一个完整的世界，为了取悦于人，现实生活中的挫折、失败、痛苦、悲伤，往往被它有意无意地逃避或过滤，留给人的往往是人生顺境的展示与显现。诚然，人们可以

---

① 高平叔编：《蔡元培美育论集》，长沙：湖南教育出版社 1987 年版，第 165 页。

② 本部分参考了薛富兴《再论“以美育代宗教”——兼与李丕显、赵惠霞先生商榷》（载《汕头大学学报（人文社会科学版）》2005 年第 5 期）的部分内容。

在文艺作品中欣赏到悲剧，可以在先锋派艺术那里品鉴到现实阴暗面的鞭笞和批判，但这样的欣赏、这样的品鉴毕竟是有限的，人类恋世乐生的审美本性决定了它不能容忍太多的丑恶和痛苦，这与它的本旨相左。但人生需要对痛苦的反思，需要对消极性经验的体验，只有这样，才有可能超越现实中的痛苦和消极性体验，形成自我健全的生命意识，而美育无法提供这些。美育可以给人提供瞬间快感，可以消除人类一时的痛苦和失落，但它不足以给人类提供长久的价值支撑和精神支柱，故而当人们从电影院走出，从文学艺术所塑造的故事情节中走出之后，不由自主会产生一种更强烈、更浓郁的失落感。人类自我的生命意识愈自觉，愈不会满足于一时的感官之乐，而是会思考人生存在的一些根本性的价值、意义问题，愈希望在这方面获得明确、系统的说明，以消除心理焦虑。而美育满足的是人类的当下之需、个别具体之境，对其他深层次的问题却是无能为力的。

宗教则不一样，它能直面人生的种种痛苦，真面人生的生、老、病、痛，正是在对人生的各种痛苦进行体验、反思的基础上，它形成了自己的一整套超越现实、超越痛苦的理论学说，为人类提供终极性的价值关怀与意义支撑。可以说没有对人生痛苦的反思和对消极性经验的体验，就没有宗教的形成，而这一切恰恰是美育有意无意回避了的东西，正是这种回避，使美育丧失了解决人类深层痛苦的机会，也成就了宗教对人类的终极关怀价值。

宗教与美育的区别，从精神内涵上讲，就是形而上与形而下的区别。宗教安慰是一种形而上的、终极性的价值关怀，人们在这一价值系统中不仅能获得生命活动的价值意义和心灵归属，而且也能获得对生命和世界的整体性把握及安身立命的力量。美育的安慰则是一种形而下的、具体的感性愉悦，并不具备给人在世界秩序、人生意义等最根本问题上提供解答。从心理效果上看，宗教安慰是一种长久的安慰，而审美上的快感，更多的则是一次性、暂时性的。一个信徒一旦选定了一种宗教，这种宗教对他的影响将是恒久的，甚至会伴其终身，成为影响其一生价值取舍的决定性力量。伟大的文艺作品固然也能给人以持久影响，但它在效果的持续力上很难与宗教相提并论，更多的情况则是人们一旦离开具体的审美对象，快感与安慰便随之而去，因此，美育无法替代宗教。

2. 片面夸大了美育的“无杂念”“超功利”之价值

在蔡元培看来，美育之所以能替代宗教，还有一个原因就是美育具有“无杂念”“超功利”之特点,正是这种特点,可以消除宗教的种种弊端,培养人们健康、美好的道德情感,“鉴激刺感情之弊,而专尚陶养感情之术,则莫如舍宗教而易以纯粹之美育。纯粹之美育,所以陶养吾人感情,使有高尚纯洁之习惯,而使人我之见,利己损人之思念,以渐消沮者也”①。美育的确具有“无杂念”“超功利”之特点,也的确能培养人们的高尚感情、纯洁习惯,但过度地沉醉于美育的“无杂念”“超功利”之中,则不可避免会脱离现实、超轶现实。那么这种超轶现实的美育能代替与现实紧密结合的宗教吗?马克思曾经说过:“在我们看来,宗教已经不是世俗狭隘性的原因,而只是它的表现。因此,我们用自由公民的世俗桎梏来说明它们的宗教桎梏,必须首先克服他们的宗教狭隘性。我们认为:他们只有消灭世俗桎梏,才能克服宗教狭隘性。我们不把世俗问题化为神学问题。我们要把神学问题化为世俗问题。相当长的时期以来,人们一直用迷信来说明历史,而我们现在是用历史来说明迷信。在我们看来,政治解放和宗教的关系问题已经成了政治解放和人类解放的关系问题。”②也就是说,要想克服宗教的狭隘性,去除宗教的弊端,以美育代宗教,就必须首先消除宗教存在的现实基础,这是其先决条件,但问题的关键是蔡元培所提倡的美育又是超轶现实的,因此结果必然是“超轶现实”的美育是无法代替宗教的;代替宗教的美育是不会超轶现实的。

蔡元培对美育“无杂念”“超功利”之价值的过度宣传,还会产生另外一个弊端,就是使人逃避现实、逃避斗争。试想如果人们真的接受这种“无杂念”“超功利”的美育观,通过美育而忘记了现实,忘记了人事,不计成败得失,不计生命利禄,而昏昏然然陶醉于美的世界中,那这样的美育与宗教又有何区别呢?这样岂不是消灭了一个宗教,又用新的一个宗教来替代吗?马克思在批判宗教改革家马丁·路德时就曾说过:“的确,路德战胜虔信造成的奴隶制,是因为他用信念造成的奴役制代替了它。他破除了对权威的信仰,是因为他恢复了信仰的权威,他把僧侣变成了俗人,是因为他把世俗人变成了僧侣。他把人从外在的宗教笃诚解放出来,是因为他把宗教笃诚变成了人的内心世界。他把肉体从锁链中解放出来,

① 高平叔编:《蔡元培美育论集》,长沙:湖南教育出版社 1987 年版,第 46 页。

② 《马克思恩格斯全集》第一卷,北京:人民出版社 1956 年版,第 425 页。

是因为他给人的心灵套上了锁链。”①用马克思批评路德的精彩话语来对照蔡元培的所作所为，不难看出蔡元培美育观上的弊端和缺陷。

二、逻辑论证上的省察

蔡元培对“以美育代宗教”的逻辑论证主要是从“以美育代宗教”的必要性与可能性两个方面来展开。对于“以美育代宗教”的必要性，蔡元培主要通过对宗教产生和发展的规律及其欺骗本质的揭示，对“美育附丽于宗教论”的批判，以及美育与宗教优缺点的比较三个方面来进行深入分析，但这样的分析并不能说明宗教就必然应该被美育替代，其原因上文已做解释（宗教本身的弊端并不能成为其必然要被替代的理由，且美育根本上也无法替代宗教），因此在这里就集中对蔡元培“以美育代宗教”可能性的论证进行分析。蔡元培对“以美育代宗教”可能性的论证主要是从心理学、教育学的视角进行的，下面我们就从这两个方面入手，对其逻辑论证上的不足进行省察。

（一）心理学论证上的省察

心理学视角的论证，可以称之为主观的角度。在其主观角度的论证中，蔡元培首先提出了论证的前提，即“宗教之原始，不外因吾人精神之作用而构成。吾人精神上之作用，普通分为三种：一曰知识，二曰意志，三曰感情。最早之宗教，常兼此三作用而有之”②。蔡元培上述观点的要害在于“不外因”。宗教关涉人们精神上知识、意志和感情三方面的作用，那是不言而喻的。然而，如果说宗教“不外因”人的精神上这三方面的作用，则需要经过严密的论证。康德曾说，要从哲学上证明上帝存在很困难，但要证明上帝不存在则更难。何况帕斯卡尔早就指出，存在着“几何学精神”与“敏感性精神”，因此，从“几何学精神”的“不外因”固然可以得出无神论的结论，但是从“敏感性精神”的“不外因”又可以得出有神论的结论。蔡元培显然没有进行任何的论证，便十分武断地采取了无神论的立场，这就说明他的论证逻辑不够精确与严密。

蔡元培从上述前提出发，分别对知识、意志和情感三者与宗教的关联分离进行了详细的分析论证。在知识与宗教的关联分离方面，他认为人们最初因为缺乏

① 《马克思恩格斯选集》第一卷，北京：人民出版社 1995 年版，第 10 页。

② 蔡元培：《美育论集》，长沙：湖南教育出版社 1987 年版，第 43 页。

知识,对现实世界中很多不可思议的现象和奇迹无法认知,所以需要宗教做出解释。但伴随着科学的发达,这些问题都可以被现代科学所解释,于是知识就脱离宗教而独立了。蔡元培上述分析论证的第一个缺陷就是片面夸大了科学的知识解释作用。第二个缺陷则是混淆了能够由知识回答的问题(我理解)与不能由知识回答的问题(我相信)这两类不同的问题。试图回答知识可以回答的问题,固然是宗教的越界,但是认为宗教面对的只是能够由知识回答的问题,很显然是蔡元培的越界。科学的发展使得人类将能够由知识回答的问题从宗教中剥离出去,这并不意味着宗教本身可以被取代,因为宗教还面对着许多知识不能回答的问题(所谓“因为荒谬所以才相信”)。①

在意志作用与宗教的关联分离方面,蔡元培认为,从意志作用来讲,宗教最初源于人们的伦理道德或利他主义的需要,但古代的诡辩家通过自己的实地巡游已产生了对绝对道德原则的怀疑,而近世学者已根据现代生理学、心理学等发现了伦理道德的相对性,知道可以由归纳法得出道德原理,而宗教上的演绎法全不适用,由此导致人们不再依赖宗教了。蔡元培的上述论证实际上是经不起严密推敲的。我们承认,道德具有相对性,在不同的民族、不同的地区,有可能会存在不同的道德原则和道德观念,但这并不意味着在世界上不存在人类共同的道德原则和道德观念。孟子曾说:“恻隐之心,人皆有之;羞恶之心,人皆有之;恭敬之心,人皆有之;是非之心,人皆有之。”孔孟之道虽然自“五四”运动以来就不断受到冲击,然而,时至今日,孟子关于人类有共同的道德本性的主张并没有真正被驳倒。正如当代美国哲学家安得勒(M. J. Adler)所说:“人在其生活中所面临的伦理问题在多个世纪以来并未有丁点的改变。道德美德以及幸运的祝福在今日,正如它们在过去恒常如此,仍是健全生活的关键。这既未被环境中的一切技术变化而改变,也没有因我们社会、政治和经济结构的变化而改变。”②蔡元培的上述观点也反映出他将科学(这里指生理学、心理学与社会学)与道德哲学混为一谈,混淆了范畴。休谟曾说,即使我们拥有关于实在的完美的或完全的描述知识,我们仍不能经由推理而推导出仅仅一个有效的“应当”。休谟以后的现代学者所做的一切努力也

---

① 见潘知常:《“以美育代宗教”:中国美学的百年迷途》,载《学术月刊》2006年第1期。

② 见周小安:《美育可以代宗教吗——从蔡元培看“五四”启蒙的偏颇面》,http://www.douban.com/group/topic/28422220/。

没有跨越休谟的这个命题。这一方面说明一切价值中性的科学(包括生理学、心理学与社会学)在解决伦理问题上无能为力;另一方面又反映出现代伦理哲学的内在困境。[①] 蔡元培显然受当时流行的实证主义或科学主义影响,夸大了(他似乎还误解了)科学的归纳法的有效范围,将它误用到伦理哲学的领域,从而得出道德相对论和宗教过时的错误结论。

在情感作用与宗教的关联分离方面,蔡元培认为,尽管"天下名山僧占多"充分体现了情感作用与宗教的联系,但美术之进化史实有脱离宗教之趋势,这说明情感作用也将逐渐脱离宗教。在这里,蔡元培仅局限于对美术史的描述。无论此描述性结论是否公允平衡,实际上都不能说明人类的情感从根本上必然脱离宗教。从上述论述出发,蔡元培接着进一步表明了他个人的价值判断:"于是,以美育论,已有与宗教分合之两派。以此两派相较,美育之附属于宗教者,当受宗教之累,失其陶养之作用,而转以刺激感情。""鉴刺激感情之弊,而专尚陶养感情之术,则莫如舍宗教而易以纯粹之美育。纯粹之美育,所以陶养吾人之感情,使有高尚纯洁之习惯,而使人我之见,利己损人之思念,以渐消沮者也。"[②]蔡元培的上述结论实际上也有众多值得推敲之处。第一,所谓宗教"激刺感情之弊",在历史上确实存在过(美育在历史上也有过"激刺感情之弊"),但是那并非宗教的本质,即便是宗教自身也认为那是宗教的歧途,偏离了宗教的本质。第二,蔡元培所主张"纯粹的美育",其实一点也不纯粹,因为它已经带上了排斥宗教的偏激。真正"纯粹的美育"是与宗教兼容的美育,而不是取代宗教的美育。取代宗教的美育,只会使自身带上某种"宗教性",因而变得不再"纯粹"。

(二)教育学论证上的省察

教育学视角的论证,可以称之为客观的角度。在其教育学视角的论证中,他说:"我为什么想到以美育代宗教呢?因为现在一般人多是抱着主观的态度来研究宗教,其结果,反对或者是拥护,纷纭聚讼,闹不清楚。我们应当从客观方面去研究宗教。不论宗教的派别怎样的不同,在最初的时候,宗教完全是教育,因为那时没有像现在那样为教育而设的特殊机关,譬如基督教青年会,讲智德体三育,这

① 周小安:《美育可以代宗教吗——从蔡元培看"五四"启蒙的偏颇面》,http://www.douban.com/group/topic/28422220/。

② 高平叔编:《蔡元培美育论集》,长沙:湖南教育出版社1987年版,第45—46页。

就是教育。”[①]在这里,蔡元培提出了“宗教完全是教育”的论证命题。此命题的关键就在于“完全是”。宗教具有教育的功能(其实还具有其他社会功能),这是不言而喻的。但如果说宗教“完全是”教育,则毫无疑问需要进行严格的论证,因为这并不是不证自明的命题。然而,蔡元培对此并没有进行证明,他只不过是武断教条地将宗教与教育画上等号罢了。

从上述“宗教完全是教育”的前提出发,蔡元培对智育、德育、体育和美育与宗教的关联与分离做了进一步的说明。首先,在教育与宗教的关联方面,他说:“说明自然现象,记上帝创世次序,讲人类死后世界等等是智育。犹太教的十诫、佛教的五诫,与各种教中劝人去恶行善的教训,是德育。各教中礼拜,静坐,巡游的仪式,是体育。宗教家择名胜的地方,建筑礼堂,饰以雕刻图画,并参用音乐舞蹈,佐以雄辩的文学,使参与的人有超尘世感想,是美育。”[②]在这里,蔡元培仅仅说明了宗教的一些教育功能,从他上述的说明当中,是推导不出宗教完全是教育的结论的。蔡元培还进一步谈到教育与宗教的分离。在他看来,科学发达之后,不论是智育、德育,还是体育,都可以由科学做出更好的回应或解答,因此都不需要宗教了。他在 1932 年发表的另一篇文章中发表了类似的观点。这样在宗教的仪式中,剩下的只有美育,成为宗教的唯一原素。又由于“一、美育是自由的,而宗教是强制的;二、美育是进步的,而宗教是保守的;美育是普及的,而宗教是有界的”[③],所以不能以宗教充美育,只能以美育代宗教。

总的来说,蔡元培的上述“以美育代宗教”的教育学论证,要比其心理学论证略胜一筹。这是因为,人的知、情、意与宗教的关联程度要远超过教育(德、智、体、美育)。尽管如此,他的“以美育代宗教”的教育学论证仍然不能成立,因为它本质上仍属于“五四”时期在中国广为流行的科学主义思潮,仍然是片面地夸大了科学在取代宗教方面的价值与作用。

那么科学与宗教之间究竟是一种什么样的关系呢?世界著名的数学家、逻辑学家和哲学家怀特海曾说:“宗教与科学是影响人类的两股最强大的力量,历史的

① 高平叔编:《蔡元培美育论集》,长沙:湖南教育出版社 1987 年版,第 274 页。
② 高平叔编:《蔡元培美育论集》,长沙:湖南教育出版社 1987 年版,第 206 页。
③ 高平叔编:《蔡元培美育论集》,长沙:湖南教育出版社 1987 年版,第 207 页。

未来进程取决于我们这一代人怎样处理它们之间的关系。”①这就说明宗教与科学之间的关系绝非简单的一两句话就能说明白的，为了避免将二者的关系做片面化和绝对化的理解，笔者认为有必要对二者的关系做一历史性的考察。在人类的前文明时期，由于社会生产能力的低下和人类认识能力的局限，原始宗教是人类认识和解释自然的重要工具，而且一度是唯一的工具，这个时候的科学完全是在充斥着神秘的、荒诞的种种宗教观念中逐渐积累、成长的。在古希腊时期（之所以选取古希腊是因为古希腊哲学是近代科学的摇篮），人类已经由原始社会进入奴隶社会。这时，基于感性经验基础上的猜想，对于那些感觉得到又把握得住的联系，逐渐积累成为经验知识而发展为科学，而对于那些人们感受得到但解释不了的、掌握不住的仍然归之于宗教。随着感性经验的积累与理性思维能力的增长，在宗教与科学之间产生了哲学。它一方面从科学里吸收经验知识，另一方面从宗教里领会神话，同时使经验知识和宗教观念抽象化、精致化。经验知识以自然哲学形态出现，原始宗教观念用哲学语言精致地表达，相互渗透、掺杂。在古希腊哲学中，既可以找到近代科学的胚胎，也可以找到基督教神学的渊源。后来宗教与科学冲突的“种子”就在此潜伏。古希腊罗马的科学成果并没有流传给中世纪的西欧，历时数百载的中世纪几乎是无科学的年代，也正是在这个意义上，中世纪被称为“黑暗时代”。在这个时代，基督教神学得到了全盛发展，教会教条就是政治信条，《圣经》词句在各种法庭中都有法律的效力。在中世纪，凡是与基督教神学有冲突的思想均被视作“异端”，而遭受迫害。但也不能因此而认为中世纪绝对就是“一片黑暗”，因为基督教神学并不是绝对地反对理性，比如托马斯曾经说：“人的理性通过受造物上升到认识上帝，而信仰则相反，是我们通过上帝的启示去认识上帝。前者是上升法，后者是下降法，但两者是同一的。无论是超越理性而获得信仰，或者是通过理性获得对上帝的认识，殊途同归。”②这种通过受造物认识上帝的观念，这种在自然神学范围内对理性地位的承认，鼓励着哥白尼、伽利略、开普勒、牛顿等人走上了科学研究的道路，并获得了巨大的成就。此外，当时重视逻辑的传统以及怀疑的精神（上帝的存在都需要证明，还有什么不需要证明的

① 〔英〕A. D. 怀特海：《科学与近代世界》，何钦译，北京：商务印书馆 1997 年版，第 173 页。

② 见钱时惕：《基督教在近现代科学产生过程中的作用评析》，http://blog. sina. com. cn/s/blog - bf9d4c6d0102w6ug. html。

呢?)都对近代自然科学思维方式的形成产生了重大影响。基督教在当时兴办学校、创立修会(现代学术团体的前身)、建造图书馆及天文台、组织学术著作的翻译出版,为科学作为一种社会建制起了积极的作用。因此可以说近代自然科学是在基督教文化背景下诞生和发展起来的。尽管如此,基督教神学对近代科学革命所起的压抑、阻滞作用也是不能否认的。哥白尼因宣传“日心说”而导致自己的著作长期被列为禁书,布鲁诺因宣传哥白尼学说而被活活烧死,伽利略因宣传哥白尼学说而多次被受审、判刑。但科学的种子是无法被压制的,在随后一系列科学成果的激励下,在科学与宗教的冲突上,历史的天平开始向科学倾斜,科学节节胜利,宗教步步退却。也正是科学的这些胜利,致使许多人坚信,伴随着科学理性的发展,宗教这种产生于古老蒙昧时代的精神生活必将无立足之地,必将最终被取代。蔡元培的“以美育代宗教”可以说就是这种思想影响的产物。然而,20 世纪发展的历史并没有验证这一点,20 世纪不仅出现了对科学理性价值功能的普遍反思,同时还出现了世界性的宗教复兴运动,原有宗教势力不断扩张,新兴宗教势力快速发展。在这样一种时代背景下,人们开始对宗教与科学之间绝对对立的观点进行反思,认为宗教与科学之间实际上是可以并存的、融合的。如现代物理学的奠基人爱因斯坦就说:“科学没有宗教就像瘸子,宗教没有科学就像瞎子。”①量子力学创始人之一普朗克也认为,宗教和自然科学是珠联璧合,相得益彰的。现代佛教界也有人尝试以这种方式来处理宗教与科学的关系,比如大同法师就说:“科学的对象是物质,宗教的对象是精神,精神和物质是不能偏重的,宗教与科学是并行不悖、兼收并蓄。”②历史已经证明,宗教与科学是影响人类的两股作用不同的最强大的普遍力量,虽然两者关系复杂,却绝对不是可以通过人为的方式取代的。蔡元培那种认为通过科学的发展就可以消灭宗教、取代宗教的观点很显然是片面的、站不住脚的。

三、实践实施上的审视

“以美育代宗教”思想之所以最终失败,除了其理论认识和逻辑论证上的不足之外,同时也与其在实践实施上没有得到全社会的充分支持有很大关系。作为一

① 《爱因斯坦文集》,北京:商务印书馆 1979 年版,第 182 页。

② 大同法师:《广义宗教学》,台北:台湾天华出版事业有限公司 1970 年版,第 104 页。

种理论设想,要把它变为现实,首先就必须得到执政当局的认同、支持与资助。比如蔡元培在《美育实施的方法》中所设想的公立胎教院与育婴院的建立,美术馆、剧院、动植物园的筹划,以及地方道路、建筑、公园的美化等无一不需要执政当局的大力支持和资金扶助,但在社会动荡、军阀混战的近代中国,无论是袁世凯执政时的北京政府,还是黎元洪、段祺瑞控制时的北京政府,他们所考虑的都是如何攫取金钱、权力为自己服务,要他们在短时间内对于无法起效的美育事业给予支持和扶助,根本是不可能的事情。其次,蔡元培的美育思想也没有得到当时教育界人士的全部认同和赞成,这可以从他在民国初年制定的美育方针不久被全国临时教育会议取消看出来。蔡元培的美育方针是在他就任南京临时政府的教育总长期间提出的,内容包括军国民主义、实利主义、德育主义、世界观和美育主义。但在他辞职后不久,教育部公布了新的教育宗旨:"注重道德教育,以实利教育、军国民教育辅之,更以美感教育完成其道德。"①这个教育宗旨虽然在表面上看并没有完全放弃美育,但实际是把过去处于核心位置之一的美育置于等而下之的地位,实质是取消了美育。"至美育一层,加入中小学校、师范学校教则内,俾知注意。"②为什么会出现这样的情况呢?根本原因就在于在当时的教育界人士中,有很多人并不认可蔡元培所提的美育方针,认为其不符合当时中国实际。陆费逵就是其中一个,他在蔡元培发表《对于教育方针之意见》之后就直接发文,反对蔡氏的美育方针。他说:"教育方针当与国是一致,合乎世界潮流,不可一味地超轶政治;实利主义不仅可以药贫而且足以增进国力,高尚人格,而世界观和美感教育可养成文学家,可为文科大学宗旨,不当为普通教育所推重;实利主义精神就是养成普通人民勤俭耐劳的作风,自立自营,而后方可为军国民,为公民;进而方可研究哲学,讲求美丽与尊严。"③由于不能得到教育界人士的充分理解与认同,蔡元培的"以美育代宗教"思想在教育界内得到的支持和赞同也就非常有限,这也在一定程度上限制了其"以美育代宗教"实践的充分开展。与此同时,他的"以美育代宗教"思想也很难得到劳苦大众的充分理解和认同,在一个吃饭、穿衣都还存

① 舒新城:《中国近代教育史资料(上)》,北京:人民教育出版社 1961 年版,第 226 页。
② 舒新城:《中国近代教育史资料(上)》,北京:人民教育出版社 1961 年版,第 303 页。
③ 汤广泉:《自由与和谐——蔡元培"五育并举"观研究》,成都:巴蜀书社 2009 年版,第 250 页。

在问题的社会环境下，有谁还会注意美育的实施与否呢？有谁还会注意公园的布局、道路的美化？由于没有得到社会的充分认可与支持，蔡元培的“以美育代宗教”思想在实践中不得不以失败而告终，这不能不说是时代的悲哀、蔡元培的悲哀。

第六章 “以美育代宗教”的当代价值

伴随着人类社会由20世纪进入21世纪,蔡元培的时代离我们也越来越远了,再加上“以美育代宗教”思想本身的缺陷和失误,于是有人提议“以美育代宗教”论可以休矣[①]。而在笔者看来,蔡元培的“以美育代宗教”思想尽管由于其理论上的失误和时代的局限最终没有在实践上获得成功,但他在该思想当中所提出的诸多观点和看法对我们今天素质教育实施的推进、道德危机的消除和宗教热问题的解决不无启示和借鉴作用,值得我们探讨和研究。

第一节 美育与当代中国的素质教育

从20世纪80年代素质教育的提出到今天,素质教育在我国的发展已经有了相当长的时间,尽管在对素质教育的认识和实施上取得了一些成就,但存在的问题也还不少,因此如何通过改革,把素质教育的实施推向深入是我们目前面临的重要任务,而蔡元培在“以美育代宗教”思想中对美育的诸多观点和看法无疑对我们今天通过美育的途径来推进素质教育的实施具有重要的借鉴意义,值得研究学习。

---

① 薛福兴:《再论“以美育代宗教”——兼与李丕显、赵慧霞先生商榷》,载《汕头大学学报》(人文社会科学版)2004年第5期。

一、素质教育的提出及实施

(一)素质教育的内涵

要搞清楚素质教育的确切含义,首先应该了解什么是“素质”。关于对素质的界定,学术界有狭义和广义之分。狭义的素质即“遗传素质”,它是一个生理学和心理学意义上的概念。《辞海》中写道:“素质是指人或事物在某些方面的本来特点和原有基础。在心理学上,指人的先天的解剖生理特点,主要是感觉器官和神经系统方面的特点,是人的心理发展的生理条件,但不能决定人的心理内容和发展水平。”①这是关于狭义素质的典型解释。广义上的素质概念则是由狭义上的素质概念发展起来的一个教育学意义上的概念,是指“人在先天生理的基础上,在后天通过环境影响和教育训练所获得的、内在的、相对稳定的、长期发挥作用的身心特征及其基本品质结构,通常又称为素养。主要包括人的道德素质、智力素质、身体素质、审美素质、劳动技能素质等”②。素质教育中的素质,指的是广义上的素质。马克思主义认为,教育是伴随着人类的出现而出现的一种社会现象,其基本问题就是人的发展问题。有了人类就有了教育问题,因为有了人类就有了自身追求发展的问题。所谓人的发展,就是受教育者的身心得到全面发展的过程,也即受教育者自身诸素质得到全面提高的过程。因此,从某种意义上讲,教育自诞生之日起,即以提高受教育者的某些素质为目的。可见,“素质”与“教育”融合为“素质教育”并非偶然,它是教育发展的必然产物。那么究竟什么是素质教育呢?对此,学者们曾从各自的视角出发,做出了各种各样的解释。诸如“素质教育就是以提高人的素质,进而服务社会为目的的教育”③;“素质教育是中国在基础教育阶段决定实行的以促进学生素质全面发展为目的的教育”④;“素质教育是以提高人才素质作为重要内容和目的的教育”⑤;“素质教育系指以人的先天遗传素质为基础,以现实的社会环境为条件,采取人为的调控方式,实行教育过程诸种因素与

---

① 辞海编辑委员会编纂:《辞海》,上海:上海辞书出版社 1989 年版,第 3200 页。

② 赵洪海:《面向 21 世纪中小学素质教育论纲》,济南:山东教育出版社 1996 年版,第 3 页。

③ 赵存生:《关于素质教育的几点思考》,载《中国高等教育》2000 年第 3 期。

④ 李冀:《教育管理词典》,海口:海南出版社 1999 年版。

⑤ 周远清:《周远清教育文集》,北京:高等教育出版社 2001 年版,第 747 页。

个体素质、社会环境的最佳组合，通过学习主体的积极、自主活动，促使受教育者自身个性充分发展，促使主体整体素质全面改善和提高的教育”①。在我们看来，对素质教育的理解，不应该简单地去抠字眼，而应该找内涵，抓实质，那么素质教育的内涵和实质是什么呢？对此，中共中央、国务院在《关于深化教育改革全面推进素质教育的决定》中曾有明确规定：“实施素质教育，就是全面贯彻党的教育方针，以提高国民素质为根本宗旨，以培养学生的创新精神和实践能力为重点，造就有理想、有道德、有文化、有纪律的，德智体美全面发展的社会主义事业的建设者和接班人。”从上述规定中我们可以看出，对素质教育内涵的理解至少应该包含以下几层意思。第一，素质教育是以全面贯彻落实党的教育方针，培养德智体美等各方面全面发展的教育，而不是片面发展的教育。过去尽管我们也提全面发展，并不明确全面发展的是什么，素质教育的提出则解决了这个问题，全面发展的就是人的素质；过去尽管也提德智体美的发展，但在实际的发展过程中则只重视智育，把德育、体育、美育等都放在了可有可无的地步，其结果则导致人的片面发展，素质教育则明确提出要消除这些弊端，很显然是一种进步和发展。第二，素质教育是以提高国民素质为根本宗旨的教育，而不是只面对少数学生的教育。过去很长一段时间以来，我们搞的是精英教育，其结果是只有少数学生才有可能得到学校的全面教育，少数优秀毕业生才能得到到大学“深造”的机会，素质教育的提出则改变了这一现状，它面向的是全体学生，给予全体学生公平的学习机会，保障所有的学生都有进校学习的权利，都有进大学“深造”的机会。第三，素质教育是以培养学生创新精神和实践能力为重点的教育，而不是培养书呆子的教育。过去的教育尽管也培养了许多社会急需的人才，但总体来说，培养的人才缺乏足够的创造能力和实践能力，而这很显然与急速发展的社会是不相符的，于是素质教育就明确提出了要重点培养学生的创新精神和实践能力，以期与社会的发展需要相一致，培养出更多社会需要的人才。

（二）素质教育的提出背景

首先，是适应当今高新科技发展的需要。当今社会高新科技的发展，越来越呈现出两种趋势：一是既高度分化又高度综合，并以高度综合为主的整体化趋势。

---

① 薛焕玉：《关于素质教育的几个问题》，载《北京教育》1997年第2期。

这种发展趋势促使现代科学技术日益以整体方式进行研究，而不再局限于某一专门学科。这样做的结果就导致传统学科之间的界限被打破，大量的综合学科、边缘学科不断出现，迫使人们不得不借助于多学科的知识背景来解决问题。在这样一个背景下，要想适应当今高新科技发展和研究的需要，就必须依靠广博的知识、创新的精神、开拓的思维，而这一切无不是以人的高素质为依托的。二是自然科学与人文科学的交叉、渗透和汇流趋势。这既表现在自然科学的研究领域不断向人文科学领域延伸、拓展，同时也表现在自然科学在其发展的过程中需要联合人文科学与其一起共同解决人类社会所面临的一系列问题。与此同时，人文科学研究的应用性也日趋加强，也越来越多地借助于自然科学的研究方法来拓展自己。二者的这种结合研究，同样也需要以人的高素质为依托。也正是为适应现代高科技发展的这两种趋势，世界上很多国家都开始修正教育目标，由原来的单一强调知识教育改为强调知识与能力并举的素质教育，由培养“专才”的教育转向培养“通才”的教育。我们国家素质教育的提出，可以说与上述原因不无关系。

其次，是适应我国改革开放和社会主义现代化建设的需要。伴随着改革开放的深入和社会主义现代化建设的全面展开，在与其他发达国家进行交流与合作的过程中，我们越来越体会到我国在经济、科技和文化教育方面与发达国家的差距。正如邓小平同志所讲：“现代看来，同发达国家相比，我们的科学技术和教育整整落后 20 年”，“靠空讲不能实现现代化，必须有知识、有人才”，①而“科学技术人才的培养，基础在教育”②。也正是基于这样的认识，所以邓小平同志在 1985 年召开的全国教育工作会议上，就明确提出了重点关注提高劳动者素质的问题。他说：“我们国家，国力的强弱，经济发展后劲的大小，越来越取决于劳动者的素质，取决于知识分子的数量和质量。一个 10 亿人口的大国，教育提高上去了，人才资源的巨大优势是任何国家也比不了的。”③在邓小平同志关于重点关注提高劳动者素质思想的指引下，全国人民开始反思国力与民族素质的关系，反思现代化建设与

① 中共中央文献研究室编:《邓小平同志论教育》,北京:人民教育出版社 1990 年版,第 24 页。

② 中共中央文献研究室编:《邓小平同志论教育》,北京:人民教育出版社 1990 年版,第 54 页。

③ 中共中央文献研究室编:《邓小平同志论教育》,北京:人民教育出版社 1990 年版,第 148 页。

民族素质的关系,素质教育的最终提出,可以说就是这种反思与讨论的结果。

再次,是克服"应试教育"弊端的需要。所谓应试教育,就是指脱离社会发展和人的发展的实际需要,以应付升学考试为唯一目的的传统教育模式。关于它的弊端,毛泽东同志早有认识,他曾经指出,现在的考试方法以学生为敌人,举行突然袭击,不利于培养青年们在德智体诸方面生动活泼地主动地得到发展①。因为在"应试教育"模式下,一切都以考试定输赢,分数定成败——分数,是学生前程的敲门砖;排队,是教师的荣辱榜;升学率,是学校的生命线,这就会导致整个教学过程发生畸变,学校的一切教学活动是为了提高学生的考试成绩,学生的一切学习活动也是为了提高自己的考试能力,这样做的最终结果只能是学校成了培养考试机器的工厂,学生成了考试的奴隶,这与教育的育人初衷与目的是完全相违背的。而且历史也表明,在考分优秀的学生中间,不乏"应试艺术"出众者,而他们的实践能力却是一塌糊涂,这就是"高分低能"的现象。这种现象可以说是"应试教育"的必然结果,因为在"应试教育"模式下,升学率和分数是学校唯一关注的问题,那么学生的思想、道德、情感、体质等问题就可以忽略不计了,这样培养的学生当然不可能是全面发展的了。素质教育的提出,可以说正是为了克服"应试教育"的上述弊端,使教育回归其本真的目的。

正是在上述背景因素共同作用下,中共中央于 1985 年 5 月 27 日颁发了《关于教育体制改革的决定》(以下简称《决定》),提出了"教育体制改革的根本目的是提高民族素质,多出人才,出好人才"问题。在此《决定》的启示下,时任国家教委副主任的柳斌同志于 1987 年 4 月在一次重要会议的讲话中,明确提出了素质教育的概念:"基础教育不能办成单纯的升学教育,而应当是社会主义的公民教育,是社会主义公民的素质教育。"②之后,国内展开了关于素质教育问题的大讨论,随后中共中央、国务院连续颁布一系列文件对提高民族素质、实施素质教育等重要问题做出规定,推动了素质教育的初步实施。1999 年 6 月 13 日中共中央、国务院颁布了《关于深化教育改革,全面推进素质教育的决定》。这个决定的出台,

---

① 人民教育出版社编:《毛泽东同志论教育工作》,北京:人民教育出版社 1992 年版,第 286 页。

② 燕国材:《素质教育的回溯、成就与思考》,载《上海师范大学学报》(哲学社会科学版)2009 年第 2 期。

标志着素质教育初步实施阶段的结束,我国的素质教育进入一个新的全面推进的发展阶段。

(三)素质教育的实施困境

素质教育从最初的提出到今天,在我国的发展已经有二十多年的时间,就是全面推进也已有十多年的时间,但效果不甚明显,还有许多问题影响着素质教育的推进。这些问题主要表现在以下方面。

第一,对美育和素质教育的关系存在错误认识,简单地把美育和艺术教育当成了素质教育。“大量的经验事实、实证研究、历史研究和理论分析证明:美育和艺术教育在教育目标和内容中具有不可替代性和不可忽略性,而且从改革的角度看操作性也比较强,是突破口的理想选择。”①也即是说美育和艺术教育是应试教育向素质教育转变的理想突破口。针对过去应试教育中一味重视课堂教育、智力教育,而忽视音乐、美术、体育等教育的做法,这种观点的提出无疑是正确的,也具有一定的可操作性。但问题的关键是美育并不是素质教育,它只是应试教育向素质教育转变的一个理想突破口而已,但我们许多地方的教育行政部门和中小学校对此存在错误认识,简单地把美育看成素质教育,把美育和艺术教育看成衡量素质教育实施好坏的重要标准。在此思想的指导下,各中小学校争先恐后地举办美术特长班、艺术速成班。不管学生对此有无爱好、有无兴趣,强行要求参加,有的还要求自购相应的器材。其结果是有些有兴趣而家庭条件不好的学生参加不了;家庭有条件而学生本人无兴趣的又学不下去,不但严重浪费了教育资源,也导致很多家长对此类素质教育怨声载道。

第二,素质教育内容的单一化。素质教育是一种全方位、多层次、多角度的教育工程,如果把教育的内容仅仅局限在某些方面,就无法实现真正的素质教育。然而在今天素质教育的实施过程中,不少学校就是通过每周增加一节艺术体育类课程落实素质教育,或者以统计学生考取艺体等级人数的多少作为衡量素质教育成效的标准。品德素质教育则是组织学生看望一次孤寡老人,到福利院做一次服务活动等。上述活动无疑在一定程度上有利于学生艺术素养的提高和道德品质的培养,但仅仅希望通过这些简单肤浅的活动就使学生的综合素质从根本上得到

① 柳长萧、姚文忠:《美育和艺术教育是应试教育向素质教育转轨的理想突破口》,载《四川教育学院学报》1996 年第 4 期。

拓展和提升,那是不可能的,因为素质教育是全方位的,包括德、智、体、美、劳等各个方面,是渗透在一切课程和教学活动之中的,而不是靠增开一些艺体课、搞几次活动就能代替的。有的地方的教学单位在开展上述活动的时候,不仅没有产生好的效果,甚至还产生了负面影响,因为他们在开展上述活动的时候,并没有全盘考虑,而是把学生休息的时间、放松的时间拿出来搞上述活动,这样学生不仅需要完成正常的课业负担,还需要牺牲自己的休息时间,这样的做法引来教师、学生、家长的不理解,甚至产生抵触情绪也就在所难免。

第三,素质教育方法的简单化。素质教育是依靠灵活多变的熏陶、感化、教育等方法进行的一种养成教育,绝非简单的、临时的练习和驯化。素质教育的实施也只有通过“润物细无声”的日常教育工作,创造适宜学生素质培养的教育环境,采用种种能调动学生学习兴趣的教育手段,才能使学生的素质在潜移默化中得到提升。要想使学生具有科学的创新精神、扎实的知识基础、高尚的道德情操、坚强的意志品质,绝不能幻想通过简单的活动、实践来实现,而必须考虑综合性的教育方法和教育实践。但是很多学校并未在综合性的教育实践中下功夫,而只是采用增加艺体课时、举办名为兴趣小组或特长班而实为创收或补课的第二课堂等流于形式、简单而表面化的方法来实施素质教育,结果只能是表面上轰轰烈烈,实际上难有成效。

上述因素的存在,严重制约着素质教育的进一步推进,必须想办法进行消除。

二、蔡元培美育思想对推进素质教育实施的意义

尽管蔡元培在“以美育代宗教”中对美育的认识和理解并不一定完全精当,但他对美育在教育中地位的认知和对美育实施方法的思考,无疑可以为我们今天通过美育的途径来推进素质教育的实施提供如下借鉴和启示。

(一)要正确认识美育在素质教育中的地位和作用

关于美育在教育中的作用问题,蔡元培曾在多个方面做过分析。首先,他认为美育有助于良好道德品质的形成。他说:“人人都有美感,而并非都有伟大而高尚的行为,这由于感情推动力的薄弱。要转弱为强,转薄为厚,有待于陶养。陶养的工具为美的对象;陶养的作用,叫作美育。”①“既有普遍性以打破人我的成见,

① 高平叔编:《蔡元培美育论集》,长沙:湖南教育出版社 1987 年版,第 266 页。

又有超脱性以透出利害的关系;所以当着重要关头,有‘富贵不能淫,贫贱不能移,威武不能屈’的气概;甚至有‘杀身以成仁’而不‘求生以害人’的勇敢;这种是完全不由于知识的计较,而由于感情的陶养,就是不源于智育,而源于美育。”[①]其次,他认为美育有助于开发人的智力,“科学基于概念,美术偏于直观。成人生活,关系复杂,拼缀种种概念以应付之,积久而感疲劳,则有资于直观之美,以为调剂;此《美术生活》之所为出版也。儿童时代,形成概念之力尚弱,则尤倾于直观。故无论开智陶情,均以利用美术为适宜”[②]。再次,美育有助于培养体育的兴趣,“要鼓励实行的兴会,应利用美术”[③]。此外,美育还有利于丰富人的感情。他在《美术与科学的关系》一文中曾指出:“常常看见专治科学,不兼涉美术的人,难免有萧索无聊的状态。无聊不过于生存上强迫的职务以外,俗的是借低劣的娱乐作消遣,高的是渐渐成了厌世的神经病。因为专治科学,太偏于概念,太偏于分析,太偏于机械的作用了。……抱着这种机械的人生观与世界观,不但对于自己竟无生趣,对于社会也毫无感情,就是对所治科学,也不过‘依样画葫芦’,决没有创造的精神。防这种流弊,就要求知识以外兼养感情,就是治科学以外,兼治美术。有了美术的兴趣,不但觉得人生很有意义,很有价值,就是治科学的时候,也一定添了勇敢活泼的精神。”[④]蔡元培尽管非常看重美育在教育中的地位和作用,并花费大半辈子的心血为之宣传和呐喊,但他并没有因此而忽视其他各育在教育中的地位和作用,而强调是“五育并举”(即军国民主义、实利主义、道德主义、世界观与美育)或“四育并举”(即德智体美),“不可偏废”。蔡元培上述对美育的观点和看法,对我们实施素质教育有很大的启示,一方面要重视美育教育,要通过美育的实施促进学生各方面素质的提高;但另一方面不能过度夸大美育在素质教育中的地位和作用,要注意和其他途径结合起来推进素质教育的实施。如果我们拿上述认识来对目前的素质教育实施情况进行分析的话,我们就会发现,很多地方目前所实施的素质教育,都犯了以偏概全的错误,往往把美育当成素质教育,以美育代替素质教育,这很显然是错误的。美育在素质教育中的确有重要作用,能促进学生

① 高平叔编:《蔡元培美育论集》,长沙:湖南教育出版社 1987 年版,第 267 页。
② 高平叔编:《蔡元培美育论集》,长沙:湖南教育出版社 1987 年版,第 290 页。
③ 高平叔编:《蔡元培全集》第三卷,北京:中华书局 1984 年版,第 361 页。
④ 高平叔编:《蔡元培全集》第四卷,北京:中华书局 1984 年版,第 33—34 页。

德、智、体、美等各方面的发展,但美育与素质教育的关系,仅仅是部分与整体的关系,美育是素质教育的有机组成部分,是从属于素质教育的,美育最主要培育的仍是审美主体,而素质教育培育的则是学生全方位的素质,因此不论从哪方面来讲,都不能以偏概全,以美育代替素质教育。当然将二者分离、对立起来,则会走向另一个误区。这就要求我们在推进素质教育实施的过程中,必须正确看待美育的作用,既不能夸大,也不能看小,只有这样,才能使美育在素质教育的实施中发挥应有的作用。

(二)要为素质教育的实施创设良好的条件

蔡元培非常看重环境和配套设施对美育实施的影响。在家庭美育中,他提出了设立公共胎教院与育婴院的想法。胎教院是给孕妇住的,产后就要迁居育婴院。为了保证二者都能产生良好的影响,蔡元培要求两院都要设在风景佳胜的地方,空气清新,环境静谧。建筑的形式要匀称、玲珑,室内的布置也要雅致大方、整洁有序,让孕妇每天看到优美的图画,听到悦耳动听的音乐。总之,"要孕妇完全在平和活泼的空气里面,才没有不好的影响到胎儿"①。如果这些条件不具备,那么"在这些公立机关未成立前,若能在家庭里面,按照上列的条件小小布置,也可承认为家庭美育"②。但不论"家庭之父、母、兄、姊与公共机关之保姆","均当以身作则,无疾言遽色,无粗暴之举动,养成慈祥恺悌之习惯"③。在学校美育的实施中,他同样看重环境、设施的重要性。他说:"为达到美育实施之艺术教育,除适当课程外,尤应注意学校的环境,以引起学者清醇之兴趣,高上之精神。"④"每个学校的建筑式、陈列品,都要合乎美育的条件;可以时时举行辩论会、音乐会、成绩展览会、各种纪念会等,都可以利用他来进行普及的美育。"⑤在社会美育的实施中,他更是从美术馆、美术展览会、音乐会、剧院、影戏院、历史博物馆、古生学陈列所、人类学博物馆、博物学陈列所与植物园、动物园等九项专设机关和道路、建筑及公园三个需要美化的地方强调了环境和配套设施在美育实施方面的重要性。

---

① 高平叔编:《蔡元培美育论集》,长沙:湖南教育出版社 1987 年版,第 160 页。

② 高平叔编:《蔡元培美育论集》,长沙:湖南教育出版社 1987 年版,第 160 页。

③ 高平叔编:《蔡元培全集》第六卷,北京:中华书局 1988 年版,第 486 页。

④ 高平叔编:《蔡元培美育论集》,长沙:湖南教育出版社 1987 年版,第 184 页。

⑤ 高平叔编:《蔡元培美育论集》,长沙:湖南教育出版社 1987 年版,第 161 页。

蔡元培的上述思想对我们推进素质教育的实施也提供了重要启示,那就是一定要创设良好的条件,从而为素质教育的实施打下良好的基础。具体到素质教育中,第一,要提升教师的素质。当前的素质教育之所以效果不好,一个重要的原因就是缺乏合格的师资,因此我们要想改变这一现状,就必须想办法提升教师的素质,从而为素质教育创造良好的师资条件。第二,要创造素质教育实施的良好氛围。要使学校、家庭、社会都能充分认识到素质教育的重要性,从而为素质教育的实施创造合力。第三,要为素质教育的实施提供配套设施,包括良好的教学条件和教学设备,从而为素质教育活动的充分开展提供良好的条件。当这些条件都达到之后,素质教育的实施和推进也就会容易很多。

(三)要把素质教育融合到日常教育活动中

蔡元培认为,美育的各个实施途径并不是各行其道、单独起作用的,而是水乳交融的。德育、智育、体育、美育的实施都是相辅相成,不可分割的。为此,他还进行了大量的举例说明:“例如数学,仿佛是枯燥不过的了;但是美术上的比例、节奏,全是数的关系,截金术是最显的例。数学的游戏,可引起滑稽的美感。几何的形式,是图案术所应用的。理化学似乎机械了;但是声学与音乐,光学与色彩,密切的很。雄壮的美,全是力的表示。美学中有‘感情移入’论,把美术作品形式都用力来说明他。文学、音乐、图画,都有冷热的异感,可以从热学上引起联想。磁电的吸距,就是人的爱憎。有许多美术工艺,是用电力制成的。化学实验,常见美丽的光焰;元子、电子的排列法,可以助图案的变化。图画所用的颜料,有许多是化学品。星月的光辉,在天文学上不过映照距离的关系,在文学、图画上便有绝大的魔力。矿物的结晶,闪光与显色,在科学上不过自然的结果;在装饰品便作重要的材料。植物的花叶,在科学上不过生殖与呼吸机关,或供分类的便利;动物的毛羽与声音,在科学上作为保护生命的作用,或雌雄淘汰的结果;在美术、文学上都为美观的材料。地理学上云霞风雪的变态,山岳河海的名声,文学家美学家的遗迹;历史上文学美术的进化,文学家美术家的轶事;也都是美育的资料。”①蔡元培上述融合式的美育实施方法对我们今天素质教育的实施也有重要的启示意义,那就是不要妄想通过单一的途径或方法来推进素质教育,而应该把课内与课外、主

① 高平叔编:《蔡元培全集》第四卷,北京:中华书局 1984 年版,第 213 页。

课与副课、学校与家庭、社会等都结合起来，在方方面面展开对学生各方面素质的培养，在这样的情况下，学生素质的提升也就不再会是一件难事。

第二节 美育与当代中国的道德危机

所谓道德危机，并不是也不可能是人们完全没有道德或者不再需要道德，而是指在新的思想、观念等的冲击下，人们对原有的道德观念、道德规范产生动摇、怀疑，甚至最终放弃原有道德观念，而开始向道德功利化、世俗化方向发展的一种道德精神状态。在当代中国，由于社会转型而导致的道德危机无疑已成为一个不能不正视的具有一定普遍性的问题，而蔡元培“以美育代宗教”思想的提出正是与解决当时的道德危机有关，相同的问题背景使得我们完全有可能从蔡元培的“以美育代宗教”思想中获得启示和借鉴，从而为解决当代的道德危机服务。

一、当代中国道德危机的现实呈现

学者刘智峰在《道德中国》一书的前言中曾对当代中国的整体道德状况做了这样的描述：“在这个人欲横流、金钱至上、浮躁喧嚣的年代里，只要我们的良知还没有泯灭，神经依然敏锐，你就会时时刻刻体会到在我们的精神领域，在人们的道德、伦理方面发生的种种病变——诸如政治生活中的腐败、贪污、渎职、买官卖官；经济交往中的制假贩假、走私贩私、不讲信用、恶劣竞争、坑蒙拐骗；公共生活中人对人的陌生、冷漠、隔膜，对他人不幸的残忍、麻木等等都给人留下世态炎凉、人心不古的感慨，它使一颗颗敏感而天良尚存的心灵在颤抖中失望，也一点点地侵蚀着、残害着我们这个古老民族的魂魄。”①在当代中国，道德危机主要呈现在以下几个方面。

（一）道德观念的混乱

人究竟能成为一个什么样的人，在很大程度上依赖于他所选择的道德观念或者道德标准。道德观念最大的功能就是给人提供行事的标准和规范，有了这样的

① 刘智峰：《道德中国》，北京：中国社会科学出版社2001年版，第2页。

标准和规范，人们做起事来才不至于无所依托、无所凭借。在长达几千年的传统社会里，中国人之所以能秩序井然地安排自己的工作和生活、规范自己的言论和行为，在一定程度上可以说与中国传统文化所造就的以修齐治平、内圣外王、孝悌为本、群体本位为主导的道德观念有着极大的关系。也正是在这中国传统道德观念的指导和规范下，中国人获得了行事的依据和评判的标准，整个社会保持了良好的道德水准和道德风貌。但伴随着社会变革和后传统社会[①]的到来，我国传统的一元主导的道德观念受到了冲击，多元的、混合的道德观念开始出现。在当前我国的社会道德观念系统中，既有与计划经济相适应的集体主义的道德观念，又有与市场经济相适应的重物质利益和个人主体性的现代道德观念；既有与中国传统相适应的注重整体、注重社会的道德观念，又有与西方现代社会相适应的注重个人、注重主体的道德观念。相对于过去封闭的、一元的道德观念的霸权，开放取代封闭、多元取代一元，道德观念多元毫无疑问是一种巨大的社会进步，也是社会民主化的必然要求和民主社会的必然表现。但问题是，一个民主的社会不仅需要尊重每个个体，还需要有共同生活的道德规范和道德行为的标准，只有这样，社会才能保证稳定，个体才会有所规范。但在当代中国，由于多元道德观念的存在，人们已经陷入了道德选择的混乱与迷惘之中，不知道该按哪种道德标准选择，不知道该按什么样的道德观念生活已成了当代中国人所面临的巨大难题。“后现代性之父”尼采提出的“上帝死了”的口号实际上就是对这个时代的形象比喻，因为在一定意义上，“上帝”不过是一元道德价值、绝对道德价值的宗教表达而已。“上帝之死”究竟意味着什么？陀斯妥耶夫斯基和萨特都说过，上帝死了就意味着我们人类怎么做都行，可以为所欲为。因为最后的约束者已不复存在。然而人类需要有绝对道德价值，需要有对终极道德价值的认可和尊重，因为“对终极价值和绝对真理的虔敬，是一切教育的本质，缺少对‘绝对’的热情，人就不能生存，或者人就活得不像一个人，一切就变得没有意义”[②]。可是在当代中国，道德观念的混乱和道德标准的缺失已经成为一个不争的事实，这已成为制约当代社会发展的一个重

① 李清聚：《困境与张力——吉登斯后传统社会中的道德之维》，载《当代世界与社会主义》2011 年第 4 期；《后传统社会道德教育的困境及其出路》，载《教育探索》2010 年第 5 期。

② 〔德〕卡尔·西奥多·雅斯贝尔斯：《什么是教育》，邹进译，北京：生知·读书·新知三联书店 1991 年版，第 44 页。

要原因。

(二)道德情感的麻木

在当代中国,人们道德情感的麻木、困惑与缺失已到十分严重的地步,人们不再满腔热情地称赞道德行为,不再仰慕道德人格的崇高,也不再嫉恶如仇地去揭露、谴责坏人坏事并与之展开斗争,而是事不关已、高高挂起,这样的事例数不胜数。成都姑娘林小丽遭遇车祸,生命危在旦夕,路上有数百人围观,却无人救助。总算有人拦住了一辆车想请司机救她时,司机却说:“我还有事!”接着便把车开走了,致使24岁的林姑娘因无人救助而死亡。这个司机回家后在麻将桌上还轻松地讲述路上的见闻,没想到的是,他见死不救的人竟是自己的姐姐。他最后说:“我怎么知道她是我姐姐呢?”2002年4月11日,甘肃省渭源县一名职工因怀疑自己当乡村教师的妻子与学校校长有染,在众目睽睽之下竟将有4个月身孕的妻子连砍78斧头,残忍地杀害!特别令人震惊的是在长达2个小时的杀戮过程中,当地派出所干警、司法局长、乡长、学区校长、学校校长等人竟亲眼目睹了这一惨案,却没有一个人上前施救。更令人愤慨的是正在进行“送法下乡”活动的司法局长因害怕承担责任,不仅自己不去救人,还阻止他人进行救人。① 2004年6月25日下午,河北承德市市中心广场有一位在等人的女士,突然发现有个小偷在悄悄地掀她的包,她想抓住他,但周围没有一个人肯帮助她,都站在那儿看热闹。小偷见此便嚣张起来,在众目睽睽之下,打了她两个巴掌扬长而去。她去追小偷,小偷返身想打她,她就往后退,接着又去追,小偷又打她,她就再往后退,几个“回合”持续很久,她一直向周围的人求助,但仍无一人理睬她,只是冷漠麻木地看。在众多的“看客”中,竟有一位穿着制服正在街上执勤的工作人员,任凭她怎样向他呼喊,他也是不理不睬。② 2005年9月17日,有一女子在辽宁省沈阳市一座二十多层高的“烂尾楼”上欲跳楼,在她滞留高楼的六个多小时里,有上千人围观,只有一名学生报警。有人为了目睹她惊人的一跳,顾不得回家吃饭;有人为了不错过一场“热闹”,竟然回家拿来了凳子、饼干和矿泉水;还有人在围观的人群中卖望远镜。整个一条街被堵塞,人来人往,奔走相告,就像是在过一个“盛大节日”。③ 道德情感

---

① http://bbs.hualongxiang.com/thread-4241315-1-1.html.

② 谢民心:《女士与小偷街头搏斗,麻木看客无人理睬》,载《承德晚报》2004年7月6日。

③ 李甘林:《麻木看客的畸形“节日”》,载《工人日报》2005年9月21日。

的麻木与缺失已成为当代中国突出的问题。

（三）道德生活的物化

在当代中国，道德生活的物化已成为一种非常普遍的现象，表现在我们生活的多个方面。它首先表现为道德生活内在超越性的丧失而呈现一种外在感性化倾向。道德生活之所以为道德生活，就在于它具有内在的超越性，能超越物质感官的束缚从而获得精神上的快乐和满足，也正是这种内在的超越性使人与动物区别开来。但在当代中国，人们的道德生活已完全发生了物化，它既不再追求超越，也不再追求崇高，而是把物质需求当作自己的唯一需求，把感官享受当作自己最大的享受。在这样一种价值观的指导下，人不想沉思意义，而只想接受感性刺激；不想回到内心，而只想关注身外之物；没有心灵的宁静和审美的体验，只有占有的冲动和没有占有到的焦虑。对现时代人们道德生活的这种糟糕现实，思想家雅斯贝尔斯曾十分精辟地进行过剖析：“本质的人性降格为通常的人性，降格为作为功能化的肉体存在的生命力，降格为凡庸琐屑的享乐。劳动与快乐的分离使生活丧失了其可能的严肃性；公共生活变成了单纯的娱乐；私人生活则成为刺激与厌倦之间的交替，以及对新奇事物不断的渴求，而新奇事物是层出不穷的，但又迅速被遗忘。没有前后连续的持久性，有的只是消遣。”①其次它还表现在道德生活内在丰富性的丧失而呈现一种单向度性。道德之所以为道德生活，在很大程度上是指区别于物质生活而言的，有着多样的内容和丰富的内涵，从而满足人们的多重需求。但现代社会的发展和物化时代的来临给人们本应丰富的道德生活带来了巨大的影响和挑战。因为在物化时代，一切都与物质的追求有关，人们把对物质的追求和消费当成生命的唯一目的，“他们把汽车、高清晰度的录音机，现代化的高级住宅，第一流的厨房设备作为自己的生活灵魂”②。在这种物欲化的追求和感官享受当中，人生所应有的丰富多彩的道德生活完全被单纯的物质欲望遮蔽了，物质的东西压倒了精神的东西，商品的光泽晦涩了思想的力量，道德、良心、声誉等等都沾染上商品的气息，属人的一切东西都变成了物与物的关系，人的道德生活在物品的挤压下越来越贬值和俗化，越来越呈单向度性。恩格斯言：“丑恶的物

---

① 〔德〕卡尔·西奥多·雅斯贝尔斯：《时代的精神状况》，王德峰译，上海：上海译文出版社 1997 年版，第 40—41 页。

② 俞吾金：《国外马克思主义哲学流派》，上海：复旦大学出版社 1990 年版，第 275 页。

质享受提到了至高无上的位置,毁掉了一切精神内容。"①这种道德生活内容上的物质单向度性的发展,不仅使人与物的关系被颠倒,人处于被物统治的地位,人的道德生活被物欲所控制和压迫,同时还有可能导致人的心灵的"物化","对商品和金钱的崇拜会成为一种时代性的心态,它意味着'物化'已经渗透到人们的精神深处,使人的心灵也物性化了"。② 这样最终的结果就是道德生活的内在性、崇高性和丰富性被瓦解,整个社会陷入道德风貌落后、新生活气息缺乏的状态。

二、蔡元培美育思想对解决道德危机的启示

尽管蔡元培时代的道德危机与今天的道德危机并不完全相同,但他为解决当时道德危机所提出的种种观点和看法可以为我们提供借鉴和启示。蔡元培的"以美育代宗教"思想至少可以为解决今天的道德危机提供以下启示。

(一)以美育德

蔡元培在强调美育在培养人的道德方面的重要价值时曾说:"人人都有美感,而并非都有伟大而高尚的行为,这由于感情推动力的薄弱。要转弱为强,转薄为厚,有待于陶养。陶养的工具为美的对象;陶养的作用,叫作美育。"③"既有普遍性以打破人我的成见,又有超脱性以透出利害的关系;所以当着重要关头,有'富贵不能淫,贫贱不能移,威武不能屈'的气概;甚至有'杀身以成仁'而不'求生以害人'的勇敢;这种是完全不由于知识的计较,而由于感情的陶养,就是不源于智育,而源于美育。"④也就是说要陶养人的感情,培养人伟大而高尚的品质,美育绝不可缺。也正是由于看到美育在提升人们的道德品质方面有着巨大的作用,所以蔡元培坚持反对通过宗教的方式来提升国民道德,而主张以美育代宗教,主张通过美育的方式消除近代道德危机、提升国民道德素养。如是说:"说者谓救济道德,莫如提倡宗教。我国人本信教自由,今何必特别提倡一教,而抹杀他教。况宗教为野蛮民族所有,今日科学发达,宗教亦无所施其技,而美术实可代宗教。"⑤

---

① 《马克思恩格斯全集》第一卷,北京:人民出版社 1960 年版,第 366 页。

② 杨魁森:《物化的时代——论商品经济的基本特征》,载《吉林大学社会科学学报》1999 年第 4 期。

③ 高平叔编:《蔡元培美育论集》,长沙:湖南教育出版社 1987 年版,第 266 页。

④ 高平叔编:《蔡元培美育论集》,长沙:湖南教育出版社 1987 年版,第 267 页。

⑤ 高平叔编:《蔡元培全集》第二卷,北京:中华书局 1984 年版,第 489 页。

“孑民对于宗教,既主张极端信仰之自由,故以为无传教之必要。或以为宗教之仪式及信条,可以涵养德性,孑民反对之,以为此不过自欺欺人之举。若为涵养德性,则莫如提倡美育。……故提出以美育代宗教说,曾与江苏省教育会及北京神州学会演说之。”①

蔡元培上述主张通过美育的方式来提升国民道德素养的思想可以说为消除我国当前的道德危机、提升国民的道德素养提供了一剂良方。因为在如何应对我国目前面临的道德危机问题上,尽管学界也提出了种种不同的方法和措施,但效果均不甚理想。原因何在?在笔者看来,这些方法或者措施至少存在以下几方面的问题。第一,没有充分认识到道德情感在道德形成中的重要作用。我们知道,人的道德的形成发展过程,是一个由知、情、意、行四因素相互影响、相互作用的过程。在这个过程中,人们先由不知转化为知,然后才在道德情感、道德意志的作用下,由知转化为行,形成道德实践。由于道德认知是道德形成的第一步,所以在目前的道德教育理论及实践中,学界关注最多的就是道德认知问题。毋庸置疑,道德认知在形成人们的道德实践和培养人们良好的道德品质方面有着重要的作用,但如果片面地强调道德认知则解释不了这样的一类问题:“一个小偷知道偷窃是不对的,但他却仍然行窃。”②要纠正道德问题上的认知主义倾向,关键就是道德情感问题。因为在道德形成的四个因素当中,道德情感具有最强的粘合力。有了道德情感的粘合作用,道德认识与道德意志之间的结合才最紧密,道德意志才能变为“自由意志”,并最终形成道德实践。也就是说,只有架设了道德情感这座桥梁,道德个体从道德认知到道德意志、道德行动之间的道路才可能畅通起来。也正是由于看到了道德情感在道德教育中的重要作用,所以美国学者麦克默林宣布说“情感的因素是道德教育和宗教教育的基础”③。但我国学者对道德情感在道德教育中的重要作用并没有给予充分关注。第二,没有充分认识到道德形成的基础是道德的自律。所谓道德自律,是指道德主体借助于对自然和社会规律的认识,借助于对现实生活条件的认识,自愿地认同道德规范,并结合个人的实际情况践行道德规范,从而把被动的服从变为主动的律己,自觉地指导和约束自己。自

① 高平叔编:《蔡元培全集》第三卷,北京:中华书局 1984 年版,第 333 页。

② 檀传宝:《德育美学观》,太原:山西教育出版社 1996 年版,第 84 页。

③ 瞿保奎:《教育学文集——教育的目的》,北京:人民教育出版社,1993 年版,第 297 页。

律作为道德区别于其他社会意识形态的主要标志，可以说是道德成为道德的依据，亦是道德在现实世界中发挥独特作用的魅力所在。但在我国目前的道德建设和道德教育中，许多学者对道德的自律作用并没有给予充分的关注。比如说在探讨我国目前道德危机产生的原因及应对策略时，他们大多都从外部原因入手来分析，如：“在中国的社会经济结构由小农经济向市场经济转型之际，产生于传统农业经济基础之上的道德体系，必然发生根本性的嬗变。这种嬗变，概括地讲，就是原先行之有效的伦理准则已经失范，而新的道德规范体系又未建立起来，道德建设出现‘断层’。”①“中国当代道德重建的任务应该分为两个层次，最低层次也是最迫切的任务，便是建立适应社会主义市场经济活动的道德规范。”②将道德危机的产生和消除归根于道德规范的失范与重建，毫无疑问是看到了道德规范的外在约束作用，看到了道德他律在道德形成中的重要作用。但道德规范、道德他律再重要，也仅仅是一种外在的、强制性的因素，如果它不能及时地被内化，被转化为国民自觉的道德实践，它仍然起不到真正的作用。也正是由于看到了道德自律在道德形成中的重要作用，所以马克思说：“道德的基础是人类精神的自律。”③康德也说：“道德法则无非表达了纯粹实践理性的自律，亦即自由的自律。”④“自律性是道德的唯一原则。”⑤但我国大部分学者对道德自律的问题并没有给予充分的关注，这可以说也是导致我国目前道德教育效果不佳的一个重要原因。第三，片面强调了灌输式道德教育方法的重要性。道德之所以不同于法律，一个重要的原因就在于它的自愿性与自觉性。但今天的道德教育过程中充满了强制性与被动性的灌输式道德教育。灌输式的道德教育对于未成年的孩子，对于还没有形成正确世界观、人生观和价值观的人来讲，毫无疑问是非常必要的。但对所有的人都采用这种道德教育方式，无疑是不合适的。因为灌输式教育方法的核心是强制和

① 杜培：《当代中国道德失范和道德嬗变探源》，载《甘肃理论学刊》1998 年第 4 期。

② 何明：《中国当代道德失范的根源及其重建》，载《江西社会科学》2004 年第 1 期。

③ 《马克思恩格斯全集》第一卷，北京：人民出版社 1956 年版，第 15 页。

④ 〔德〕康德：《实践理性批判》，韩水法译，北京：商务印书馆 1999 年版，第 34—35 页。

⑤ 〔德〕康德：《道德形而上学原理》，苗力田译，上海：上海人民出版社 1986 年版，第 60 页。

服从[①],如果过于强调这种方法的重要性,在道德教育中势必就会出现不管受教育者接受与否,都要进行强塞硬灌的情况。这样的做法不但不能达到既定的道德教育效果,甚至还有可能使受教育者产生逆反心理,故意做出一些违反道德的行为。也正是由于看到了灌输式道德教育方法的弊端和缺陷,所以美国的心理学家柯尔伯格就宣传:“灌输既不是教授道德的方法,也不是一种道德的教学方法。”[②]德国的存在主义学者雅斯贝尔斯在《什么是教育》一书中把灌输式教育比作“经院式教育”,认为这种教育仅仅限于“传授”知识,教师只是照本宣科,毫无创新精神;学生只是学习现成的结论或答案,没有自己的个性。[③] 对于我国目前道德教育中存在的上述问题,蔡元培所提出的以美育德思想完全可以给它们提供借鉴和参考。首先,美育的育德方式非常有助于培育人的情感。蔡元培在对美育进行定义的时候,就特别强调了它的情感陶养功能:“人人都有美感,而并非都有伟大而高尚的行为,这由于感情推动力的薄弱。要转弱为强,转薄为厚,有待于陶养。陶养的工具为美的对象;陶养的作用,叫作美育。”[④]其次,美育的育德方式也非常有助于培育人的自主性和主动性,克服传统道德教育的强制性和被动性。因为审美本身就是一种自由自觉的活动,它不带有任何强制和压迫,完全依赖审美对象固有的魅力来吸引人。在审美过程中,受教者的精神完全处于一种自主状态,他可以展开想象的翅膀,进行自由的审美创造。通过这样的方式来培育人的道德,很明显靠的不是强制,而是感染;受教者也不是被动地接受,而是主动地感受。在感受的过程中,受教者不仅会获得美的欣赏,也会在不知不觉中受到某种道德的启迪和教育。比如,当我们欣赏到祖国壮丽的山川、美丽的江河时,保卫祖国、振兴中华的高尚思想便会油然而生;当我们了解到祖国悠久的历史和灿烂的文化后,热爱祖国、热爱中华民族传统文化的道德情感就会自然而然地获得。此外,通过美育的

---

① 学者陈正群在《理论教育的选择:从“灌输”走向“对话”》一文中曾明确指出:“灌输的方法是一种封闭的、无视学生主体的、目中无人的教学方法,其本质和核心是强制和服从,而不是创造和自主,这是难以实现教学宗旨的。”见陈正群:《理论教育的选择:从“灌输”走向“对话”》,载《求索》2011 年第 4 期。

② 戚万学:《冲突与整合——20 世纪西方道德教育理论》,济南:山东教育出版社 1995 年版,第 53 页。

③ 〔德〕卡尔·西奥多·雅斯贝尔斯:《什么是教育》,邹进译,《现代西方教育论著选》,北京:人民教育出版社 2001 年版,第 341—343 页。

④ 高平叔编:《蔡元培美育论集》,长沙:湖南教育出版社 1987 年版,第 266 页。

方式来培育道德,还具有形象性和生动性等优点。蔡元培在《为〈美术生活〉儿童专号题词》一文中,有这样一段话:"科学基于概念,美术偏于直观。成人生活,关系复杂,拼缀种种概念以应付之,积久而感疲劳,则有资于直观之美,以为调剂;此《美术生活》之所为出版也。儿童时代,形成概念之力尚弱,则尤倾于直观。故无论开智陶情,均以利用美术为适宜。"①也就是说,相对于抽象的科学概念来讲,文学美术具有直观与形象性的特点,更容易被人所接受。如果通过这样的方式来培育人的道德认知和陶冶人的道德情感,毫无疑问能起到事半功倍的效果。正是由于上述原因,所以笔者认为蔡元培的以美育德思想为消除我国当前的道德危机、提升国民的道德素养提供了一剂良方。

(二)以美怡情

道德生活的物化在当代中国已成为不争的事实,并带来诸多不利的后果。道德生活物化的原因何在?"我以为现在的世界,一天天往科学路上跑,盲目地崇拜物质,似乎人活在世上的意义只为了吃面包。以至增进了贪欲的劣性,从竞争变成抢夺,我们竟可以说大战的酿成,完全是物质的罪恶……要知科学与宗教是根本绝对相反的两件东西。科学崇尚的是物质,宗教注重的是情感。科学愈昌明,宗教愈没落;物质愈发达,情感愈衰颓;人类与人类便一天天隔膜起来,而且相互残杀。本是人类制造了机器,而自己反而变了机器的奴隶,受了机器的指挥,不惜仇视人类。"②几十年过去了,但蔡元培当时所说的话在今天仍然适用,这说明了什么?一方面说明今天的我们也正在遭受异化的困扰,不论是物质的异化,还是科技的异化,都使人丧失了人之为人的依据,都把人变成了物质的奴隶、机器的奴隶。另一方面则说明我们在人类情感的陶养、精神文明的建设方面并没有给予足够的重视。事实上也正是这样,长期以来,尽管我们也谈精神文明建设,也谈人类的情感关怀,但这一切的一切与物质第一、GDP 第一的主导观念相比,显得是那么的微不足道,以致于在许多地方、许多方面出现了因追求物质利益而忽视人的情感需求、践踏人的情感尊严现象。蔡元培曾经说过:"人是感情的动物,感情要好好涵养之,使活泼而得生趣。"③因此,我们要想消除当代中国社会道德生活的物

---

① 高平叔编:《蔡元培美育论集》,长沙:湖南教育出版社 1987 年版,第 290 页。

② 高平叔编:《蔡元培美育论集》,长沙:湖南教育出版社 1987 年版,第 214—215 页。

③ 高平叔编:《蔡元培全集》第四卷,北京:中华书局 1984 年版,第 40 页。

化问题，首先在思想上就要做到对人类情感需求的足够重视，在实践中要把它放在与物质建设同等重要的地位来看待，采取必要的措施涵养人的感情，只有这样，人类健康道德生活的建构才有可能获得成功。

那么通过什么样的方式才能有效地消除物质技术的异化，并把人遗失的情感找回来呢？蔡元培提出的路径就是美育。蔡元培说：“我的提倡美育，便是使人类能在音乐、雕刻、图画、文学里又找见他们遗失了的情感。我们每每在听了一支歌，看了一张画、一件雕刻，或是读了一首诗、一篇文章以后，常会有一种说不出的感觉：四周的空气会变得更温柔，眼前的对象会变得更甜蜜，似乎觉得自身在这个世界上有一种伟大的使命。这种使命不仅仅是要使人人有饭吃，有衣裳穿，有房子住，他同时还要使人人能在保持生存之外，还能去享受人生。知道了享受人生的乐趣，同时便知道了人生的可爱，人与人之间的感情便不期然地更加浓厚起来。”[①]通过美育的方式或者说审美的方式来消除异化，救赎情感，恢复人性的完整，这在西方思想史上可以说是有着悠久的历史与传统的。德国古典主义哲学的创始人康德就在对工具理性主义进行质疑和批判的基础上提出，艺术的本质就是审美，艺术活动有着解放人灵魂的作用。在康德审美救赎意识的影响下，席勒创立著名的审美教育理论，主张通过审美教育来消除人性的异化，恢复人性的完整。随后，在英伦岛国的阿诺德和他的后辈王尔德都从不同角度提出了用独立的审美来对抗工具理性的主张。19 与 20 世纪之交的尼采曾明确宣称：“只有作为审美现象，人世的生存才有充足的理由。”[②]在此之后，马克斯·韦伯用非常明确的语言说明了审美的救赎价值：“不论怎样来解释，艺术都承担了一种世俗救赎功能。它提供了一种从日常生活的千篇一律中解脱出来的救赎，尤其是从理论的和实践的理性主义那不断增长的压力中解脱出来的救赎。”[③]韦伯认为，在宗教衰落的时代，审美就具有某种取宗教而代之的世俗救赎功能，因为审美本性上与科学的工具理性不同。用泰勒的话说，在现代社会，审美“有一种从垂死的、惯例的、工具化

---

① 高平叔编：《蔡元培美育论集》，长沙：湖南教育出版社 1987 年版，第 214—215 页。

② 〔德〕尼采：《悲剧的诞生》，周国平译，北京：生活·读书·新知三联书店 1986 年版，第 275 页。

③ 见顾梅珑：《颓废主义与审美现代性》，载《国外理论动态》第 2008 年第 9 期。

的文明的常规形式中使经验恢复的广泛的热望"①。哈贝马斯认为,审美——表现理性看来有一种"结构"认知——工具理性和道德——实践理性的压力与限制的功能,这种表意实践在缓解人们日常性压力和刻板,舒展人的情感需求,满足想象力的自由伸展,一句话,在恢复被认知——工具理性和道德——实践理性的表意实践所"异化"了的人精神方面,具有不可取代的重要潜能。② 马尔库塞也认为,崇尚物质技术的工业社会只能造就"单向度"的人,而"人的感性与艺术和诗具有本体论上的内在联系,工业文明中人的感性的沉沦也只有艺术和诗来拯救"③。艺术一旦"超越直接的现实,就打破了既成社会关系的物化的客观性,展开了一个经验的新方面:反抗的主体性的再生"④。当然蔡元培的美育救赎理论与上述西方学者的审美救赎理论有着极大的不同,上述西方学者在对物质技术的异化、工具理性的异化进行批判的同时却走向了另一个极端,即完全否定理性的价值,否定物质技术的价值,而只强调人的感性的价值、情感的价值,主张通过审美来使人的感性、情感得到全面的恢复和发展。而蔡元培并不反对物质技术正常作用的发挥,并不反对科学(科学代表的就是物质)的价值,他甚至还提出"科学救国"的主张。他曾指出:"人类所以进化之奥秘,他学所不能明者,科学能之;国家所赖以生存之要素,他术所不能致者,亦惟科学能之。并世各国之富强,正与科学之发达以骈进。"⑤又说:"在西人已全用科学的方法,而我族犹囿于内省及悬想之旧习。"所以"欲救中国于萎靡不振之中,惟有力倡科学化。"⑥但蔡元培反对物质技术的过度发展,反对科学的过度扩张,因为这样会导致物欲的泛滥,最终使人丧失情感,人性分裂,因此希望通过美育的方式来对之进行救赎。

在我们生活——主要是道德生活已经基本被物化——的今天,我们完全可以借鉴蔡元培的上述解决问题的思路,通过美育的方式救赎人的道德情感,从而消

---

① 〔加拿大〕查尔斯·泰勒:《自我的根源:现代认同的形成》,韩震等译,南京:译林出版社 2001 年版,第 34 页。

② 周宪:《审美现代性批判》,北京:商务印书馆 2005 年版,第 158 页。

③ 刘小枫:《诗化哲学》,济南:山东文艺出版社 1986 年版,第 257 页。

④ 〔美〕赫伯特·马尔库塞:《审美之维》,李小兵译,北京:生活·读书·新知三联书店 1989 年版,第 147 页。

⑤ 《蔡元培论科学技术》,石家庄:河北科学技术出版社 1985 年版,第 281 页。

⑥ 高平叔编:《蔡元培美育论集》,长沙:湖南教育出版社 1987 年版,第 96 页。

除物化的负面影响,恢复人性的完整。这是完全可行的,因为美育最重要的功能就是情感陶冶功能,而美育的普遍性和特殊性则能使人们完全超越物质利害的限制,从而获得精神上的自由。恰如黑格尔所说:"审美带有令人解放的性质。"①

(三)以美促善

蔡元培不仅提出了应对道德危机的具体措施——以美育德,而且还提出了美育实施的具体方法,这也为我们今天如何通过美育的实施来消除道德危机、提升国民道德水平提供了重要的借鉴。蔡元培认为,要想通过美育的实施来提升国民的道德水平,就必须通过包括家庭美育、学校美育和社会美育在内的全方位的美育观教育来影响国民,以美促善。首先要重视家庭美育,因为它是一个人一生情感、道德发展的基础。在家庭教育中,蔡元培首先关注的是家庭环境的美化。在他看来,孕妇最好住在风景佳胜的地方,空气清新,环境静谧。有庭园,有广场,可以散步,可以做轻便的运动,可以赏月观星。同时室内的布置也要雅致大方,整洁有序,让孕妇每天看到优美的图画、听到悦耳动听的音乐。凡有粗犷、猥亵、悲惨、怪诞等作品,凡是描写社会黑暗方面,个人神经异常的,都应该避去。总之,"要孕妇完全在平和活泼的空气里面,才没有不好的影响到胎儿"②。此外,家庭成员或保姆的言传身教作用也被蔡元培所看重,他要求不论"家庭之父、母、兄、姊与公共机关之保姆","均当以身作则,无疾言遽色,无粗暴之举动,养成慈祥恺悌之习惯"③。其次要重视学校美育,用蔡元培的话说,就是"美育的基础,立在学校"④。在学校教育中,蔡元培非常强调教师的引导作用,在他看来,学校教育所用的各种资料,无不"含有美育之原素,一经教师之提醒,则学者自感有无穷之兴趣"⑤。除了强调教师的引导作用外,他还要求"每个学校的建筑式、陈列品,都要合乎美育的条件;可以时时举行辩论会、音乐会、成绩展览会等,都可以利用他来行普及的美育"⑥。此外还要重视社会美育。蔡元培说:"学生不是常在学校的,又有许多

---

① 〔德〕黑格尔:《美学》第一卷,朱光潜译,北京:商务印书馆 1982 年版,第 147 页。
② 高平叔编:《蔡元培美育论集》,长沙:湖南教育出版社 1987 年版,第 160 页。
③ 高平叔编:《蔡元培全集》第六卷,北京:中华书局 1988 年版,第 486 页。
④ 高平叔编:《蔡元培美育论集》,长沙:湖南教育出版社 1987 年版,第 229 页。
⑤ 高平叔编:《蔡元培美育论集》,长沙:湖南教育出版社 1987 年版,第 209 页。
⑥ 高平叔编:《蔡元培美育论集》,长沙:湖南教育出版社 1987 年版,第 161 页。

已离开学校的人,不能不给他们一种美育的机会,所以又要有社会的美育。"[①]对社会美育的实施问题,蔡元培根据国外美育建设的经验,提出了从"专设机关"和"地方美化"两个途径来解决的想法。专设的美育机关,他列举了美术馆、美术展览会、音乐会、剧院、影戏院等九项。对每一项,他都按照他的美育标准,进行详细的设计和规划,从而希望使之达到最好的以美促善效果。对于地方的美化,他则主要从道路、建筑、公园等六个方面进行了规划要求。蔡元培的上述思想给我们如何通过美育的实施来提升国民的道德水平提供了重要的启示,我们完全可以参考他的上述做法,从家庭、学校和社会三条渠道出发来加强和实施美育教育,从而通过全方位美育教育的实施来以美促善,促进国民道德素养的提升,缓解目前的道德危机。

① 高平叔编:《蔡元培美育论集》,长沙:湖南教育出版社 1987 年版,第 161 页。

结　语

在近代中国面临亡国危险与信仰危机的社会背景下，针对宗教救赎论的泛滥、孔教运动的猖獗以及帝国主义国家教会教育势力的扩张，蔡元培在吸收中西方思想文化精华的基础上以美育为武器，奋起反击，提出了“以美育代宗教”思想。该思想提倡美育，反对宗教；提倡科学，反对愚昧；提倡自由，反对专制，在当时特定的社会历史背景下不仅具有反帝反封建的积极意义，而且还开启了近代中国非宗教教育的历史，奠定了近现代中国美育建设和发展的基础。尽管由于种种原因蔡元培的“以美育代宗教”思想并没有在实践中获得成功，但他勇于创新的勇气和敢于进行“以美育代宗教”实践的精神，还是开出了一种风气，引导了近代中国人对美育的认知与对非宗教的实践。对于他的开风气之举和引导社会潮流之影响，学者梁漱溟曾给予高度评价：“蔡先生一生的成就不在学问，不在事功，而只在开出一种风气，酿成一大潮流，影响到全国，收果于后世。这当然非他一人之力。而是运会来临，许多人都参预其间的。然而数起来，却必要以蔡先生居首。”①“核论蔡先生一生，没有什么其他成就，既不以某种学问见长，亦无一桩事功表见。然而他所成就之伟大，却又非寻常可比。这就是：他从思想学术上为国人开导出一新潮流，冲破了社会旧习俗，推动了大局政治，为中国历史揭开新的一页。”②

蔡元培“以美育代宗教”思想不仅在当时特定的社会背景下具有积极的历史意义，而且对当代社会一些现实思想教育问题的解决同样具有借鉴和参考价值。在当代中国，素质教育无疑是我们进行教育改革的主要方向，但由于认识和实施

---

① 梁漱溟：《纪念蔡元培先生》，陈平原、郑勇：《追忆蔡元培》，北京：中国广播电视出版社 1997 年版，第 144 页。

② 梁漱溟：《纪念蔡元培先生》，陈平原、郑勇：《追忆蔡元培》，北京：中国广播电视出版社 1997 年版，第 160 页。

上诸多问题的存在,致使素质教育的继续推进陷入了困境,而蔡元培对美育在教育中诸多作用的认识,对美育实施方法的正确见解则为消除这些障碍,推进素质教育实施的进一步发展提供了借鉴。道德危机在当代中国的存在也已成为一个不争的事实,而蔡元培在“以美育代宗教”中所提出的以美育德、以美怡情的道德培养方式和通过全方位美育观的实施来以美促善的道德提升途径则可以为今天道德危机的消除提供帮助。

当然蔡元培“以美育代宗教”思想当中也包含着诸多缺点和不足,比如它是建立在唯心主义哲学基础之上的,对宗教的认识并不客观,对美育的作用也有夸大之嫌等,但我们相信,只要取其精华、弃其糟粕,它一定可以发挥出更大的作用,从而为当代中国社会服务。

参考文献

一、马克思主义经典著作：

1.《马克思恩格斯全集》第一卷，北京：人民出版社 1956 年版。

2.《马克思恩格斯全集》第二卷，北京：人民出版社 1957 年版。

3.《马克思恩格斯全集》第八卷，北京：人民出版社 1961 年版。

4.《马克思恩格斯全集》第二十卷，北京：人民出版社 1971 年版。

5.《马克思恩格斯全集》第二十一卷，北京：人民出版社 1965 年版。

6.《马克思恩格斯全集》第二十三卷，北京：人民出版社 1972 年版。

7.《马克思恩格斯全集》第四十二卷，北京：人民出版社 1979 年版。

8.《马克思恩格斯选集》第一至四卷，北京：人民出版社 1995 年版。

9.《马克思恩格斯列宁斯大林论宗教和无神论》，北京：人民出版社 1999 年版。

10.《列宁选集》第二卷，北京：人民出版社 1995 年版。

11.《李大钊文集》上册，北京：人民出版社 1984 年版。

12.《邓小平文选》第三卷，北京：人民出版社 1993 年版。

13.《邓小平选集》第二卷，北京：人民出版社 1994 年版。

14.《江泽民文选》第三至四卷，北京：人民出版社 2006 年版。

二、外文译著：

1.〔美〕杨庆堃：《中国社会中的宗教》，范丽珠等译，上海：上海人民出版社 2007 年版。

2.〔美〕西尔瓦诺·阿瑞提：《创造的秘密》，钱岗南译，沈阳：辽宁人民出版社 1987 年版。

3.〔美〕菲力浦·劳顿、玛丽·路易斯·毕肖普：《生存的哲学》，胡建华等译，长沙：湖南人民出版社 1988 年版。

4.〔美〕赫伯特·马尔库塞：《审美之维》，李小兵译，北京：生活·读书·新知三联书店 1989 年版。

5.《阿尔伯特·爱因斯坦文集》，许良英、赵中立、张宣三编译，北京：商务印书馆 1979 年版。

6.〔加拿大〕查尔斯·泰勒:《自我的根源:现代认同的形成》,韩震等译,南京:南京译林出版社 2001 年版。

7.〔德〕康德:《实践理性批判》,韩水法译,北京:商务印书馆 1999 年版。

8.〔德〕康德:《道德形而上学原理》,苗力田译,上海:上海人民出版社 1986 年版。

9.〔德〕尼采:《悲剧的诞生》,周国平译,北京:生活·读书·新知三联书店 1986 年版。

10.〔德〕黑格尔:《精神现象学》上卷,贺麟,王玖兴译,北京:商务印书馆 1979 年版。

11.〔德〕席勒:《美育书简》,徐恒醇译,北京:中国文联出版公司 1984 年版。

12.〔德〕席勒:《审美教育书简》,冯至,范大灿译,上海:上海人民出版社 2003 年版。

13.〔德〕席勒:《秀美与尊严》,张玉能译,北京:文化艺术出版社 1996 年版。

14.《费尔巴哈哲学著作选集》下卷,荣震华、王太庆、刘磊译,北京:商务印书馆 1984 年版。

15.〔德〕卡尔·西奥多·雅斯贝尔斯:《什么是教育》,邹进译,北京:生活·读书·新知三联书店 1991 年版。

16.〔德〕卡尔·西奥多·雅斯贝尔斯:《时代的精神状况》,王德峰译,上海:上海译文出版社 1997 年版。

17.〔德〕黑格尔:《美学》第一卷,朱光潜译,北京:商务印书馆 1982 年版。

18.〔德〕康德:《判断力批判》上卷,宗白华译,北京:商务印书馆 1985 年版。

19.〔英〕A. D. 怀特海:《科学与近代世界》,何钦译,北京:商务印书馆 1997 年版。

三、中文著作

1. 高平叔编:《蔡元培全集》第一至七卷,北京:中华书局 1984 年版。

2. 高平叔编:《蔡元培美育论集》,长沙:湖南教育出版社 1987 年版。

3. 高平叔:《蔡元培年谱长编》上册,北京:人民教育出版社 1996 年版。

4. 高平叔编:《蔡元培论科学技术》,石家庄:河北科学技术出版社 1985 年版。

5.《蔡元培先生纪念集》,北京:中华书局 1984 年版。

6.《蔡子民先生言行录》,桂林:广西师范大学出版社 2005 年版。

7.《蔡元培教育名篇》,北京:教育科学出版社 2007 年版。

8. 蔡尚思:《蔡元培学术思想传记》,上海:棠棣出版社 1950 年版。

9. 蔡建国:《蔡元培与近代中国》,上海:上海社会科学院出版社 1997 年版。

10. 中国蔡元培研究会编:《论蔡元培》,北京:旅游教育出版社 1989 年版。

11. 中国蔡元培研究会编:《蔡元培全集》第一至十八卷,杭州:浙江教育出版社 1997 年版。

12. 崔志海:《蔡元培》,杭州:浙江人民出版社 1998 年版。

13. 赵庆元:《蔡元培传》,合肥:安徽人民出版社 1999 年版。

14. 张乐天、檀传宝:《蔡元培传》,北京:团结出版社 1998 年版。

15. 刘慧文:《蔡元培的文化思想》,北京:兵器工业出版社 1998 年版。

16. 金林祥:《蔡元培教育思想研究》,沈阳:辽宁教育出版社 1994 年版。

17. 梁柱:《蔡元培教育思想论析》,北京:高等教育出版社 2006 年版。

18. 陶侃:《蔡元培哲学思想研究》,北京:中国科学文化出版社 2004 年版。

19. 张晓唯:《蔡元培评传》,南昌:百花洲文艺出版社 1993 年版。

20. 张晓唯:《蔡元培传》,天津:百花文艺出版社 2009 年版。

21. 王世儒:《蔡元培先生年谱》,北京:北京大学出版社 1998 年版。

22. 马征:《教育之梦——蔡元培传》,成都:四川人民出版社 1995 年版。

23. 陈平原、郑勇:《追忆蔡元培》,北京:中国广播电视出版社 1997 年版。

24. 孙世哲:《蔡元培鲁迅的美育思想》,沈阳:辽宁教育出版社 1990 年版。

25. 蒋复璁:《悼念蔡先生·蔡元培纪念集》,杭州:浙江教育出版社 1998 年版。

26. 周天度:《蔡元培传》,北京:人民出版社 1984 年版。

27. 聂振斌:《蔡元培》,天津:新蕾出版社 1993 年版。

28. 聂振斌:《蔡元培及其美学思想》,天津:天津人民出版社 1984 年版。

29. 聂振斌、章建刚、王柯平等:《思辨的想象——20 世纪中国美学主题史》,昆明:云南大学出版社 2003 年版。

30. 杨平:《多维视野中的美育》,合肥:安徽教育出版社 2000 年版。

31. 朱志荣:《康德美学思想研究》,合肥:安徽人民出版社 1997 年版。

32. 祁海文:《礼乐教化:先秦美育思想研究》,济南:齐鲁书社 2001 年版。

33. 杜卫:《审美功利主义——中国现代美育理论研究》,北京:人民出版社 2004 年版

34. 于文杰:《通往德性之路:论美育的现代性问题》,北京:中国社会科学出版社 2001 年版。

35. 陈育德:《西方美育思想简史》,合肥:安徽教育出版社 1998 年版。

36. 单世联、徐林祥:《中国美育史导论》,南宁:广西教育出版社 1992 年版。

37. 熊则坤、李林昆:《价值·价值观的冲突》,北京:中国人民公安大学出版社 1994 年版。

38. 王玉樑:《价值和价值观》,西安:陕西师范大学出版社 1988 年版。

39. 李明华:《时代演进与价值选择——中国价值观探讨》,西安:陕西人民出版社 1992 年版。

40. 郑登云:《中国近代教育史》,上海:华东师范大学出版社 1994 年版。

41. 罗家伦:《逝者如斯集》,台北:传记文学出版社 1967 年版。

42. 陈翊林:《最近三十年中国教育史》,上海:太平洋书店 1930 年版。

43. 蒋梦麟:《西潮》,台北:台湾业强出版社 1990 年版。

44. 蒋廷黻:《中国近代史大纲》,北京:东方出版社 1996 年版。

45. 王栻:《严复集》上册,北京:中华书局 1986 年版。

46. 易鑫鼎编:《梁启超选集》,上海:上海人民出版社 1984 年版。

47. 林志钧编:《饮冰室合集·文集之三十七》,北京:中华书局 1989 年版。

48.《王国维哲学美学论文辑佚》,上海:华东师范大学出版社 1993 年版。

49.《王国维文集》,北京:燕山出版社 1997 年版。

50. 钟离蒙、杨凤麟:《中国现代哲学史资料汇编》第一辑第十册,沈阳:辽宁大学出版社 1981 年版。

51. 周谷城:《生活系统》,上海:商务印书馆 1924 年版。

52. 张灏编:《幽暗意识与民主传统》,成都:四川教育出版社 2013 年版。

53. 黄远生:《远生遗著》,台北:文海出版社 1968 年版。

54. 黄夏年编:《杨仁山集》,北京:中国社会科学出版社 1995 年版。

55. 林荣洪:《近代华人神学文献》,香港:中国神学研究院 1986 年版。

56. 牟钟鉴、张践:《中国宗教通史》下卷,北京:中国社会科学出版社 2007 年版。

57. 肖万源:《中国近代思想家的宗教观和鬼神观》,合肥:安徽人民出版社 1991 年版。

58.《晋书》第五册,北京:中华书局 1974 年版。

59. 吴熙钊、黄明同:《康有为早期遗稿述评》,广州:中山大学出版社 1988 年版。

60.《民国经世文编·宗教道德》,载《近代中国史料丛刊》第 498 号,台北:台湾文海 1966 年版。

61. 吴宗慈:《中华民国宪法史前编》第三章,载《近代中国史料丛刊》三编,台北:台湾文海民国二十二年版。

62. 中国第二历史档案馆编:《中华民国史档案资料汇编》第三辑,南京:江苏古籍出版社 1991 年版。

63. 汤志钧编:《康有为政论集》,北京:中华书局 1981 年版。

64. 顾长声:《传教士与近代中国》(增订本),上海:人民出版社 1991 年版。

65. 朱光潜:《朱光潜全集》第四卷,合肥:安徽教育出版社 1988 年版。

66. 朱光潜:《西方美学史》下卷,北京:人民出版社 1979 年版。

67. 钱穆:《现代中国学术论衡》,长沙:岳麓书社 1986 年版。

68. 费孝通:《美国与美国人》,北京:生活·读书·新知三联书店 1985 年版。

69. 李泽厚:《走我自己的路·杂著集》,北京:中国盲文出版社 2002 年版。

70. 李泽厚:《中国现代思想史论》,天津:天津社会科学院出版社 2003 年版。

71. 欧力同:《孔德及其实证主义》,上海:上海社会科学院出版社 1987 年版。

72. 北京大学哲学系编:《16－18 世纪西欧各国哲学》,北京:生活·读书·新知三联书店 1958 年版。

73. 金炳华等:《哲学大辞典》(修订本,上),上海:上海辞书出版社 2001 年版。

74. 刘小枫:《现代性社会理论绪论》,上海:上海三联书店 1998 年版。

75. 刘小枫:《诗化哲学》,济南:山东文艺出版社 1986 年版。

76. 洪谦:《西方现代资产及阶级哲学论著选辑》,北京:商务印书馆 1964 年版。

77. 蒋孔阳:《德国古典哲学》,北京:商务印书馆 1980 版年。

78. 舒新城:《近代中国教育思想史》,北京:中华书局 1928 年版。

79. 舒新城:《中国近代教育史资料》第二册,北京:人民教育出版社 1981 年版。

80. 童星:《世纪末的挑战——当代中国社会问题研究》,南京:南京大学出版社 1995 年版。

81. 张志刚:《20 世纪宗教观研究》,北京:北京大学出版社 2007 版年。

82. 李诤:《林风眠画论》,郑州:河南人民出版社 1999 版年。

83. 潘公凯:《潘天寿谈艺录》,杭州:浙江人民美术出版社 1985 版年。

84. 李楚材:《帝国主义侵华教育史资料——教会教育》,北京:教育科学出版社 1987 年版。

85. 黄顺力、叶塞梅:《百年回眸:近代中国救国思想与社会主义道路》,长沙:湖南人民出版社 2002 年版。

86. 彭明:《近代中国的思想历程》(1840—1949),北京:中国人民大学出版社 1999 年版。

87. 郭廷以:《近代中国史纲》第三版,上海:格致出版社 2009 年版。

88. 谈方:《中国近现代史纲要》,北京:人民出版社 2006 年版。

89. 车铭洲:《现代西方思潮概论》,北京:高等教育出版社 2001 年版。

90. 刘放桐:《现代西方哲学》(修订本),北京:人民出版社 1990 年版。

91. 林毓生:《中国意识的危机——"五四"时期激烈的反传统主义》(增订再版本),贵阳:贵州人民出版社 1986 年版。

92. 钱时惕:《科学与宗教关系及其历史演变》,北京:人民出版社 2002 年版。

93.《纪念爱因斯坦译文集》,上海:上海科学技术出版社 1997 年版。

94. 黄海德、张禹东:《宗教与文化的关系》,北京:社会科学文献出版社 2005 年版。

95. 大同法师:《广义宗教学》,台北:台湾天华出版事业有限公司 1970 年版。

96. 汤广泉:《自由与和谐——蔡元培“五育并举”观研究》,成都:巴蜀书社 2009 年版。

97. 黄明理:《社会主义道德信仰研究》,北京:人民出版社 2006 年版。

98. 俞吾金:《国外马克思主义哲学流派》,上海:复旦大学出版社 1990 年版。

99. 岳友熙:《追寻诗意的栖居——现代性与审美教育》,北京:人民出版社 2009 年版。

100. 檀传宝:《德育美学观》,太原:山西教育出版社 1996 年版。

101. 檀传宝:《信仰教育与道德教育》,北京:教育科学出版社 1999 年版。

102. 瞿保奎:《教育学文集——教育的目的》,北京:人民教育出版社 1993 年版。

103. 戚万学:《冲突与整合——20 世纪西方道德教育理论》,济南:山东教育出版社 1995 年版。

104. 刘智峰:《道德中国》,北京:中国社会科学出版社 2001 年版。

105. 周宪:《审美现代性批判》,北京:商务印书馆 2005 年版。

106. 金泽、邱永辉:《中国宗教报告(2010)》,北京:社会科学文献出版社 2010 年版。

107. 金泽、邱永辉:《中国宗教报告(2008)》,北京:社会科学文献出版社 2008 年版。

108. 孔祥涛:《世界邪教问题与反邪教斗争》,南宁:广西人民出版社 2001 年版。

109. 李素菊、刘绮菲:《青年与宗教热》,北京:中国青年出版社 2000 年版。

110. 赵祥麟、王承绪编译《杜威教育论著选》,上海:华东师范大学出版社 1981 年版。

111. 荆学民:《社会转型与信仰重建》,太原:山西教育出版社 1999 年版。

112. 张锡金:《人生哲语:信仰说》,合肥:安徽人民出版社 1992 年版。

113. 冯天策:《信仰:人类的精神家园》,济南:济南出版社 2000 年版。

114. 冯天策:《信仰导论》,南宁:广西人民出版社 1992 年版。

115. 顾伟康:《信仰探幽》,上海:上海教育出版社 1993 年版。

116. 任建东:《道德信仰论》,北京:宗教文化出版社 2006 年版。

117. 赵建国:《终极信仰——信仰及其传播》,北京:中国传媒大学出版社 2008 年版。

118. 刘建军:《马克思主义信仰论》,北京:中国人民大学出版社 1998 年版。

119. 刘建军:《追问信仰》,石家庄:河北人民出版社 1998 年版。

120. 林和生:《悲壮的还乡——精神家园忧思录》,成都:四川人民出版社 2005 年版。

121. 卢风:《人类的家园——现代文化矛盾的哲学反思》,长沙:湖南大学出版社 1996 年版。

122. 龚学增:《当代中国民族宗教问题研究》,北京:中共中央党校出版社 1998 年版。

123. 邢东田:《当今世界宗教热》,北京:华夏出版社 1995 年版。

124. 顾卫民:《基督教与近代中国社会》,上海:上海人民出版社 1998 年版。

125. 杨天宏:《基督教与近代中国》,成都:四川人民出版社 1994 年版。

126. 李士菊:《科学无神论研究》,北京:人民出版社 2002 年版。

127. 王作安:《中国的宗教问题和宗教政策》,北京:宗教文化出版社 2002 年版。

128. 牙含章、王友三:《中国无神论史》,北京:中国社会科学出版社 1992 年版。

129. 王治心:《中国宗教思想史大纲》,北京:东方出版社 1996 年版。

130. 王勤:《思想政治教育学新论》,杭州:浙江大学出版社 2004 年版。

131. 陈秉公:《思想政治教育学》,长春:吉林大学出版社 1992 年版。

四、中文期刊及其他

1. 赵慧霞:《美育与人类心灵家园建构——论蔡元培"以美育代宗教说"的当代意义》,载《哲学研究》2002 年第 9 期。

2. 徐碧辉:《美育:一种生命和情感教育》,载《哲学研究》1996 年第 12 期。

3. 杜卫:《"感性启蒙":"以美育代宗教说"新解》,载《浙江社会科学》2003 年第 9 期。

4. 张晓林:《"美育代宗教"的启蒙意义》,载《华中师范大学学报》(哲学社会科学版)2008 年第 4 期。

5. 薛富兴:《再论"以美育代宗教"——兼与李丕显、赵惠霞先生商榷》,载《汕头大学学报》(人文社会科学版)2005 年第 5 期。

6. 薛富兴:《现代美学:独立于启蒙的双重变奏》,载《社会科学》1999 年第 3 期。

7. 薛富兴:《文化转型与当代审美》,载《文艺研究》2003 年第 1 期。

8. 潘知常:《"以美育代宗教":中国美学的百年迷途》,载《学术月刊》2006 年第 1 期。

9. 潘黎勇:《蔡元培"以美育代宗教说"的价值结构分析》,载《求是学刊》2010 年第 2 期。

10. 禹雄华:《对蔡元培"以美育代宗教"说的新思考》,载《湖南师范大学社会科学学报》1994 年第 5 期。

11. 范琰:《探讨"以美育代宗教"的现实意义》,载《南京社会科学》2001 年第 4 期。

12. 杨修健:《"以美育代宗教"与文化的发展——蔡元培美育思想寻根》,载《山东社会科学》1999 年第 4 期。

13. 林可济:《信仰的多维性及其与真善美的关系》,载《中共福建省委党校学报》2006 年第 8 期。

14. 马德邻:《在"理想"与"信仰"之间——也论蔡元培"以美育代宗教"思想》,载《学术界》2010 年第 3 期。

15. 宫承波:《"以美育代宗教"的历史文化价值及其当代意义》,载《文史哲》2000 年第

5 期。

16. 阎建国:《“以美育代宗教”与“审美救赎论”的现实启示》,载《求实》2006 年第 4 期。

17. 李向伟:《蔡元培 <以美育代宗教说> 辨析及补论》,载《南京艺术学院学报》2010 年第 2 期。

18. 李红:《对蔡元培“以美育代宗教”思想的反思》,载《青海社会科学》2002 年第 3 期。

19. 毛长娟:《“以美育代宗教”说——蔡元培的美育思想浅析》,载《前沿》2006 年第 3 期。

20. 周立山:《论蔡元培的“以美育代宗教说”》,载《武汉教育学院学报》2001 年第 4 期。

21. 冉铁星:《试论“以美育代宗教”》,载《湖南师范大学教育科学学报》2003 年第 3 期。

22. 高志广:《论蔡元培的美育思想与中国传统文化精神》,载《沈阳师范学院学报》(社会科学版)1995 年第 3 期。

23. 王毅:《仍需追问的选择:美育还是宗教》,载《天涯》1998 年第 4 期。

24. 姚全兴:《五四时期关于以美育代宗教说的论争》,载《美与时代》(下半月)2008 年第 8 期。

25. 罗家伦:《罗家伦论美育——罗家伦致熊子真》,载《新潮》1920 年第 5 期。

26. 赵紫宸:《圣经在近世文化中的地位》,载《生命月刊》1921 年第 1 期。

27. 刘长林:《中国传统人生哲学现代重建的由来和契机》,载《上海大学学报》(社会科学版)2001 年第 3 期。

28. 韩华:《陈焕章与民国初年的国教运动》,载《近代史研究》2002 年第 3 期。

29. 郭世佑、邱巍:《辛亥革命后的社会环境与孔教运动》,载《江苏社会科学》2004 年第 2 期。

30. 杜音:《论蔡元培“以美育代宗教”说》,载《长沙大学学报》1998 年第 3 期。

31. 庞立生、王艳华:《精神生活的物化与精神家园的当代建构》,载《现代哲学》2009 年第 3 期。

32. 魏长领:《道德信仰危机的表现、社会根源及其扭转》,载《河南师范大学学报》(哲学社会科学版)2004 年第 1 期。

33. 杨魁森:《物化的时代——论商品经济的基本特征》,载《吉林大学社会科学学报》1999 年第 4 期。

34. 邹诗鹏:《现时代精神生活的物化处境及其批判》,载《中国社会科学》2007 年第 5 期。

35. 杜培:《当代中国道德失范和道德嬗变探源》,载《甘肃理论学刊》1998 年第 4 期。

36. 何明:《中国当代道德失范的根源及其重建》,载《江西社会科学》2004 年第 1 期。

37. 陈正群:《理论教育的选择:从“灌输”走向“对话”》,载《求索》2011 年第 4 期。

38. 孙轶玮:《当代中国人宗教信仰调查》,载《瞭望东方周刊》2007 年第 2 期。

39. 吴俊:《体验与信仰——当代中国汉民族宗教体验研究》,载《海南大学学报》(人文社会科学版)2009 年第 3 期。

40. 王世翔:《大学生宗教信仰的现状与特点》,载《高校辅导员学刊》2009 年第 4 期。

41. 许丽平:《大学生宗教观念的特征及其引导》,载《思想教育研究》2005 年第 9 期。

42. 杜玉芳:《当代中国宗教发展的现状及趋势》,载《中央社会主义学院学报》2010 年第 5 期。

43. 王作安:《中国宗教状况的新变化》,载《中央社会主义学院学报》2008 年第 3 期。

44. 邢东风:《如何看待当今的“宗教热”现象》,载《宗教学研究》1997 年第 2 期。

45. 王进:《蔡元培的宗教观》,载《宗教学研究》1995 年第 4 期。

46. 徐建平:《蔡元培宗教思想评析》,载《世界宗教研究》2004 年第 1 期

47. 肖万源:《试论蔡元培的哲学思想》,载《社会科学辑刊》1985 年第 1 期。

48. 萧超然:《试论蔡元培先生的和而不同精神》,载《北京大学学报》(哲学社会科学版)1988 年第 1 期。

49. 王涛:《蔡元培美育思想的现代意义》,载《宁夏社会科学》2008 年第 5 期。

50. 李景隆:《蔡元培美育思想及其现代意义》,载《青海民族大学学报》(社会科学版)2010 年第 3 期。

51. 郭建荣:《蔡元培美育思想探析》,载《北京大学学报》(哲学社会科学版)2008 年第 4 期。

52. 程镇海:《从“立民”到“立人”——百年中国现代美育观念的转向》2004 年第 4 期。

53. 程镇海:《蔡元培美学选择和美育实践的传统生成性》,载《宁夏社会科学》2006 年第 6 期。

54. 朱智斌:《蔡元培美育思想探源》,载《西安联合大学学报》1999 年第 1 期。

55. 伊春:《对蔡元培美育思想的再探讨》,载《河南师范大学学报》(哲学社会科学版)2004 年第 2 期。

56. 林可济、江琼:《略论蔡元培的美学思想及其现实意义》,载《福建师范大学学报》(哲学社会科学版)2005 年第 1 期。

57. 梁柱:《蔡元培的美育思想及其在北京大学的践行》,载《北京大学学报》(哲学社会科学版)2003 年第 6 期。

58. 梁柱:《蔡元培教育思想的渊源与特点》,载《高校理论战线》2007 年第 4 期。

59. 梁柱:《蔡元培是怎样看待尊孔读经的》,载《中华魂》2008 年第 10 期。

60. 夏瑰琦:《论我国 1922—1927 年间的基督教运动》,载《杭州大学学报》1988 年第 2 期。

61. 杨天宏:《中国非基督教运动(1922—1927)》,载《历史研究》1993 年第 6 期。

62. 辛星:《论蔡元培的情感教育思想及启示》,载《继续教育研究》2008 年第 12 期。

63. 包莉秋:《论王国维、蔡元培美育思想中的审美与功利性》,载《扬州大学学报》(人文社会科学版)2007 年第 3 期。

64. 王冬燕:《蔡元培的美育观初探》,载《北方论丛》1997 年第 1 期。

65. 荆学民:《文化困境:社会转型期信仰迷茫的文化因探察》,载《求是学刊》1999 年第 2 期。

66. 李清聚:《美育与人类健康精神家园的建构——“以美育代宗教”思想的当代价值探析》,载《社会科学家》2011 年第 10 期。

67. 李清聚:《困境与张力——吉登斯后传统社会中的道德之维》,载《当代世界与社会主义》2014 年第 4 期。

68. 李清聚:《信仰危机与美育救赎——以蔡元培为视角的考察》,载《继续教育研究》2011 年第 2 期。

69. 李清聚:《后传统社会道德教育的困境及其出路》,载《教育探索》2010 年第 5 期。

70. 李清聚:《和谐之道:从黑格尔到马克思》,载《前沿》2010 年第 11 期。

71. 宫承波:《蔡元培美育思想研究》,山东大学博士学位论文,2000 年。

72. 胡锦涛:《在全国政协新年茶话会上的讲话》,载《时政文献辑览》2007 年。

73. 杜亚泉:《国民今后之道德》,载《东方杂志》十卷五号。

74. 人民日报评论员:《宗教侵华的历史》,载《人民日报》1951 年 4 月 14 日。

75. 谢民心:《女士与小偷街头搏斗,麻木看客无人理睬》,载《承德晚报》2004 年 7 月 6 日。

76. 李甘林:《麻木看客的畸形“节日”》,载《工人日报》2005 年 9 月 21 日。

77. 江泽民:《在庆祝中国共产党成立七十周年大会上的讲话》,http://cpc. people. com. cn/GB/64184/64186/66697/4494934. html。

78. 胡锦涛:《在党的十七大上的报告》,http://news. xinhuanet. com/newscenter/2007 - 10/24/content_6938568_6. htm。

79. 周小安:《美育可以代宗教吗——从蔡元培看“五四”启蒙的偏颇面》,http://www. ctestimony. org/2003/zxa03. htm。

80.《中国道德沦丧启示录之一:触目惊心的社会现象》,http://bbs. 66wz. com/thread - 80624 - 1 - 1. html。

后　记

本书是在我博士论文的基础上修改而成的。本书从最初的成稿，到今天的得以出版，得到了众多人士的关心与支持，因此有必要在此以诚挚的语言表达我的感激之情。

首先需要感谢的是我的导师季芳桐教授。在学位论文的选题、框架结构的设计以及论文的写作过程中，季老师都给予了精心的指导。正是在季老师的谆谆教诲和时时激励之下，我的博士论文才得以顺利完成。本书在出版前期，季老师还在百忙之中抽出时间仔细审阅了书稿，提出了宝贵意见，并亲自为之作序，为本书增添了不少光彩。季老师严谨的治学态度、渊博的学识涵养、宽容的处事风格、积极的生活态度激励我积极进取、奋发向上。季老师的培育之恩终身难忘，再一次表示衷心的感谢。

其次需要感谢的是东南大学的刘魁教授、袁久红教授，南京理工大学的李俊奎教授、陈橹教授、董新凯教授、程倩教授、蒋民老师等在本论文的开题、写作以及答辩过程中给予的指导及帮助；感谢河南科技大学的苗贵山教授及其他领导同事长期以来在工作学习中给予的支持与关怀；感谢中联华文(北京)社科图书咨询中心的张金良老师在本书出版及编辑过程中付出的心血与汗水。

还要感谢我的家人在读书及工作期间给予我精神上的关怀与鼓励；感谢我的爱人范迎春博士一直以来对我的关心、爱护与帮助；感谢我的爱女李范晔小朋友不时带给我精神上的愉快与喜悦。

在写作的过程中，本文参阅了大量的文献资料，在此也特向这些文献作者表示诚挚的谢意。

由于学识有限，本文难免有稚浅和疏漏之处，恳请各位专家、同仁批评指正。

李清聚

2016年7月于古都洛阳